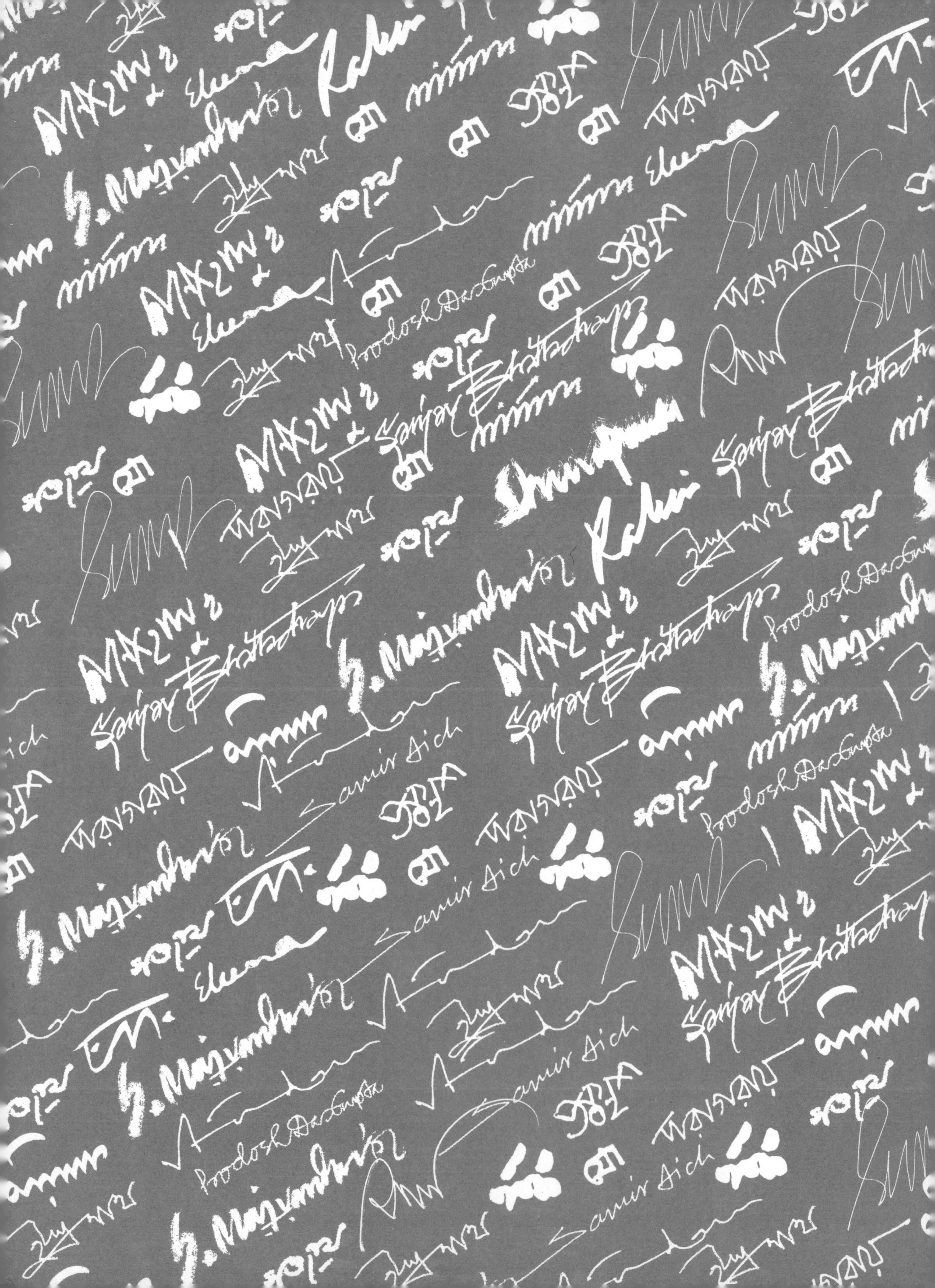

Samir Aich
Sanjay Bhattacharya
Proodosh DasGupta
Elena
Rabin

ছবি আঁকিয়েদের কবিতা
Visual Rhapsody

ভূ মি কা

শঙ্খ ঘোষ

FOREWORD

Sankha Ghosh

স ম্পা দ ক

দেবাশিস চন্দ

EDITOR

Debashis Chanda

NIYOGI OFFSET BOOKS

Niyogi Offset Pvt. Ltd.

(Publishing Division)

ছবি আঁকিয়েদের কবিতা

Visual Rhapsody

Collection of Poems, Drawings & Paintings
by
22 Painters and 1 Sculptor

উপদেষ্টা, ইংরেজি অনুবাদ
নির্মলকান্তি ভট্টাচার্য

সমন্বয়, ইংরেজি অনুবাদ
বর্ণালী রায়

প্রচ্ছদ
যোগেন চৌধুরী

অঙ্গসজ্জা
সুশোভন ঘোষ

প্রথম প্রকাশ
সেপ্টেম্বর, ২০০৫

প্রকাশক
নিয়োগী অফসেট প্রাইভেট লিমিটেড (প্রকাশন বিভাগ)
ডি-৭৮, ওখলা ইন্ডাস্ট্রিয়াল এরিয়া
ফেজ - ১, নয়াদিল্লি - ১১০ ০২০, ভারত
টেলিফোন : ৯১-১১-২৬৩৭ ১০১১, ২৬৮১ ৩৩৫০/৫১/৫২
ফ্যাক্স : ৯১-১১-২৬৮১ ০৪৮৩/৩৮৩০

আই এস বি এন : ৮১-৯০১৯৩৬-৭-৮

মুদ্রণ
নিয়োগী অফসেট প্রাইভেট লিমিটেড
নয়াদিল্লি, ভারত

Advisor, English Translation
Nirmalkanti Bhattacharjee

Co-ordinator, English Translation
Barnali Roy

Cover
Jogen Chowdhury

Design
Sushovan Ghose

Year of Publication
September, 2005

Published by
Niyogi Offset Pvt. Ltd., (Publishing Division)
D-78 Okhla Industrial Area,
Phase – I, New Delhi -110 020, India
Tele : 91-11-2637 1011, 2681 3350/51/52
Fax : 91-11-2681 0483, 91-11-2681 3830
e-mail : bikash12@nda.vsnl.net.in
website : www.niyogioffset.com

ISBN : 81-901936-7-8

Printed at
Niyogi Offset Pvt. Ltd.
New Delhi, India

উ ৎ স র্গ

আমার জীবনের দুই ধ্রুবতারা
প্রয়াতা ঠাকুরমা
এবং প্রবাসিনী পিসিমণি

For
My dear
departed Grand Ma
&
Aunt, across the seas–
the guiding lights of my life.

স্বী কৃ তি ও ধ ন্য বা দ

- নিবেদিতা বসু : নন্দলাল বসুর কবিতার জন্য।
- রেবা মজুমদার : হেমেন্দ্রনাথ মজুমদারের কবিতার জন্য।
- শীতল চৌধুরী : হেমেন্দ্রনাথ মজুমদারের ছবির জন্য।
- প্রদীপ ও প্রবুদ্ধ দাশগুপ্ত : প্রদোষ দাশগুপ্তের কবিতা ও ছবির জন্য।
- বীণা, দেবব্রত বিশ্বাস : নিখিল বিশ্বাসের কবিতা ও ছবির জন্য।
- ন্যাশনাল গ্যালারি অফ মডার্ন আর্ট, নয়াদিল্লি এবং রবীন্দ্রভবন, বিশ্বভারতী বিশ্ববিদ্যালয়, শান্তিনিকেতন : নন্দলাল বসুর ছবির জন্য।
- শঙ্খ ঘোষ, নির্মলকান্তি ভট্টাচার্য, বিকাশ ডি নিয়োগী, টুলটুল নিয়োগী, উৎপল সোম, চিত্রা সোম, অজয় গুপ্ত, বরুণ রায়, অসিত পোদ্দার, প্রবীর বিশ্বাস, শান্তি নাথ, শমীন্দ্র ভৌমিক, স্বপ্না ও অপাবৃতা চন্দ : অকুণ্ঠ সহযোগিতার জন্য।

Acknowledgement and thanks

- Nivedita Bose for the poem of Nandalal Bose.
- Reba Mazumdar for the poems of Hemendranath Mazumdar.
- Shital Choudhury for the paintings of Hemendranath Mazumdar.
- Pradeep & Prabuddha Dasgupta for the poems and drawings of Pradosh Dasgupta.
- Beena, Debabrata Biswas for the poems and drawings of Nikhil Biswas.
- National Gallery of Modern Art and Rabindra Bhawan, Visva-Bharati University, for the drawings of Nandalal Bose.
- Sankha Ghosh, Nirmalkanti Bhattacharjee, Bikash D Niyogi, Tultul Niyogi, Utpal Shome, Chitra Shome, Ajoy Gupta, Barun Roy, Prabir Biswas, Asit Poddar, Shanti Nath, Shamindra Bhowmick, Swapna and Apabrita Chanda for their unstinted support.

সূচীপত্র

Contents

ভূ মি কা

প্রায় পঞ্চাশ বছর আগে, আধুনিক বাংলা কবিতার একটি সঙ্কলন তৈরি করেছিলেন আমাদের অগ্রগণ্য এক কবি, বুদ্ধদেব বসু। অনেককে অবাক করে দিয়ে সেই সঙ্কলনে তিনি অন্তর্গত করেছিলেন অবনীন্দ্রনাথ ঠাকুরের একটি রচনাংশ। শিল্পী হিসেবে, শিল্প-আন্দোলনের নেতা হিসেবে, সকলেই তাঁকে জানেন। গদ্যলেখক হিসেবেও তাঁর সম্পূর্ণ এক নিজস্ব শৈলী অনেকের কাছে পরিচিত। কিন্তু সুনির্বাচিত এমন একটি কবিতা-সঙ্কলনে তাঁর কোনও কবিতাও দেখতে পাওয়া যাবে, একথা তখন কল্পনা করেননি কেউ।

রচনাটি বুদ্ধদেব অবশ্য সংগ্রহ করেছিলেন অবনীন্দ্রনাথের কোনও গদ্য লেখা থেকে। সে-লেখার একটি অংশকে কবিতার মতো ছোট-বড় অসমান লাইনে সাজিয়ে নিয়ে তিনি প্রতিপন্ন করতে চেয়েছিলেন যে, অবনীন্দ্রনাথের গদ্যের কোনও কোনও অংশ কবিতারই তুল্য। হয়ত কবিতার স্বাদ আনতে গিয়ে তার একটা-দুটো শব্দের ইতরবিশেষ করতে হয় কখনও কখনও, তাঁর নির্বাচিত অংশটিতে যেমন করে নিয়েছিলেন বুদ্ধদেব। কেননা তাঁর মনে হয়েছিল, কবিতা হিসেবে পড়তে গেলে ওই বদলটুকুর দরকার, সম্পাদকীয় সেই বদল ছিল তাঁর 'শ্রবণের পথে অধিক প্রীতিকর'। কিন্তু ওরকম কিছু না করেও, অনেক সময়েই এমন ঘটতে পারে যে কোনও কোনও উচ্চারণের বা কোনও কোনও অভিজ্ঞতার সামনে এসে আমরা বলে উঠি : এ যেন একেবারে কবিতার মতো। দেলাক্রোয়ার *জার্নাল* প্রসঙ্গে কথা বলতে গিয়ে স্পেন্ডারের মনে হয়েছিল যে সেখানে এমন অনেক টুকরো আছে যা 'makes writers envious', আর তেমন একটি টুকরো উদ্ধৃত করে লিখেছিলেন তিনি : 'The last line seems pure poetry'।

এই-যে অবনীন্দ্রনাথের গদ্যে বুদ্ধদেব বা দেলাক্রোয়ার গদ্যে স্পেন্ডার বিশুদ্ধ কবিতার স্বাদ পেয়ে যাচ্ছেন, সেটা ঘটছে কীভাবে? এসব গদ্যকেই কেন তাঁদের মনে হচ্ছে কবিতাতুল্য? এ-প্রশ্নের কোনও যে সরল উত্তর আছে তা নয়। ঠিক-ঠিক শব্দের সন্নিবেশে একটা স্পন্দন তৈরি হয়ে ওঠা কিংবা একটা ছবির আবেশ তৈরি হয়ে ওঠা ছাড়াও আরও কোনও অনুভব হয়ত কাজ করে এখানে। সে-অনুভবে আমাদের অন্তর্লীন সত্তা হয়ত-বা মুহূর্তের জন্য জেগে ওঠে, যতটুকু বলা হয়েছে তার চেয়ে বেশি কোনও ইশারা যেন পাওয়া যায় সেখানে, আর তখন সেই মুহূর্তটাই হয়ত হয়ে ওঠে কবিতার মুহূর্ত, কবিতা-আস্বাদনের মুহূর্ত।

তবে, অবনীন্দ্রনাথের বেলায়, গদ্য থেকেই যে বুদ্ধদেবকে এমন মুহূর্ত আবিষ্কার করে নিতে হচ্ছিল, তার হয়ত দরকার হত না তাঁর গদ্য-কবিতাগুলির কথা মনে রাখলে। পঞ্চাশ বছর আগেও অনেকেই লক্ষ করতে পারেননি যে আজ থেকে প্রায় আশি বছর আগে, ১৯২৭ সালে, সাময়িক পত্রিকায় বেশ কয়েকটি গদ্য কবিতাই লিখতে শুরু করেছিলেন অবনীন্দ্রনাথ, পত্রিকায় যার পরিচয় দেওয়া হচ্ছিল *শব্দচিত্র* নামে। তার মানে তো এই যে, অবনীন্দ্রনাথ ষাট বছর বয়সে পৌঁছবার অল্প আগে, তাঁর শিল্পীজীবনের পরমপ্রতিষ্ঠিত মুহূর্তে, হঠাৎ কিছু কবিতা লিখতেও চেয়েছিলেন? কিন্তু কেন তা চেয়েছিলেন?

শুধু কবিতা নয়, রং-তুলির জগৎ থেকে বেশ-কিছুদিনের মতো নিজেকে সরিয়ে নিয়ে শব্দেরই জগৎ নিয়ে মেতেছিলেন অবনীন্দ্রনাথ, তিরিশের দশকের কিছুকাল জুড়ে। কেন এমন করছেন, ছবি কেন আঁকছেন না

Foreword

Almost fifty years ago, one of our major poets, Buddhadev Bose put together an anthology of modern Bengali poetry in which he included, to the surprise of many, an extract from Abanindranath Tagore's writings. Abanindranath was eminent enough as an artist and as a pioneer in art movement. As a writer also, he was well-known for his distinctive prose-style. But none had expected to see his poem included in an anthology, as impeccably compiled as this one.

Of course, Bose had drawn the extract from a prose-piece of Abanindranath. By rearranging the prose extract in short and long lines– familiar in poetry– he sought to demonstrate that Abanindranath's prose at times was hardly different from poetry. Perhaps a word or two here and there needed pruning, as Buddhadev did in the extract selected by him. But it often happens that even without such editorial intervention we sometimes exclaim: 'why, it is just like poetry!' when we come across a certain utterance or situation or experience. Stephen Spender, for one, believed that there are in Delacroix's *Journal* many passages, the quality of which 'makes writers envious'. He then quoted a passage and remarked: 'the last line seems pure poetry'.

Now what happens when Buddhadev tastes pure poetry in Abanindranath's prose or Spender in Delacroix's? Why do such prose-pieces seem poetry to them? Not that such questions admit of easy answers. Perhaps some other sense is at work, apart from the vibes resulting from the coalescences of the right words or a picture similarly forming itself in the reader's mind. Perhaps our inner being momentarily becomes active touched by this sense, perhaps one gets a suggestion, a hint of more than has been stated, and when this happens, the moment itself grows in to a moment of encountering poetry. However in case of Abanindranath, there would have been no need for Buddhadev to discover such moments from Abanindranath's prose if he had remembered his prose - poems. Even fifty years ago, very few noticed that as early as in 1927, i.e. almost eighty years from now, Abanindranath had started contributing to the periodicals quite a number of prose -poems, which were printed as Word Picture. Does it not show that Abanindranath, then approaching sixty and at the height of his power and eminence as an artist, wanted to pen a few poems too? But why did he want to do so?

For a considerable spell in 1930s, Abanindranath withdrew from the world of paint and brush and busied himself instead in the sphere of words, not merely of poetry. He could no more derive from painting 'the delight inherent in overcoming

আর, সে-প্রশ্নের উত্তরে রবীন্দ্রনাথকে একবার বলেছিলেন তিনি : 'ডিফিকালটি ওভারকাম করবার যে একটা আনন্দ' আছে, ছবি এঁকে সেটা আর তিনি পাচ্ছেন না তখন। উত্তরটা অবশ্য বিস্মিত করে আমাদের। যে কোনও শিল্পরূপের চর্চায় একথা কি কখনওই বলা যায় যে সমস্ত 'ডিফিকালটি'কে ওভারকাম করা গেছে? নতুন নতুন বাধার দরজা, নতুন নতুন পরীক্ষার দরজা শিল্পী নিজেই তৈরি করে নেন, আর তারপর খুলতে চান তাকে। এই রকমই তো হওয়ার কথা। বরং অন্য একটা সময়ে যে কথা বলেছিলেন অবনীন্দ্রনাথ, সেটা হয়ত আরেকটু বেশি অনুধাবনযোগ্য। বলেছিলেন, 'শিল্পী যে, সে শুধু ছবিই আঁকবে কেন?' প্রবল সৃষ্টিশীলতা অনেক সময়ে একইসঙ্গে ভিন্ন ভিন্ন রূপের মধ্যে আত্মপ্রকাশ করতে চাইতে পারে। যৌবনকালে রবীন্দ্রনাথ একবার (১৮৯৩) লঘুভাবে লিখেছিলেন, 'muse'-দের মধ্যে কোনওটাকেই তিনি নিরাশ করতে চান না, সবকিছুরই চর্চা করতে ইচ্ছে করে, এমনকী ছবিরও। সে-ইচ্ছেকে অবশ্য বহুকাল পরে চরিতার্থ করে তুলেছিলেন তিনি, এঁকে ফেলেছিলেন দু-হাজারেরও বেশি ছবি, 'volcanic erruption' বলে যার বর্ণনা করেছিলেন অবনীন্দ্রনাথ।

তাহলে এইভাবে, কবিতা লেখার বাইরেও যেতে চান কবি, শিল্পরচনার বাইরেও যেতে চান শিল্পী। পৃথিবীজোড়া শিল্পসাহিত্যের ইতিহাসে এমন যাওয়া-আসার অনেক উদাহরণ পড়ে আছে আমাদের চোখের সামনে। পড়ে আছে এমনও উদাহরণ যে, কবিতাকে অনেক সময়ে ছবির ভাষা দিয়ে দেখতে চান কবি বা ছবিকে অনেক সময়ে শব্দের উপমায় ভাবতে চান একজন শিল্পী। ভ্যান গঘ্ একটি চিঠিতে লিখেছিলেন যে কখনও কখনও তাঁর ছবিতে 'the strokes come with a sequence and coherence like words in a speech'।

২

১৯৮৩ সালের ডিসেম্বরে, ভোপালের ভারত ভবনে, কয়েক সপ্তাহের জন্য একত্র হয়েছিলেন কয়েকজন সৃষ্টিশীল মানুষ। ভারতের নানা অঞ্চল থেকে আমন্ত্রিত তাঁরা কেউ ছিলেন চিত্রী, কেউ-বা কবি, সঙ্গীতশিল্পী কেউ-বা। এক শিল্পরূপের সঙ্গে অন্য শিল্পরূপের পারস্পরিক সংলাপের পথ হিসেবে খুবই আদর্শ একটা আয়োজন ছিল সেটা। সেখানে একদিন, ক্লাসিক্যাল সঙ্গীতের এক অনুষ্ঠানশেষে, সভামণ্ডপের বাইরে খোলা আকাশের নিচে চুপ করে দাঁড়িয়েছিলেন প্রখ্যাত শিল্পী স্বামীনাথন। অল্প পরে, প্রায় স্বগতকথনের মতো, অভিভূত স্বরে বলেছিলেন তিনি : 'এত ছবি এঁকেও কি ওই সুরের কণামাত্র ছুঁতে পারি আমরা? গান যেখানে পৌঁছে দেয়, তার থেকে কতদূরেই-না পড়ে থাকে আমাদের ছবি! কী হবে আর এঁকে?'

শেষ কথাটার মানে নিশ্চয় এ নয় যে আঁকা তিনি ছেড়ে দিচ্ছেন, পরের দিনই নতুন একটা ছবির সূচনা করেছিলেন স্বামীনাথন। আমরা শুধু লক্ষ করতে চাই অতৃপ্তির এই বোধটা—নিজের কাজ নিয়ে অতৃপ্তি। অবনীন্দ্রনাথের বলা কথাটার এ একেবারে বিপরীত, এ হল ডিফিকালটি ওভারকাম করতে না পারবার বেদনা। স্বামীনাথন নিশ্চয় জানতেন লেওনার্দো দা ভিঞ্চির এই হিসেব যে সঙ্গীতের জায়গা কখনওই ছবির আগে নয়, ছবির পরে সেটা। 'Music may be called the sister of painting, for she is dependent upon hearing, the sense which comes second' : লিখেছিলেন তিনি। ইন্দ্রিয়গুলির মধ্যে চোখের স্থাপনাই আগে, তাই সঙ্গীতের চেয়ে বড় ছবি, এইরকম মনে হয়েছিল তাঁর। আর কবিতা ? কবি ? '...the poet ranks far below the painter in the representation of visible things, and

difficulties'. This is what he said to Rabindranath Tagore trying to explain why he had been showing such symptoms and had stopped painting. This reply was bewildering indeed! Talking of exploration of any art-form, can it ever be claimed that all the inherent 'difficulties' have been overcome? An artist finds himself confronting barriers of his own making–as it were– closed doors also of new oppurtunity at which he arrives through experiments and then he strives to force open these doors. And that is the way it ought to be. Rather, what Abanindranath said on a different occasion, perhaps calls for our attention. He remarked, 'Is an artist obliged only to paint?' Surge of creativity may often hurtle him into different media of expression. In his youth, Tagore once (1893) light–heartedly wrote that he did not intend to disappoint any of the 'muses', that he longed to try his hand at everything, even painting. Long years later he made good his longing and went on to paint over 2000 paintings in a spurt of 'volcanic eruption' as Abanindranath characterised it. So this is how a poet wants to step outside poetry and an artist wishes to explore beyond painting. In the history of art and literature there are numerous such instances of border crossing right under our eyes.

2

Quite a few creative persons assembled in Bharat Bhavan, Bhopal for a few weeks in December, 1983. Invited from different parts of India, some of them were painters, others poets or musicians. The interface that ensued provided an ideal opportunity for an exploratory dialogue between various art-forms. One day, the celebrated painter Swaminathan stood silently outside the hall, under the sky, after a session of classical music. A little later, quite overwhelmed, he remarked, as if in an aside : 'Though we may paint so many pictures, can we ever capture even an iota of that melody? While music soars our painting falls and lags far behind! What's the point in painting any more, then?'

Of course, the last sentence did not mean that he was about to give up painting. On the contrary, Swaminathan started a new picture the very next day. We only want to draw attention to this sense of discontentment with one's own work. This is exactly the opposite of what Abanindranath said, it suggests mortification at not being able to overcome difficulties. Swaminathan was certainly aware of Leonardo Da Vinci's position that music can never get percedence over painting, but came only next to it. Since the eye has pride of place among the sense organs, painting is greater than music – so ran his thoughts. And how about poetry? Poets? '... the poet ranks far below the painter in the representation of visible things, and far below the musician in that of invisible things!'

But it's not a question of before and after, higher or lower. Every art form is supreme in its domain. Painters

far below the musician in that of invisible things !'

কিন্তু প্রশ্নটা আগে-পরের নয়, উঁচু-নিচুর নয়। সব শিল্পই নিজের জগতে স্বরাট্। চিত্রশিল্পীও visible -এর মধ্যে invisible-কে ধরবার আকুলতা বোধ করেন, যেমন সেদিন করছিলেন স্বামীনাথন। আবার সঙ্গীতশিল্পীও invisible-কে করে তুলতে চান visible, রাগের মধ্যে রূপ দেখতে পান তাঁরা। কবিতাও ধরতে চায় দুটোকেই, একই মুঠোয়। কবিতায় ভাষার যে সীমা, তাকে শব্দপ্রবাহের একটা সুর দিয়ে ছন্দ দিয়ে মুক্ত করে দিতে চান কবি 'ভাবের স্বাধীনলোকে', একটি কবিতায় (*ভাষা ও ছন্দ*) যেমন লিখেছিলেন রবীন্দ্রনাথ। বস্তুত, সব শিল্পেরই আছে পরম সত্যকে স্পর্শ করতে চাইবার নিজস্ব নানা পথ। প্রভেদ কেবল সেই পথে, প্রভেদ পদ্ধতিতে। সেই প্রভেদের কথা মনে থাকে বলেই সব শিল্পই খানিকটা আড়চোখে তাকাতে চায় অন্য শিল্পের দিকে। যে-অধরাকে আমি প্রকাশ করতে চাই, যথেষ্ট তার প্রকাশ হচ্ছে না ভেবে হঠাৎ অন্য কোনও প্রকাশপথকে সাময়িকভাবে পরখ করে দেখতে চান কেউ। তার মানে এ নয় যে নিজের শিল্পরূপের চর্চাকে ছেড়ে দিচ্ছেন তিনি, তার মানে শুধু এই যে কৌতূহলে তিনি দেখে নিচ্ছেন আরও এক রূপের মধ্যে আরও এক মনের প্রকাশ ঘটে কিনা। আর সে-কৌতূহলের বিস্ময়কর ফল হিসেবে কখনও কখনও আমাদের সামনে পৌঁছে যান ব্লেকের মতো বা রবীন্দ্রনাথের মতো কোনও শিল্পী, মাইকেলেঞ্জেলোর মতো কোনও কবি!

৩

লেওনার্দো দা ভিঞ্চিকে যে শিল্পের স্থানাঙ্ক নিয়ে ভাবতে হয়েছিল, চিত্রশিল্পকে যে সবচেয়ে উঁচু জায়গা দিতে চেয়েছিলেন তিনি, তার হয়ত একটা সমকালীন কারণ ছিল। প্রাচীনকালে এই একটা কথার প্রচলন ছিল যে 'Painting is dumb poetry'। ছবি-আঁকার শিল্প একটা 'mechanical art' কিংবা সে বোবা কবিতা, এইসব কথার উত্তর হিসেবে বেশ রাগ করেই তাঁকে বলতে হচ্ছিল যে 'If you call painting dumb poetry, the painter may call poetry blind painting'।

কিন্তু প্রচলিত কথাটার অর্ধাংশটাই বলছেন লেওনার্দো, পুরো কথাটা তো এই যে 'Painting is dumb poetry, and poetry speaking painting'। নেতির দিক থেকে না ভেবে এ-বর্ণনাকে হয়ত ইতিবাচক বলেও ভাবা যায়, ভাবা যায় কবিতা আর ছবির পারস্পরিক নিগূঢ় এক সম্পর্ক হিসেবেই। একটি কবিতা পড়বার পর যে অনির্বাচ্য অনুভব হয় অনেকসময়ে, তেমন একটা অনুভব হতে পারে একটা ছবির সামনে দাঁড়ালেও। এক নয় তাদের বিষয়, এক নয় তাদের উপকরণ, এক নয় তাদের পদ্ধতি। কিন্তু তবু যখন সমতুল্য কোনও অনুভবে পৌঁছে দেয় দুই শিল্প, তখন একথা বললে দোষের হয় না যে : কবিতাতেও আছে ছবি, তবে সে-ছবি কথা বলে; ছবিতেও আছে কবিতা, তবে সে-কবিতা নীরব। 'বোবা' শব্দটা না বলে 'নীরব' বললে হয়ত সমস্যাটা মিটে যায়, তখন হয়ত দুই শিল্পকে একটা অন্তঃসম্পর্কের দিকে টানতে পারি আমরা।

ছবি আর কবিতার (বা সঙ্গীতের) প্রভেদসূত্রে আরও একটা কথা অবশ্য বলেছিলেন লেওনার্দো। বলেছিলেন : 'Both verse and voice proceed through time in rhythmical formation. The painter does not express himself in rhythmical divisions of time but he may infuse rhythm into the contours of his figures'। ছবির প্রসঙ্গে 'space' শব্দটির ব্যবহার হল না এখানে, কিন্তু এই সূত্রটিরই বিস্তারে— time এবং space-এর স্বাতন্ত্র্য দিয়েই— এই দুই শিল্পরূপের বৈশিষ্ট্য নিয়ে অনেকদূর পর্যন্ত কথা

often feel an acute urge to capture the invisible in the form of the visible, as Swaminathan did that day. And musicians, too, long to render the invisible visible, they often glimpse shape and form in the ragas. Poetry also aspires to grasp both, simultaneously. Each art form has its own varied ways of approaching the Eternal Truth. Only the ways and techniques are different. Aware of these differences, each art form tends to look somewhat askance at the others. When an artist feels that he has not been able to sufficiently capture the elusive form, he suddenly decides to explore other avenues or media for some time. It does not mean that he has discarded his chosen art form, but it certainly means that driven by curiosity, he is trying to find out whether his mind reflects better in some other art, some other medium. And these sallies, beginning in curiosity, sometimes bring before us magnificent painters like Tagore or Blake or poet like Michelangelo.

3

Leonardo Da Vinci devoted considerable thought to coordinates in painting. That he accorded pride of place to painting in the world of art, must have something to do with the age itself. 'Painting is dumb poetry' was an ancient saying. Rebutting claims that painting was a 'mechanical art' or that it was dumb poetry, he indignantly declared, 'If you call painting dumb poetry, the painter may call poetry blind painting.' But Leonardo's rebuttal accounts for only half of the old saying which in its entirety runs, 'Painting is dumb poetry and poetry speaking painting.' If the negative nuance is ignored, this can even be called a positive characterisation, a statement of the inherent complementary relationship between poetry and painting. A painting may well call forth in one the same ineffable feelings that assail one after reading a poem. Their themes and ingredients are different, so are the methods employed. Yet, when two different art forms take you by different routes to the same destination, it won't be wrong to say that there are pictures in poetry too and these pictures speak; there is poetry in painting also, but this poetry is silent. If we use 'silent' instead of 'dumb', the problems tend to disappear, and then we can perhaps try to forge an interrelationship between these two arts.

However, Leonardo said something more about the differences between painting and poetry (or music). He said, 'Both verse and voice proceed through time in rhythmical formation. The painter does not express himself in rhythmical divisions of time but he may infuse rhythm into the contours of his figures.' The term 'space' has not been used here in the context of painting, but Lessing covered a good deal of ground by pursuing the theme of the difference between time and space while elaborating on the characteristics of these art forms. And taking his cue from Lessing Rabindranath accounts for this difference when he explains that in music or painting 'the external state of

বলেছিলেন লেসিং। আর লেসিং থেকে— কিংবা আরও ঠিকভাবে বলতে গেলে ম্যাথু আর্নল্ডের 'Epilogue to Lessing's Laocoon' কবিতা থেকে— ইঙ্গিত নিয়ে রবীন্দ্রনাথ সেই প্রভেদের বিবরণ দেন এইভাবে যে ছবিতে বা সঙ্গীতে 'এক মুহূর্তের বাহ্য অবস্থা প্রকাশ করা যায় মাত্র। যে মুহূর্তে একটি সুন্দর মুখে হাসি দেখা দিয়াছে সেই মুহূর্তটি মাত্র চিত্রে প্রকাশিত হইয়াছে, তাহার পরমুহূর্তটি আর তাহাতে নাই।' কিন্তু কবিতায়? কবিতার কাজ আরও ছড়ানো। যিনি কবি, ভাব থেকে ভাবান্তরে চলতে হয় তাঁকে। 'গম্যমান শরীর, প্রবহমান ভাব, পরিবর্তমান অবস্থা তাঁহার কবিতার বিষয়।' কবি যে এটা করতে পারেন তার কারণ তাঁর অবলম্বন সময়। শিল্পীর সঙ্গে তাঁর প্রভেদ—লেসিং-এর বর্ণনায় — 'the one using forms and colours in space, the other articulates sounds in time'।

ছবিতে গোটা জমিনটাকে আমরা এক লহমায় দেখে নিতে পারছি। আর কবিতায় তার উন্মোচন চলছে অল্পে অল্পে, প্রথম থেকে শেষ পর্যন্ত স্তরে স্তরে। এই প্রভেদটাকে মনে রেখেও এক চরিত্র অন্যের ওপর প্রয়োগ করতে পারেন কোনও কবি বা শিল্পী। অনেকখানি সময়কে একত্রে ধরবার অন্যতম উদাহরণ হিসেবে লেসিং বলেছিলেন টিশিয়ানের একটি ছবির নাম : Prodigal Son, যেখানে অতীত-বর্তমানের পুরো গল্পটার আদল রয়ে গেছে। কিন্তু, একে তার মনে হয়েছে একটা 'encroachment'। আমরা তা নাও ভাবতে পারি। আমরা ভাবতেই পারি যে আধুনিক ছবিতে সময়েরও ব্যবহার চলছে গূঢ়ভাবে। ছবিতে সময়ের সীমাবদ্ধতাকে ভেঙে দিতে পারে একটা অ্যাবস্ট্রাকশন। ছবির মধ্যেও সময়ের গতিকে হয়ত-বা একভাবে ধরা যায়, যেমন space-কে ধরা যায় কবিতায়।

আর, এইভাবে এ-দুয়ের মধ্যে যাওয়া-আসার বা পরস্পর সম্পৃক্ততার সুযোগ আছে বলেই, বা সুযোগ করে নিতে চায় বলেই, এত হাত-ধরাধরি করে চলতে চায় ছবির আন্দোলন আর কবিতার আন্দোলন। এত যে আন্দোলনের কথা বলি আমরা— Impressionism, Dadaism, Surrealism— সে কি শিল্পের আন্দোলন না কবিতার? স্বতন্ত্রভাবে কারওই নয়, সংযুক্তভাবে দুয়েরই। দেলাক্রোয়া বিষয়ে লিখতে গিয়ে বোদলেয়র একবার বলেছিলেন যে, আমাদের যুগধর্ম হল এই : শিল্পমাধ্যমগুলি পরস্পরকে নতুন শক্তি দিতে চায় এখন। সেইজন্যেই এ আমাদের খুব স্বাভাবিকই লাগে যে মালার্মে প্রায় রোজই যাবেন দেগার স্টুডিয়োয়, লোরকার নিকটবন্ধু হবেন সালভাদোর দালি আর সেজানের ছবির বিষয়ে কেবলই লিখে যাবেন রিল্‌কে। কলকাতার পরিবেশে আমরা দেখেছি কীভাবে যামিনী রায়ের সঙ্গে লগ্ন থাকেন বিষ্ণু দে, বিষ্ণু দে-কে 'ফ্রেন্ড ফিলজফার অ্যান্ড গাইড' বলে ভাবেন 'ক্যালকাটা গ্রুপ'-এর শিল্পীরা, ষাটের দশকের মধ্যভাগে নিজেদের মধ্যে কীভাবে নিত্যমেলামেশার একটা পরিসর তৈরি করতে চান তরুণ কবি আর তরুণ শিল্পীরা। আর এতসবের ফলে, পরস্পরকে আরও ভালভাবে বুঝবার চেষ্টা করা ছাড়াও, কখনও কখনও হয়ত দেখা যায় শ'খানেক ছবি এঁকে বসছেন কবি বিষ্ণু দে, বা ভাস্কর প্রদোষ দাশগুপ্ত লিখে বসছেন বেশকিছু কবিতা, যার মধ্যে শুনতে পাই— বা দেখতে পাই—'Those Iconic eyes of Byzantine sadness'! বোদলেয়র যাকে যুগধর্ম বলেছিলেন, এক হিসেবে তখন সম্পন্ন হয়ে ওঠে সেটা।

শঙ্খ ঘোষ

being of only a moment can be expressed'. But what about poetry? Poetry functions on a much wider scale. A poet graduates from feeling to feeling, from one state of mind to another. 'His poetry deals with moving bodies, streams of consciousness, changing circumtances.' That the poet can do it is because he hangs on to time. As Lessing puts it, the difference between a painter and a poet is 'the one using forms and colours in space, the other articulates sounds in time.'

When we see a picture, we can take in the entire canvas or space at a glance. In a poem, on the other hand, this process of 'taking in' proceeds little by little, opening up one layer after another from beginning to end. While bearing this distinction in mind a poet or painter can still invest one art form with the characteristics of another. Titian's famous painting Prodigal Son is, according to Lessing, an example of how painting recreates a large span of time where the entire sequence of past and present is recaptured in action. But he terms this an 'encroachment'. We may not agree with this position. We may be inclined to believe that modern painting also uses time in intricate ways. An abstraction can surmount the limitation of time in pictures. It is, perhaps, not impossible to capture the mobility of time in painting : likewise it is possible to represent space in verse.

So there is always room for inter- disciplinary opportunities or a willingness to create such opportunities where movements in a painting and poetry go so much hand in hand. Are the much– talked about movements– Impressionism, Dadaism, Surrealism– only art movements or poetry movements? Surely these penetrate both poetry and painting. Writing about Delacroix, Baudelaire once said that the spirit of our age was such that the different art forms tended to infuse fresh power into each other. And thus it seems all very natural to us that Mallarmé dropped by Degas' studio almost everyday, that Salvador Dali was a close friend of Lorca's or that Rilke wrote continuously about the painting of Cézanne. In the Kolkata ambience we've seen how Jamini Roy and Bishnu De were inseparable from one another, how the artists of the 'Calcutta Group' took to Bishnu De as their 'friend, philosopher and guide', how the young poets and artists in the mid– 60s were keen to create a space where they could meet and rub shoulders often enough. Consequently, apart from trying to understand each other better, sometimes it is seen that Bishnu De turns out a hundred paintings or that the sculptor Pradosh Dasgupta ends up writing a number of poems in which we can hear—or see—'Those Iconic eyes of Byzantine sadness'! In a way, this fulfils what Baudelaire called the spirit of the age.

Sankha Ghosh

Translated by Subhransu Maitra

শুরুর আগে

একজন ছবি আঁকিয়ে কেন লেখেন কবিতা? একজন কবিই বা কেন ছবি আঁকেন? ছবির ভাষা যেখানে ফুরোয়, সেই না-বলা বাণী প্রকাশের জন্যই কি একজন ছবি আঁকিয়ে 'শব্দে শব্দে বিয়া' দেওয়ার রহস্যময় খেলায় মেতে ওঠেন? বা শব্দের কারুকাজ যেখানে ফুরোয়, সেখান থেকেই শুরু রঙে-রেখার রামধনু উচ্ছ্বাস? হয়ত তাই, হয়ত বা তা নয়।

এক মাধ্যমের উৎকর্ষের চূড়ায় পৌঁছনোর পাশাপাশি অন্য মাধ্যমে চর্চার নজির অতীত ও সাম্প্রতিকে রয়েছে বহু। মাইকেলেঞ্জেলো কবিতা লিখতেন, লেওনার্দো দা ভিঞ্চি ছবি ছাড়াও কত না বিষয়ে চর্চা করেছেন! ঘরের কাছে রবীন্দ্রনাথ জীবনের উপান্তে এসে ছবি এঁকে চমকে দিলেন। কবি উইলিয়াম ব্লেক, বিষ্ণু দে এঁকেছেন ছবি। হিন্দিতে ছোটগল্প লিখেছেন চিত্রী রামকুমার এবং গুজরাটিতে ভূপেন খক্কর। এরকম আরও অনেকের কথা বলা যায়। দেশে ও বিদেশে।

পশ্চিমবঙ্গেও ছবি আঁকিয়েদের মধ্যে অনেকে একইভাবে নিয়মিত কবিতা লেখেন, লিখতেন। কয়েকজনের কাব্যগ্রন্থও প্রকাশিত হয়েছে। আবার অনেকে একটি বা দুটি অগ্ন্যুৎপাতের পর লেখেননি। যেমন নন্দলাল বসু। এই বইতে সঙ্কলিত কবিতাটি তিনি আদতে চিঠি হিসেবে লিখেছিলেন আশ্রমিক কানাই সামন্তকে। যা প্রকাশিত হয়েছে কানাই সামন্তর *শিল্পীগুরু নন্দলাল* বইতে (বিশ্বভারতী গবেষণা প্রকাশন বিভাগ, মার্চ, ১৯৯৮)। যেহেতু তাঁর 'প্রিয় কানাই'-কে লেখা চিঠি, তাই স্বাভাবিকভাবেই কবিতাটির কোনও নাম নেই। চিঠিতে থাকার কথাও নয়। সেই সঙ্গে এটাও বলার যে অন্যান্য চিঠিতে 'প্রিয় কানাই', 'কানাই' ইত্যাদি সম্বোধন থাকলেও, এই চিঠিটি সম্বোধনহীন। ওপরে তারিখ আর নিচে স্বাক্ষর 'নন্দ'। কবিতার নামকরণ সঙ্কলন-সম্পাদকের।

অন্যদিকে হেমেন্দ্রনাথ মজুমদারের নিয়মিত কবিতাচর্চার সাক্ষ্য তাঁর উত্তরাধিকারীদের সংগ্রহে থাকা একটি পাণ্ডুলিপি। সাদা ফুলস্কেপ কাগজে সুন্দর হস্তাক্ষরে তিনি তাঁর কবিতার পাণ্ডুলিপি তৈরি করেছিলেন। প্রতিটি কবিতার নিচে রয়েছে শিল্পীর স্বাক্ষর। কখনও বা রচনার তারিখ এবং কোথায় বসে লেখা তার উল্লেখ। সঙ্কলনটির হেমেন্দ্রনাথ নাম দিয়েছিলেন *কল্পনিকা*। ১ পার্ক সাইড রোডে থাকার সময় তৈরি এই পাণ্ডুলিপি দেখলেই বোঝা যায়, তাঁর ইচ্ছে ছিল কাব্যগ্রন্থ প্রকাশের। তাঁর অকালমৃত্যুর জন্য হয়ত সম্ভব হয়নি। সেই অপ্রকাশিত *কল্পনিকা* থেকেই প্রকাশিত হল দুটি কবিতা।

হেমেন্দ্রনাথ মজুমদারের ইচ্ছে অপূর্ণ থাকলেও প্রদোষ

Before the Beginning

Why does a painter write poetry? For that matter, why does a poet paint? Is there an unspoken something that fails the language of painting and makes the artist engage in the mysterious game of 'marrying words with words'? Or is there a limit where word craft has to stop and emotions must erupt in a rainbow surge of colours and lines? Maybe, or maybe not.

There are numerous instances of people reaching the pinnacle of perfection in one medium and, side by side, trying their hands in another. Michelangelo wrote poems. Leonardo da Vinci practised many other skills besides being a painter. Nearer home, Rabindranath Tagore surprised everybody when he turned to painting towards the end of his life. Poets William Blake and Bishnu Dey were painters, too. Artists Ram Kumar and Bhupen Khakhar have also written short stories, in Hindi and Gujarati, respectively. Other examples abound, both in our country and abroad.

In West Bengal, too, there are artists who write, or used to write, poetry. Some have even published poetry-collections in book-form. Others, like Nandalal Bose, stopped after one or two eruptions. Nandalal's poem appearing in this collection was actually written in the form of a letter to Kanai Samanta, a fellow resident of Santiniketan, and published in Samanta's book *Silpiguru Nandalal* ('Nandalal, the Artist's Artist,' Visva-Bharati Research Publication Division, March, 1998). Because it was a letter to his 'Dear Kanai,' the poem, naturally, does not have a title. It wasn't meant to have one. It must also be mentioned that, while his other letters were addressed as 'Dear Kanai' or simply 'Kanai,' this one does not have an address. It, however, has a date and a signature, 'Nanda.' In this collection the editor has choosen a title for the poem.

On the other hand, a manuscript in the possession of Hemendranath Majumdar's descendants provides enough evidence that he was a regular practitioner of poetry. He had a beautiful hand and wrote on white foolscap paper. Each poem in the manuscript is signed at the bottom, and sometimes a mention is made of the date a poem was written and the place where it was. He had even given a title for his collection, *Kalpanika* ('Imaginings'). Prepared when he was staying at 1 Parkside Road, the manuscript clearly suggests he had intended to publish it as a book, but the wish remained unfulfilled because of his untimely death. It is from this manuscript that the two poems of his published in this volume have been taken.

দাশগুপ্ত কিন্তু জীবিতকালেই প্রকাশ করতে পেরেছিলেন তাঁর কাব্য সঙ্কলন। ইংরেজিতে লেখা তাঁর ২৮টি কবিতার সঙ্কলন *ফলেন লিভস অ্যান্ড আদার পোয়েমস* প্রকাশিত হয়েছিল ১৯৬৯-এর ১০ জানুয়ারি, ৫ যতীন দাস রোড, কলকাতা-২৯ থেকে। প্রকাশক ছিলেন তাঁর স্ত্রী কমলা দাশগুপ্ত। বইটিতে কবিতার সঙ্গে ছবি এঁকেছিলেন প্রদোষবাবু নিজে ছাড়াও জে স্বামীনাথন, কিষেন খান্না, যতীন দাস, এ রামচন্দ্রন ও অন্যান্য চিত্রী। সেই বই থেকেই ছাপা হল পাঁচটি কবিতা। কবিতাগুলোতে সৃজন-তারিখ নেই।

নিখিল বিশ্বাস প্রমাণ সাইজের ডায়েরিতে কালি-কলমে ছবি আঁকতেন এবং তাঁর বিভিন্ন ভাবনাচিন্তা লিখে রাখতেন নিয়মিত। তার মধ্যে থাকত কবিতাও। ইংরেজি এবং বাংলায়। এরকম অনেকগুলি ডায়েরি রয়েছে শিল্পীর স্ত্রী বীণা ও ছেলে দেবব্রত বিশ্বাসের কাছে। সেইসব ডায়েরি থেকেই সঙ্কলিত হল কবিতা ও ছবি।

২২ জন বাঙালি শিল্পী ও একজন ভাস্করের কবিতা, সঙ্গে উপযুক্ত সঙ্গতে তাঁদেরই ছবি— এক মলাটের মধ্যে ধরে রাখার চেষ্টা এই প্রথম। এঁদের মধ্যে সাতজনের কবিতা এখানেই প্রথম প্রকাশিত হল। জানি, এর বাইরেও রয়ে গেলেন অনেকেই— জীবিত অথবা প্রয়াত। আমি নিজেই আরও ১৫ জন শিল্পীর সন্ধান পেয়েছিলাম, যাঁরা নিয়মিত কবিতা লেখেন বা লিখতেন। কিন্তু বুদ্ধদেব বসুর ভাষায়, 'ছোট নৌকোয় ইচ্ছেমতো যাত্রী তুলতে পারিনি'। ভবিষ্যতের কোনও বড় অভিযানে তাঁদের নেওয়ার ইচ্ছে রইল।

কবিতা, ছবি নির্বাচনে যথাসাধ্য চেষ্টা করেছি বাংলা কবিতা ও ছবির পরম্পরা, বৈচিত্র্য রূপ-রস-গন্ধ-সহ উপস্থিত করতে। ১৯৪২ থেকে ২০০৫ পর্যন্ত বিস্তৃত সঙ্কলিত কবিতাগুলির রচনাকাল। ছবির সৃজনকালও প্রায় তাই। সর্বজ্যেষ্ঠ শিল্পী-কবির জন্ম ১৮৮২ সালে, আর সর্ব কনিষ্ঠের ১৯৭১-এ। ছবি আঁকিয়েদের কবিতা বলে শুধুমাত্র চিত্রকল্প-প্রধান কবিতাই প্রাধান্য পেয়েছে — এমন মনে করার কোনও কারণ নেই।

কবিতা-ছবির এই যুগলবন্দীতে ছবি কিন্তু এখানে, বলাই বাহুল্য, কবিতার অলঙ্করণ বা ইলাস্ট্রেশন নয়। কবিতার পাশাপাশি ছবিও এখানে নিজস্ব সত্তায় উজ্জ্বল। কবিতার সঙ্গে অন্তর্নিহিত যোগসূত্র বজায় রেখেও ছবি এখানে স্বাধীন, সমান্তরাল দৃশ্যপাঠ। ভিস্যুয়াল টেক্সট।

পুরো বইতে বানানের সমতা রাখার চেষ্টা করা হয়েছে। এছাড়া শিল্পীদের নামের বানান, তাঁরা যেভাবে লেখেন, সেভাবেই রাখা হয়েছে। বাংলা, ইংরেজি— দুই ভাষাতেই।

বইয়ের ইংরেজি নামকরণের কৃতিত্ব নির্মলকান্তি ভট্টাচার্যের।

দেবাশিস চন্দ

Though Hemendranath could not fulfil his wish, Pradosh Dasgupta was able to publish his book of poems in English during his lifetime. This book, containing 28 poems in English and called *Fallen Leaves and Other Poems*, was published on January 10, 1969 from 5 Jatin Das Road, Kolkata-29 by his wife Kamala Dasgupta. Accompanying the poems, five of which are included in this collection, were drawings done, besides Dasgupta himself, by J. Swaminathan, Kishen Khanna, Jatin Das, A. Ramachandran, and several others. The poems don't have any date when they were written.

Nikhil Biswas used to make pen-and-ink sketches in a full-sized diary, where he also regularly scribbled his random thoughts. It would contain poetry also, both in English and Bangla. Many such diaries are with the artist's wife Bina and son Debabrata, and it is from these that I have culled the poems and drawings included in this book.

In all, the book features poems by 22 Bengali painters and one sculptor, accompanied by their own drawings. Never before was such an effort made to include so many painter-poets in a single volume. Seven of them would have their poems in print for the first time in this book. I am aware that there are many others, alive or deceased, who have been left out. I personally have knowledge of at least 15 others who write, or used to write, poetry regularly. But, to echo the words of Buddhadeva Bose, 'I couldn't accommodate all the passengers I would have wanted in my little boat'. I hope I can take them all on a bigger journey some other time in future.

In selecting the poems and the drawings, I have tried my best to conjure a bouquet vibrant in its colours, smells, looks, and diversities. The poems cover a period stretching from 1942 to 2005. The drawings do the same, more or less. The eldest of the featured painter-poets was born in 1882, the youngest in 1971. There is no reason to believe that, painters being the writers, only poems rich in imageries have found editorial preference.

It's also needless to mention that, in this unique duet of a performance, the drawings don't serve as mere decorations or illustrations for the poems but have a shining identity all their own. They themselves form, as it were a visualtext. In spite of their inherent umbilical connection with the poems, they stand apart and independent. The texts and the visuals have a parallel existence.

Throughout the book, I have sought to follow a uniform standard of spelling. The painters' names have been spelt, both in Bangla and English, the way they themselves spelt or spell them.

The credit for the book's title in English goes to Nirmalkanti Bhattacharjee.

Debashis Chanda

Translated by Barun Roy

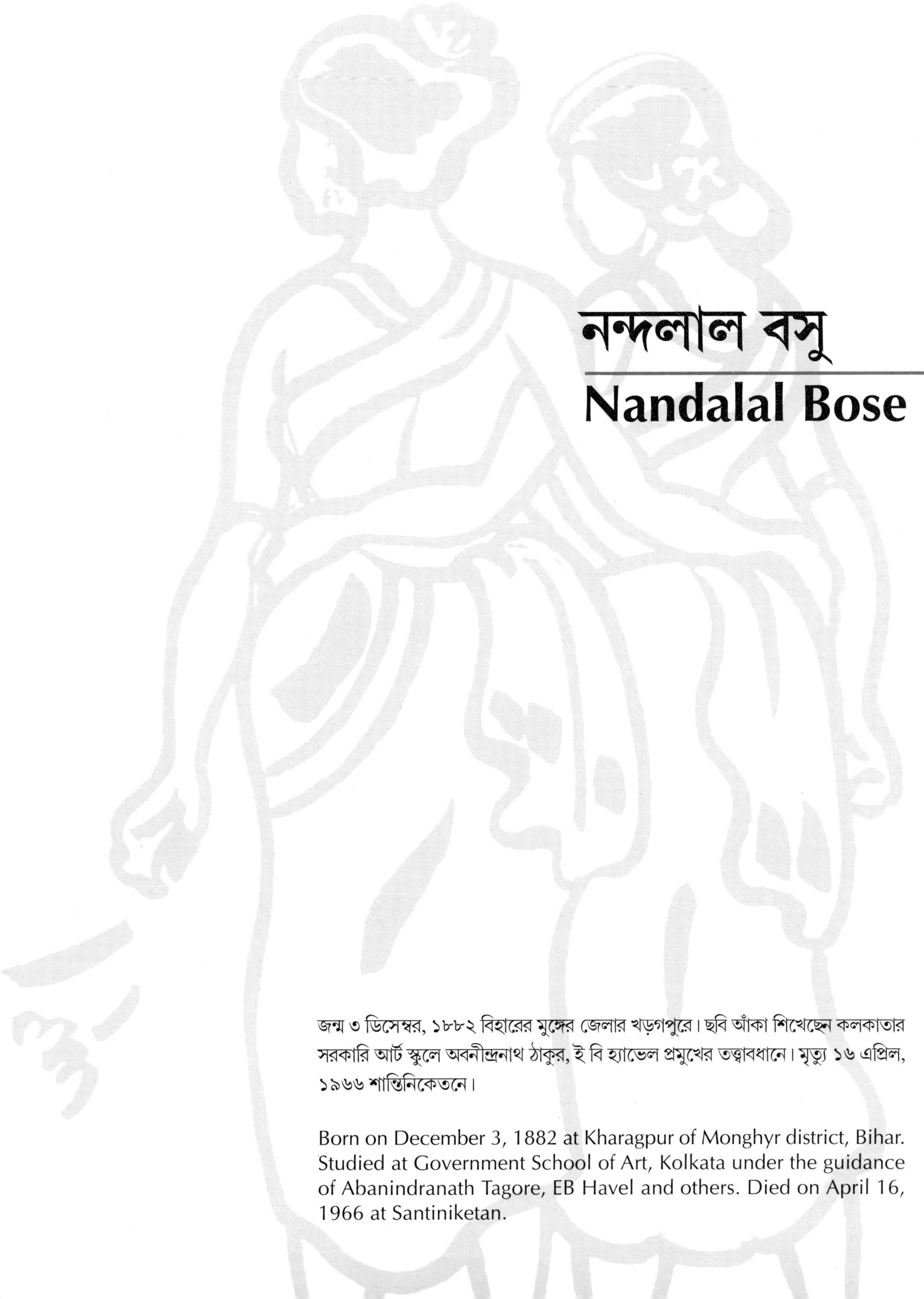

নন্দলাল বসু
Nandalal Bose

জন্ম ৩ ডিসেম্বর, ১৮৮২ বিহারের মুঙ্গের জেলার খড়গপুরে। ছবি আঁকা শিখেছেন কলকাতার সরকারি আর্ট স্কুলে অবনীন্দ্রনাথ ঠাকুর, ই বি হ্যাভেল প্রমুখের তত্ত্বাবধানে। মৃত্যু ১৬ এপ্রিল, ১৯৬৬ শান্তিনিকেতনে।

Born on December 3, 1882 at Kharagpur of Monghyr district, Bihar. Studied at Government School of Art, Kolkata under the guidance of Abanindranath Tagore, EB Havel and others. Died on April 16, 1966 at Santiniketan.

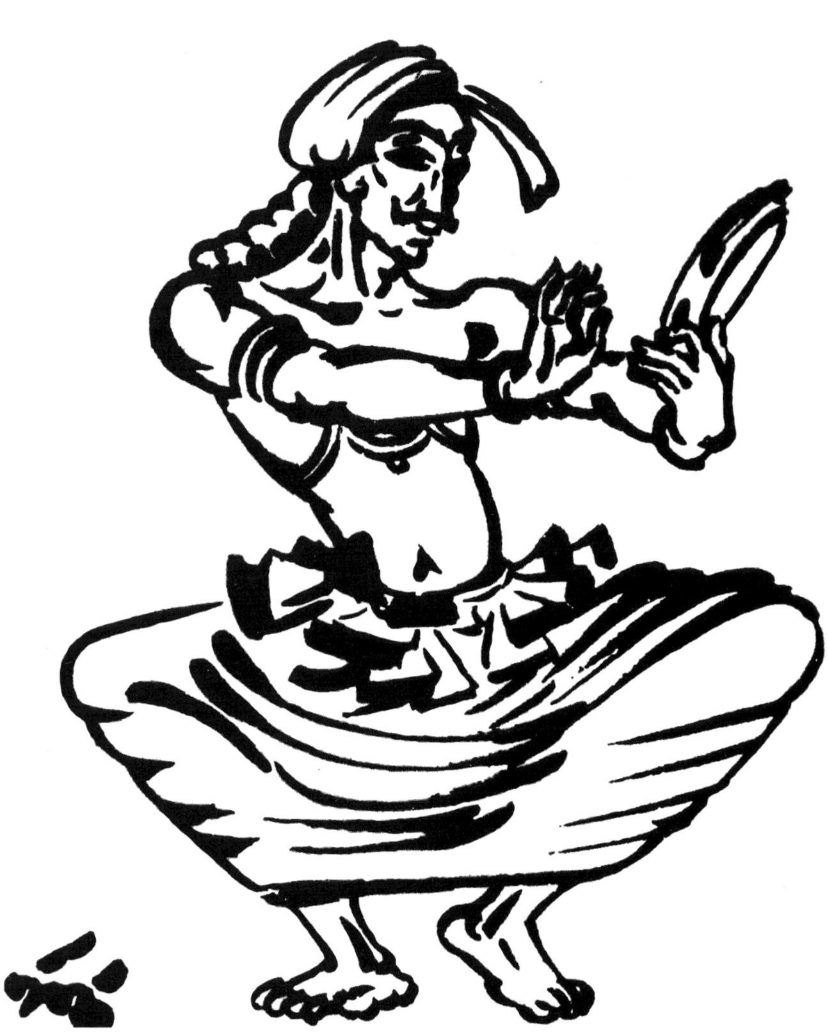

তার ছবি লিখি

যারে ভালবাসি, তার কথা কই।
তার ছবি লিখি, তারি গান গাই।
তুমি সরে দাঁড়াও—আড়াল হয়।
গান শুনতে দাও, গোল থামাও।

তার কথা যদি কও, সুরে সুর মিলাও,
তারই ঢঙে বেঁকে দাঁড়াও, মনে মন দাও,
ভেঙচি রাখো।

দোহাই—থামাও তোমার ইনুনি-বিনুনি,
ঢাক-পিটুনি, অল্প ভাষ', সহজ হও।
ঝগড়া বাড়ে, লোক যে হাসে।

ভাল লাগার ডহরে ডুবলে লজ্জা ভয় যায়
চলে, মনের আঁট থাকে না যে। হলে
মন খুশি, বন্ধুরে দেখিয়ে খুশি, খুশি করে সবে।
একা রতন লুকিয়ে রাখে ভ্যাকা হয়ে মরে
সে যে, মনের জ্বালায় সদাই জ্বলে।

২.১.১৯৪২

His Picture I Draw

Of him I speak whom I love,
His picture I draw, his song I sing.
You stand aside – obstruct me not.
Hold your tongue
And let me hear the song.

If you'd speak of him, pick up the tune,
Stand aslant like him, blend your mind with his
And grimace not.

For god's sake, stop your long-winding tales
And the drum-beating. Talk less. Be natural.
Else quarrels multiply. People ridicule.
If you are submerged in love,
The mind opens and out goes fear,
Out goes shame.
If happy is the mind, happy you'd be
To show it a friend,
Happy you'd make one and all.
He dies a fool who keeps a buried treasure –
Consumed by a smouldering mind.

2.1.1942

Translated by Barun Roy

হেমেন্দ্রনাথ মজুমদার
Hemendranath Mazumdar

জন্ম ১৮৯৪, বাংলাদেশের কিশোরগঞ্জ মহকুমার গচিহাটা গ্রামে। ছবি আঁকা শিখেছেন কলকাতার সরকারি আর্ট স্কুলে এবং রণদা গুপ্তের জুবিলি আর্ট স্কুলে। মৃত্যু ২২ জুলাই, ১৯৪৮ কলকাতায়।

Born in 1894 at Gachihata village of Kishoregunge sub-division, Bangladesh. Studied at Government School of Art, Kolkata and Jubilee Art School of Ranada Gupta. Died on July 22, 1948 in Kolkata.

শিল্পীর দান

কহে ক্রেতা চিত্রকরে
সামান্য এ চিত্রতরে
এত মূল্য বল কেন চাও ?

বর্ণ, তেল, ছিন্ন-বস্ত্র
ক'টা মাত্র তুলি অস্ত্র
তারি তরে এত টাকা নেও ?

ভাববস্তু আরও তুচ্ছ—
মুক্তপৃষ্ঠে বেণীগুচ্ছ
চলে বালা সিক্তবস্ত্রে ঘরে !

নিত্য ঘটে এই দৃশ্য
কিবা বর্ষা কিবা গ্রীষ্ম
হেরি যারে পুকুরের পাড়ে !

টুনি, মিনা, এলোকেশী
মোর মেয়ে চারুশশী
রোজ যায় রায়দের দিঘি

তিন ঘণ্টা থেকে জলে
উঠে তারা সর্দি হলে
শাস্তি মোর—প্রায়ই রাত জাগি !

মামুলি এটুকু চিত্র
নাই যার কোনও গোত্র
তারি তরে ছশো টাকা দিব ?

দয়া করি প্রবঞ্চনা
মোর সাথে করিও না
তা নাহলে অন্য চিত্র নিব।

শুনে শিল্পী বলে হেসে—
জানি সত্য দেশে দেশে
লক্ষ মেয়ে নিত্য স্নান করে।

সজীব প্রফুল্ল মন
বিকশিত এ যৌবন
কয়দিন দেহে তারা ধরে ?

ত্রিশটি বছর অন্তে
শিথিল এ দেহবৃন্তে
ফুটিবে না কুসুম-কলিকা !

মোর চিত্র-নায়িকারে
হের শতাব্দীর পরে
তখনও সে কিশোরী বালিকা !

চিরদিন এই বেশে
রহিবে সে তব পাশে
পরিধানে আর্দ্র বসন,
কিবা অর্থ শিল্পী নিল
প্রতিদানে যেবা দিল—
অবিকৃত রূপ ও যৌবন !

১৩৪৯ বঙ্গাব্দ

An Artist's Gift

The buyer says to the artist :
'Why do you ask a price so steep
For such a minor painting?

So much for just some paint and oil,
A piece of canvas,
And a few brushes?

The content? Trivial even more –
A lady with braided locks
Tumbling down her bare back,
In a sari soaking wet,
Homeward bound!

It's a daily sight,
And can be seen, in rain or shine,
Near every village pond.

Tuni, Mina, Elokeshi,
Even my daughter Charushashi,
Taking daily trips to the Roys' pool,
Spending three hours in the water.

If they come down with a cold
It's I alone who suffer, often
Spending wakeful nights.

And for a common thing like this,
Having no class or pedigree,
You expect me to hand you out
Six times hundred rupees?

Please don't take me for a ride,
Or I look for another piece.'

The artist laughs and tells the buyer:
'Yes, it's true that in the world
Countless women take
A bath every single day,
But tell me how long can they keep
Such a youthful bloom,
Such fresh and happy looks,
Enshrined in their bodies?

Let just thirty years elapse,
No flower buds will again be seen
On their wilting vines!

But look at the heroine in my painting,
Even if centuries go by,
She will always be a girl in bloom!

Always clad like she is
In a sari soaking wet,
Forever by your side!

It's a pittance the artist asks.
In return he leaves a gift
Of perfect youth and beauty!'

1349 BS

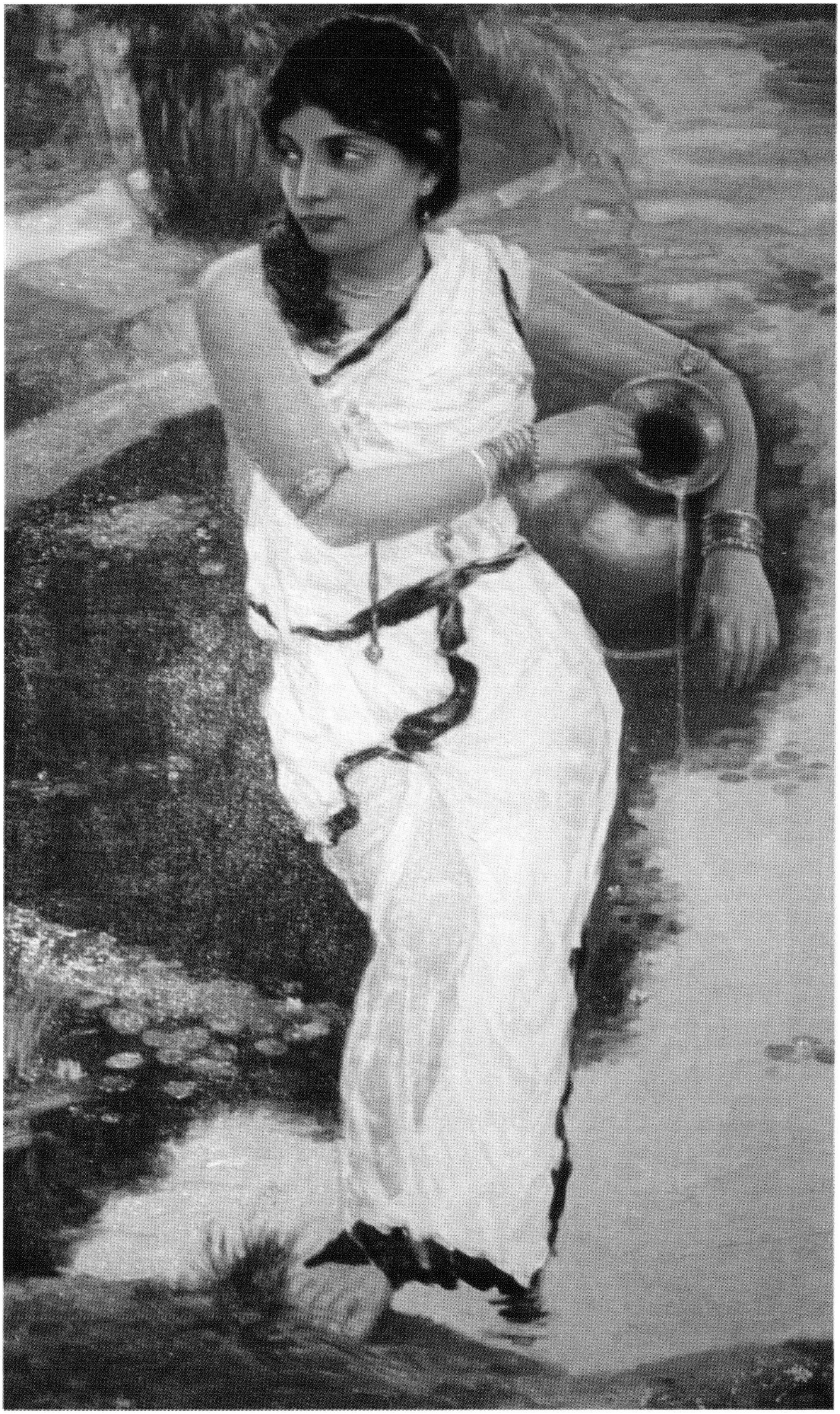

বিধিলিপি

নব-বসন্তে কুঞ্জ কাননে
ফুটে কি সকল ফুল?
তটিনীর দল ছুটে কল্‌কল্‌
ডুবে কি সবার কূল?

বিধির লিখন না থাকিলে ভালে
শত প্রেম, ভালবাসা—
রূপে, রসে হোক দেহ ভরপুর
তবু মিটিবে না আশা।

১৩৪৯ বঙ্গাব্দ

Fate

Do all the flowers we know
In the garden bloom
At the new coming of spring?
Do all the rivers that flow,
As they ripple by,
Flood every shore they pass?

All the love and longing,
All one's charm and beauty
Won't one's desires fulfil
If fate has ordained it not.

1349 B.S.

Translated by Barun Roy

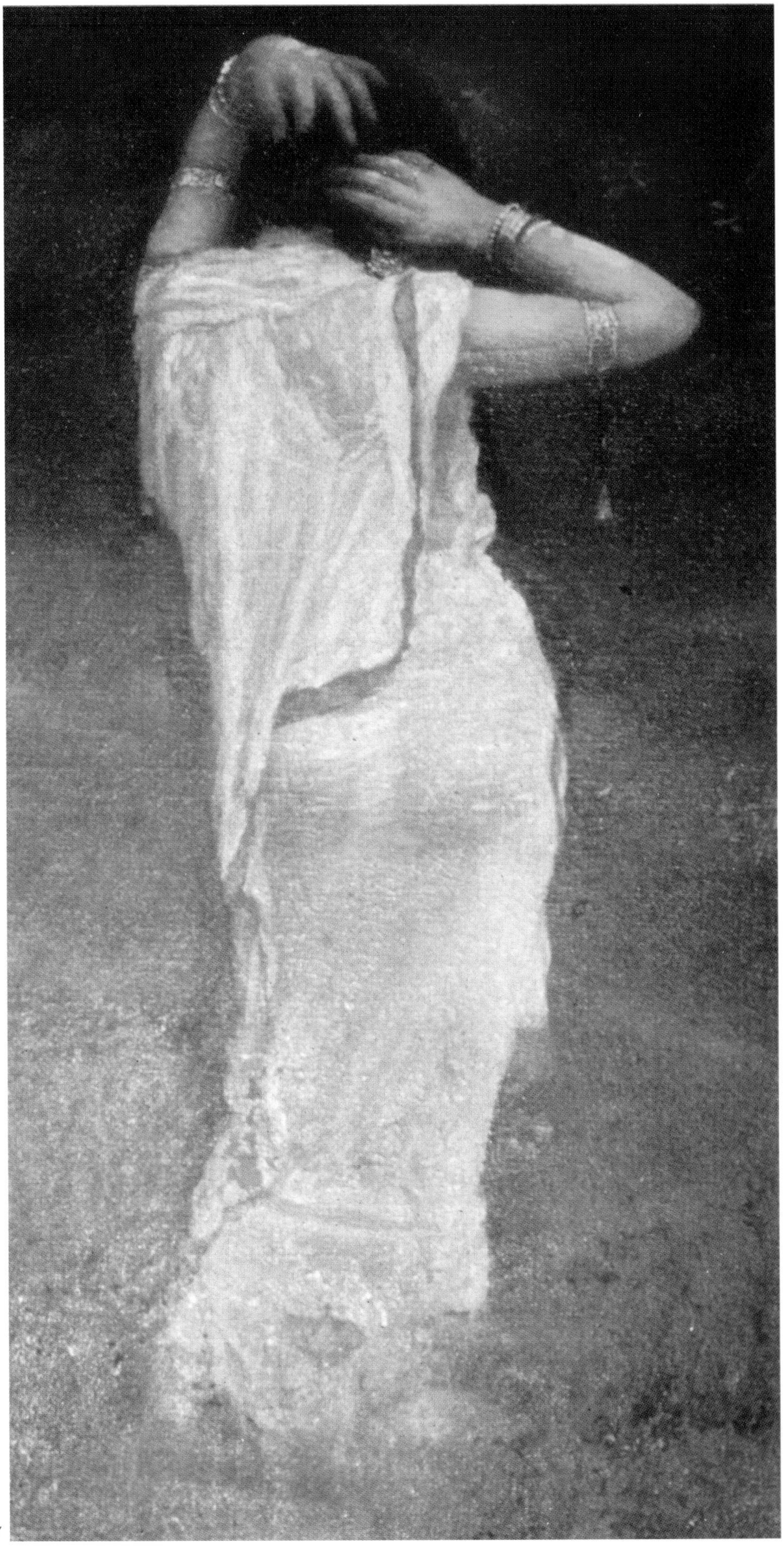

প্রদোষ দাশগুপ্ত

Pradosh Dasgupta

জন্ম ১০ জানুয়ারি, ১৯১২ বাংলাদেশের ঢাকায়। কলকাতা বিশ্ববিদ্যালয়ের স্নাতক। ভাস্কর্য-পাঠ লক্ষ্মৌ এবং মাদ্রাজের (এখনকার চেন্নাই) সরকারি আর্ট স্কুলে হিরণ্ময় রায়চৌধুরী ও দেবীপ্রসাদ রায়চৌধুরীর তত্ত্বাবধানে। এছাড়া লন্ডনের রয়্যাল অ্যাকাডেমি অফ আর্টস এবং প্যারিসের একোল দ্য গ্রাঁ শোমিয়ের। প্রকাশিত কাব্যগ্রন্থ—*ফলেন লিভস অ্যান্ড আদার পোয়েমস।* মৃত্যু ২১ জুলাই, ১৯৯১ নয়াদিল্লিতে।

Born on January 10, 1912 in Dhaka, Bangladesh. Graduated from Calcutta University. Studied sculpture at Government School of Art in Lucknow and Madras (now Chennai) under Hiranmoy Roy Choudhury and Deviprasad Roy Choudhury, respectively. Also studied at Royal Academy of Arts, London and Ecole de Grand Chaumiere, Paris. Published a collection of Poems–*Fallen Leaves and Other Poems.* Died on July 21, 1991 in New Delhi.

ঝরা পাতাগুলি

বেদনাজর্জর
   ঝরে যাচ্ছে পাতাগুলি—
আকাশ আর পৃথিবীকে
আশার গ্রন্থিতে এক করে
বসন্ত আসে, হেমন্ত যায়।

ওরা ঝরে পড়ে
গিয়ানি কোলোর ওপর
রোমের রাজপথে
স্বৈরিণী রমণীর মতো
আর অস্ফুট মর্মরে
আমাকে জাদু করে।
আমি তাদের মাড়িয়ে যেতে ভয় পাই।
গিয়ানি কোলো, তোমাকে ভালবাসি,
ভালবাসি তোমাকে।

Fallen Leaves

Leaves have fallen
in despair —
Autumn leaves
born of the Spring,
tied in strings
of hope
between the sky
and the earth.

They have fallen
on Giani Colo
like fallen women
on the Roman streets
bewitching me
with their soft whispers:
I fear to tread on them.
Giani Colo I love you.
I have fallen
in love.

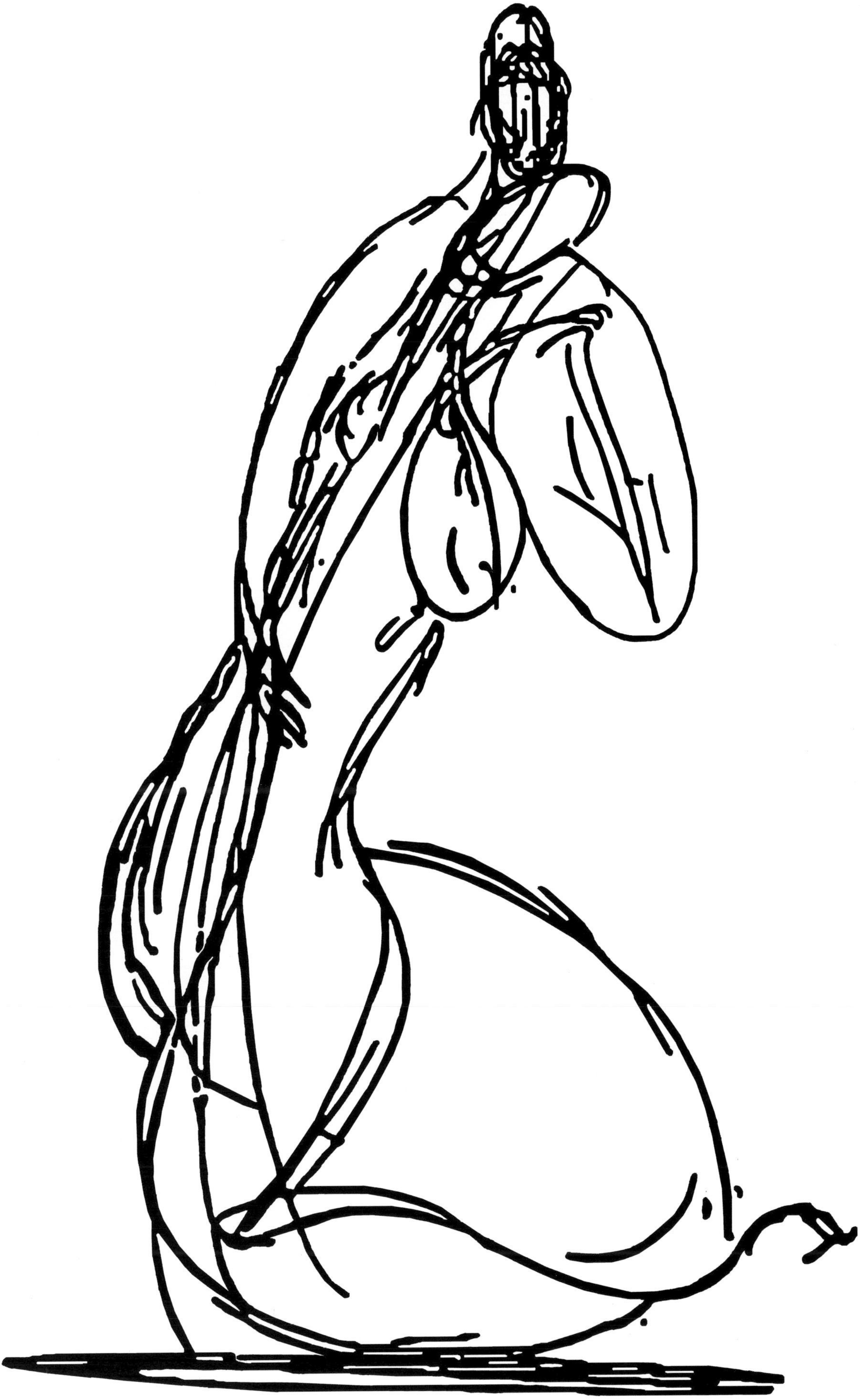

প্রতিমার মতো ওই চোখ

প্রদীপের কালিতে আঁকা প্রতিমার মতো ওই চোখ
কোনও কামার্তা স্বৈরিণীর মতো টানে না আমাকে,
লোভানি জানে না ঈশ্বর বা নশ্বর কাউকে
মায়ের স্নেহ বা প্রিয় রমণীর সুখের বুদবুদ
ফুটে ওঠে না সেখানে
কিন্তু এক মরমী বিষণ্ণতায়
মানব-বিশ্বের জন্য খ্রিস্টের বেদনা হয়ে ফুটে ওঠে...

বাইজেন্টাইন বিষণ্ণতা নিয়ে প্রতিমার মতো ওই চোখ
এমন আতুর বিশ্বাস, শুচিতা আর শান্ত বর্ণালিতে
যা আমাকে ভেতর থেকে কাঁপিয়ে দেয়,
ভাবসামাধির তীরে নিয়ে আসে।
আমি ওই করুণার কূপদুটি থেকে
বুক ভরে তৃষ্ণা মেটানোর জল পান করি,
ওই মরণোপম তরলে ভাসে
আমার যন্ত্রণা, আমার আত্মরতি...

Those Iconic Eyes

Those Iconic eyes painted in lamp black
bear no charm of a seducing coquette,
do not entice a God or a mortal one,
nor do they bespeak a mother's kindly look
nor the sparkle of happiness in a loving wife
but cast a charm of an enchanting sadness
the sadness of Christ's suffering
for the world of humanity...

Those Iconic eyes of Byzantine sadness,
pale with devotion, sacred and serene,
thrill me, bring me to the brink of ecstasy.
I drink deep into the well of their pathos,
intoxicated with their own fatal potion.
I suffer, I molest myself...

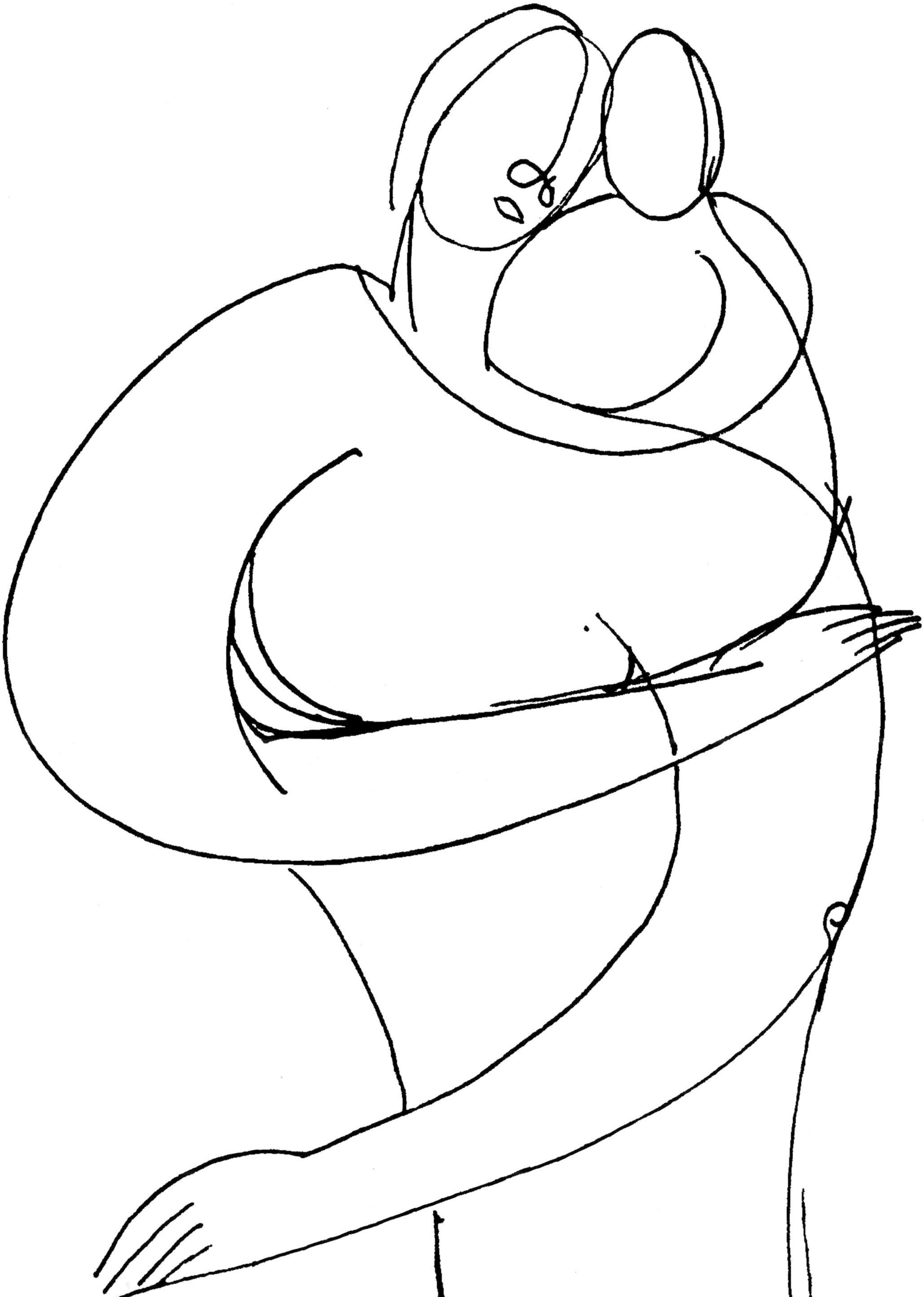

দুটি চাঁদ

আমার ঘরে ঝুলে আছে
    এক ম্লান, বর্তুল চাঁদ
সিলিং থেকে ছড়াচ্ছে
আকাশের বুকে মাখা বিষণ্ণ চাঁদের মতো
হলুদ আলো।

ছেঁড়া ছেঁড়া মেঘ ঢুকে পড়ছে ভেতরে ভেতরে—
মস্কো, কিয়েভ, নভোগোরদ,
তাসখন্দ, সমরকন্দ,
লেনিনগ্রাদ ছেড়ে যাওয়া ট্রেন
ভাবনা-বোঝাই রেলগাড়ির মতো এগিয়ে চলেছে—
খোদাই, ক্যাথেড্রাল, মোজাইকে আঁকা সন্ত,
আমেরিকার তাক-লাগানো বৈভব,
বৃন্দারভের নগ্নিকা
উঠে আসছে পুরনো চিত্রমালার নিবিড় থেকে,
উঠে আসছে
আজেরবাইজানের যুবতী
এক স্বপ্নের হ্রদে নৃত্যরতা উলানোভার উন্মাদনা।
এমন স্বর্গপ্রভ রাতে
উল্লাসে মুখর জনতা, তাদের বজ্রবধির-হাততালির শব্দ
নাচ-পান-ভোদকা—
আর সব কিছুর পর মাতাল আনন্দ, আনন্দ...

Two Moons

A pale round Moon
hangs in my room
suspended from the ceiling
emitting yellow light
like the pale Moon
pasted in the bosom
of the sky outside.

Fleecy clouds intervene within—
Moscow, Kiev, Novogorod,
Tashkent, Samarkand,
the train from Leningrad
the train of thoughts moves on—
Icons, cathedrals, the mosaic saints
the grandiose rich American
Brindarov restoring a nude woman
from beneath the surface of old paints,
the girl from Azerbaijan
erotic Ulanova dancing the swan
in a dream lake — a heavenly sight,
the cheering crowds thundering claps,
dance - drinks - Vodka—
and then the drunken delight...

সৌরভ

গানের গহন থেকে উঠে আসা
একটি প্রণয়-গীতির মতো
তোমার সৌরভ লেগে রয়েছে
আমার দুহাতে, আঙুলগুলিতে
ঠিক ছবিরই মতো।
আহত গানখানি গলে যাচ্ছে
অশ্রু আর বিস্মৃতির ভেতর।
জানলা পেরিয়ে দেখা একফালি আকাশে
ওই দৃশ্যের সাক্ষী হয়ে জেগে আছে
কয়েকটি নক্ষত্র।

দিনাবসানে মিলিয়ে যায় তারাগুলি
কেবল স্মৃতি বয়ে যায়।
কাঁপা কাঁপা আঙুলগুলিতে
লেগে থাকে অস্ফুট পূরবী
ছিঁড়ে আনা স্বপ্ন
ভেসে যাওয়া দুটি চোখ
আর
ব্যথাগভীর দীর্ঘশ্বাস।

Fragrance

Your fragrance pressed
into my hands, lingers
like a love song
pressed into the womb of music.
The cadence lingers painfully
like a fragrance.
The wounded music melts
into tears, melts till oblivion.
The patch of sky beyond the window
holds a few stars to witness.

Stars disappear in the dawn
only memory lingers.
A faint memory
of weak fingers
a stripped fantasy
a pair of melting eyes
and deep sighs.

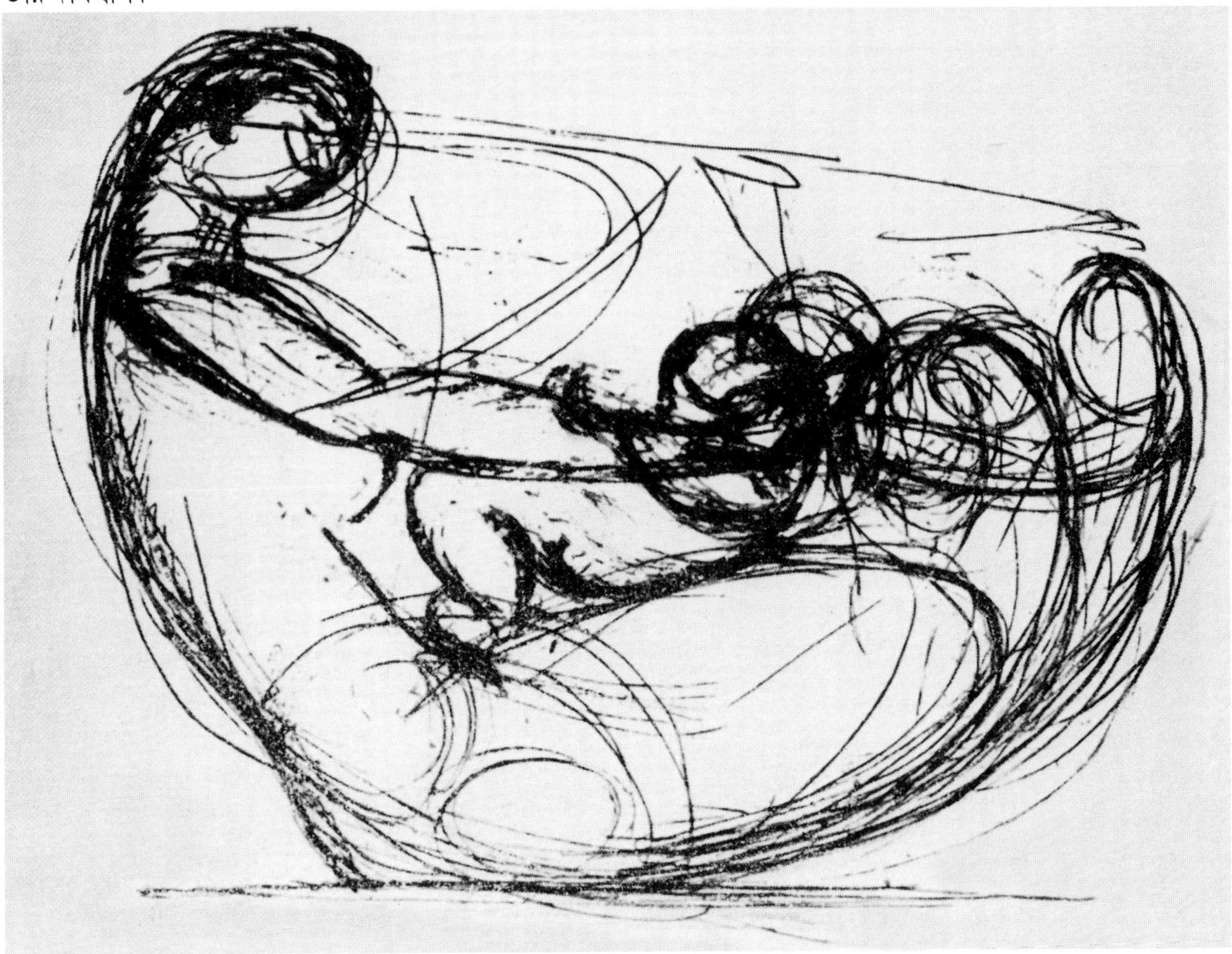

সমরকন্দের শ্বেত নগ্নিকা

মাথার ওপর চাঁদ,
সরু পথ বেয়ে আমরা হেঁটে চলেছি উদ্দেশ্যহীন।
হিমেল হলুদে স্নাত এক চমৎকার রাত।
এক বদমেজাজি লোকের লাথিতে
হঠাৎ আর্তনাদ করে উঠল একটি কুকুর...
ওই চিৎকার ছুঁয়ে দিল চাঁদের প্রশান্তি
বেতারের তীক্ষ্ণ সঙ্গীত ছিঁড়েখুঁড়ে
অরণ্য, বাড়িগুলির ছাদ, আলোর কণিকা
সব কিছুর ওপরে জেগে রইল
কুকুরের আর্তনাদ ভরা
এক বিষণ্ণ ঐকতান।

সরু পথ বেয়ে অস্থিরতা নিয়ে ফিরে আসছিলাম আমরা।
গাছপালার ভেতর দিয়ে
ভারত, আমার দেশের সৌরভ বহন করে আনছিল
মিষ্টি ভাতের গন্ধ,
আমরা পা চালিয়ে ফিরতে লাগলাম।
আর তখনই ওই বেদনামথিত রাতের নিহিতে
আমার প্রিয়তমার সবুজ সৌরভ,
আর মিষ্টি ভাতের গন্ধে একাকার ঘ্রাণে
সব মিলেমিশে বহমান।
ওই সৌরভটুকু আমার শয্যায় ঢেলে নীরবে ঘুমিয়ে পড়লাম আমি
আর স্বপ্ন দেখলাম একটি সাদা গোলাপের—
সমরকন্দের শ্বেত নগ্নিকার।

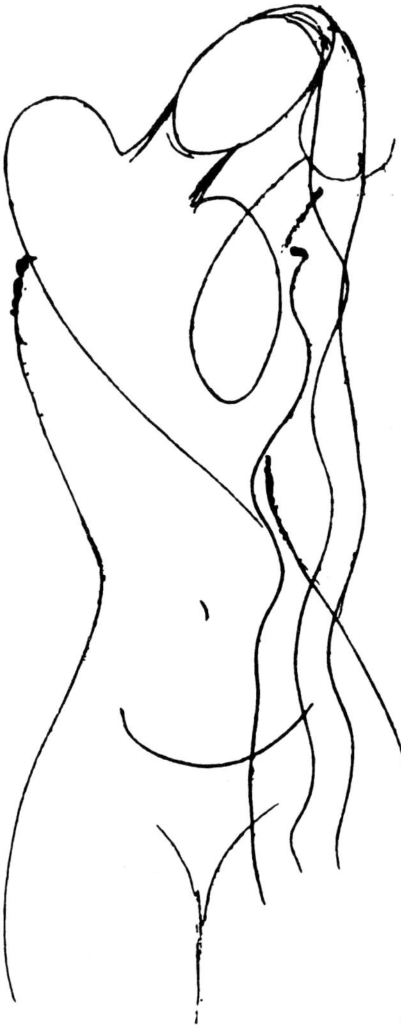

The White Nude of Samarkand

We walked listlessly down the narrow path
with the moon above. A glorious night,
bathed in cold yellow. A dog barked...
A ruffian kicked it.
The shriek reached the Moon.
Then pierced the shrill music of the radio
through the trees, house-tops, dots of lights,
in tune with the dog's barking—
a pathetic symphony...

We walked back restlessly up the narrow path.
A smell of sweet rice from the trees
conjured India, my country...
We hurried back.
Then in the still of the night a pang arose...
the smell of sweet rice mixed with the green perfume
my beloved loved.
I poured the perfume on my bed and slept in silence.
I dreamt a white rose - the white nude of Samarkand.

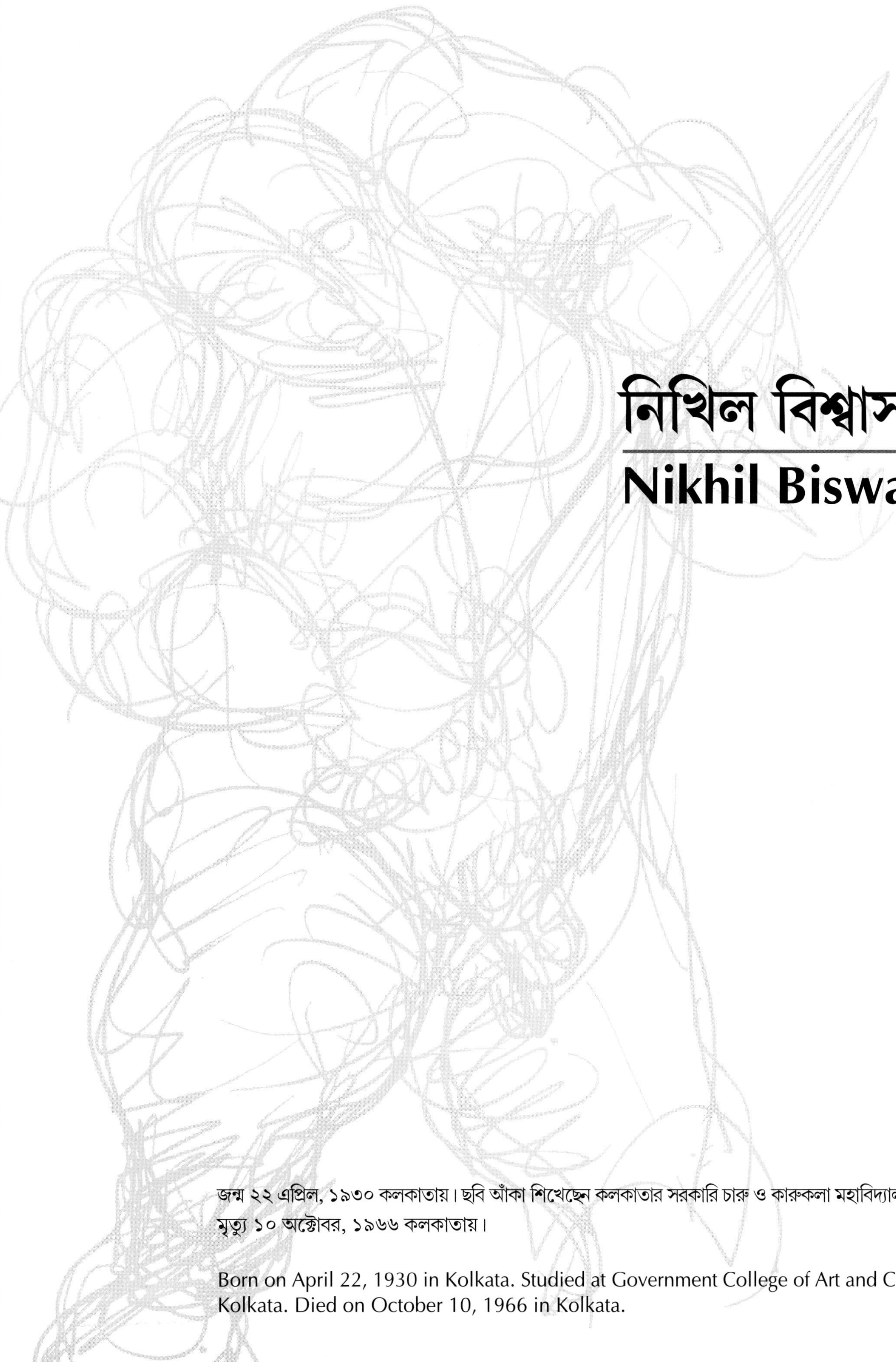

নিখিল বিশ্বাস

Nikhil Biswas

জন্ম ২২ এপ্রিল, ১৯৩০ কলকাতায়। ছবি আঁকা শিখেছেন কলকাতার সরকারি চারু ও কারুকলা মহাবিদ্যালয়ে। মৃত্যু ১০ অক্টোবর, ১৯৬৬ কলকাতায়।

Born on April 22, 1930 in Kolkata. Studied at Government College of Art and Craft, Kolkata. Died on October 10, 1966 in Kolkata.

সওয়ার

রাতের সওয়ার
হিমানী স্নিগ্ধ বাতাসের গন্ধ গায়ে মেখে রূপালি ঘোড়া।
চঞ্চল লুব্ধ আকাশের মেঘেরা
জোট বাঁধে—চাবুক হাঁকড়ায় রূপালি ঘোড়া।
ধূসর তাম্রাভ স্বপ্নের রেণু
অণু অণু গায়ে মেখে
আমার ঘুমের গন্ধের শ্বাস টেনে
রূপালি ঘোড়া কত রাত, কত রাত?
যাত্রার শেষ নেই রূপালি ঘোড়া
তোমার স্বপ্ন দেখে
কানাগলির যদুমুচির দু'বছরের ছেলেটা।
রাস্তায় কুড়িয়ে পাওয়া একটুকরো
চকলেটের রঙিন কাগজের মতো।
যাত্রার শেষ নেই।
শিশুরা ফুলের মতো
তোমার ধূসর স্বপ্ন বাতাসের গায়ে লেখা থাকে
তবুও স্বপ্ন দেখে মানবশিশু কত যুগ ধরে।

১৯৬১

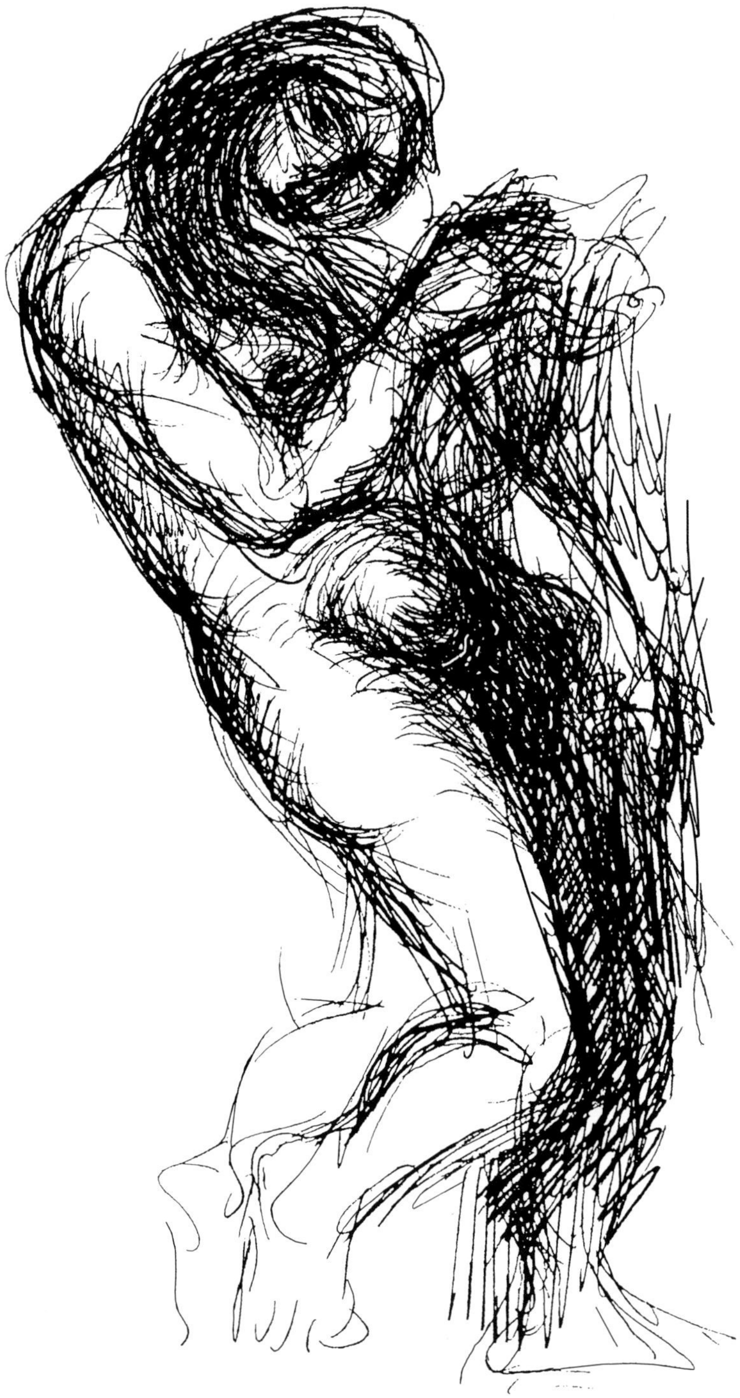

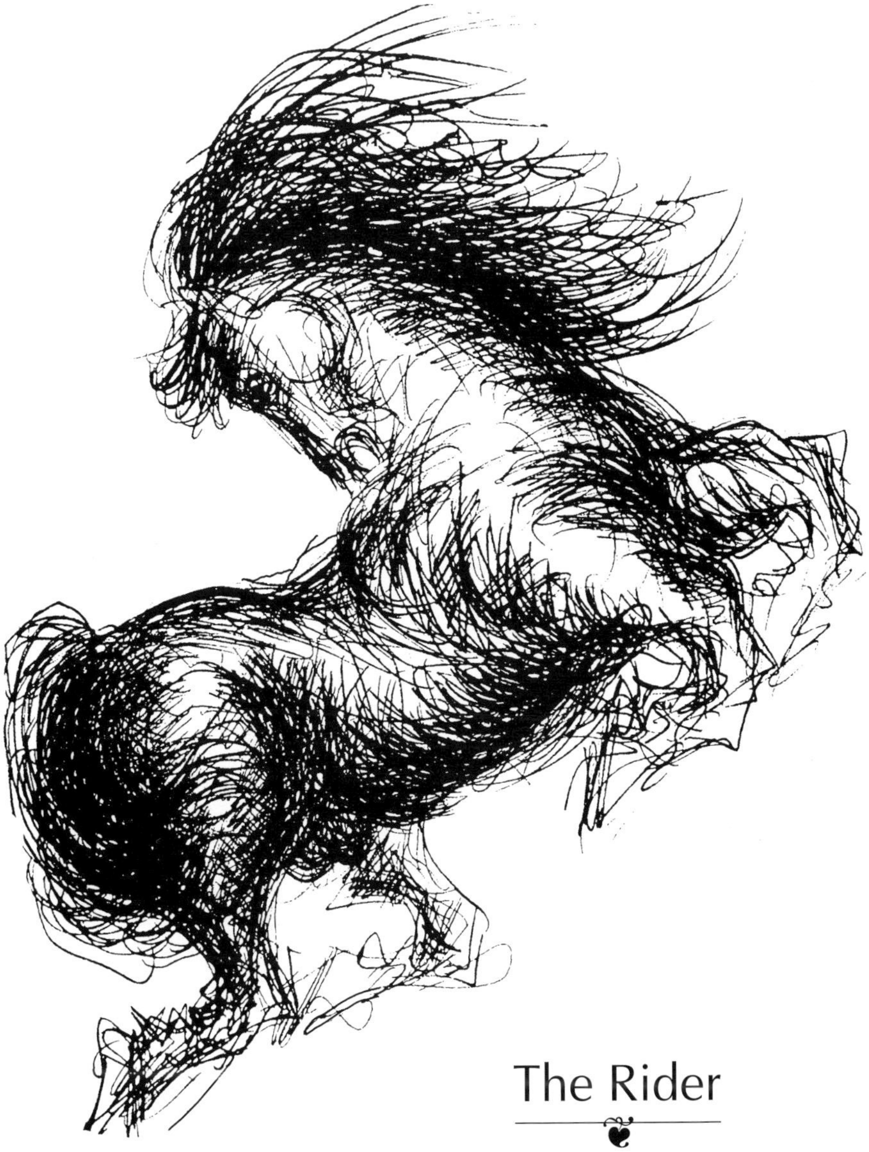

The Rider

The night rider—
The silver horse draped with the odour of soothing chilly wind.
The restless rapacious clouds in the sky
Close ranks—silver horse wields the lash
You've wallowed in the grey copperish dream dust
Cloaked your body with it grain by grain
Inhaled the smell of my somnolent breath
Silver horse, how far is the night gone—how far...?

> There's no end of journey, silver horse
> The two year old son of the cobbler Jadu
> Who lives down the blind alley dreams of you
> As though, out in the street, he has picked up
> A bit of coloured candy wrapper.

There's no end of journey.
Children are like flowers
The air is inlaid with your grey dream
Yet children go on dreaming through ages.

1961

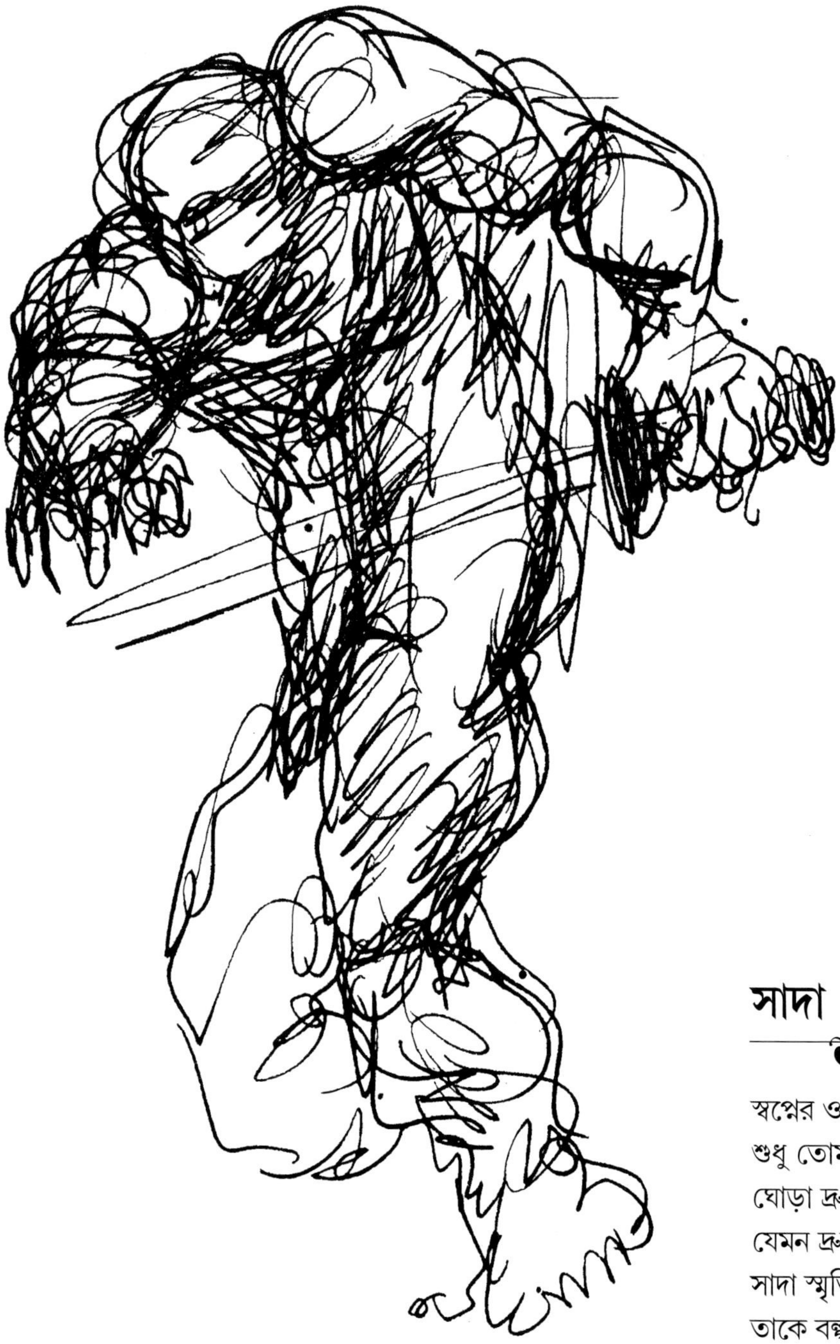

সাদা ঘোড়া

স্বপ্নের ও শান্তির ভূমিখণ্ডের
শুধু তোমারই জন্য, ও আমার ছোট্ট শিশু।
ঘোড়া দ্রুত ধাবমান
যেমন দ্রুত তুমি স্বপ্ন দেখ শূন্য
সাদা স্মৃতির ক্যানভাসে।
তাকে বল্গা পরানোর কেউ নেই
কেউ নেই তার পিঠে সওয়ার হওয়ার
আর নেই কেউ পক্ষীরাজের ডানা টানটান মেলে দেবার
যেমনটি তুমি পারো ও আমার ছোট্ট শিশু।
কেশরগুচ্ছ লম্বা এবং ধূসর
দুটি চোখ নীলচে এবং ডাগর
ঘাড়েতে থাকে রূপালি ঝিলিক
দ্যুতিময় দেহ ঝকঝকে তীরের মতন
যেন দূরের দিগন্তরেখায় ছুঁড়ে দেওয়া যায়
সবল চারপায়ে বাতাসকেও লাথি মারতে পারে
অথচ তোমার স্বপ্নের চেয়েও দ্রুতগামী নয়
তুমিই দ্রুততর হও সওয়ার হবার স্বপ্নে, ও আমার ছোট্ট শিশু।

১৯৬১

The White Horse

The land of dream and peace
Is for you only, oh my darling little child !
The horse is darting fast—
As fast as your dreams sail across the bare blank
white memory canvas
None can rein him in
None can ride astride him
None can spread wide the wings of the flying horse
As you can, oh my darling little child,
His mane long and grey
His two eyes large and bluish
Silver streaks on the neck
Luminous body like a gleaming arrow
As if ready to be launched at the horizon
Four powerful legs can even kick the air
And yet not faster than your dreams either
You get faster in your riding dreams, oh my darling little child !

1961

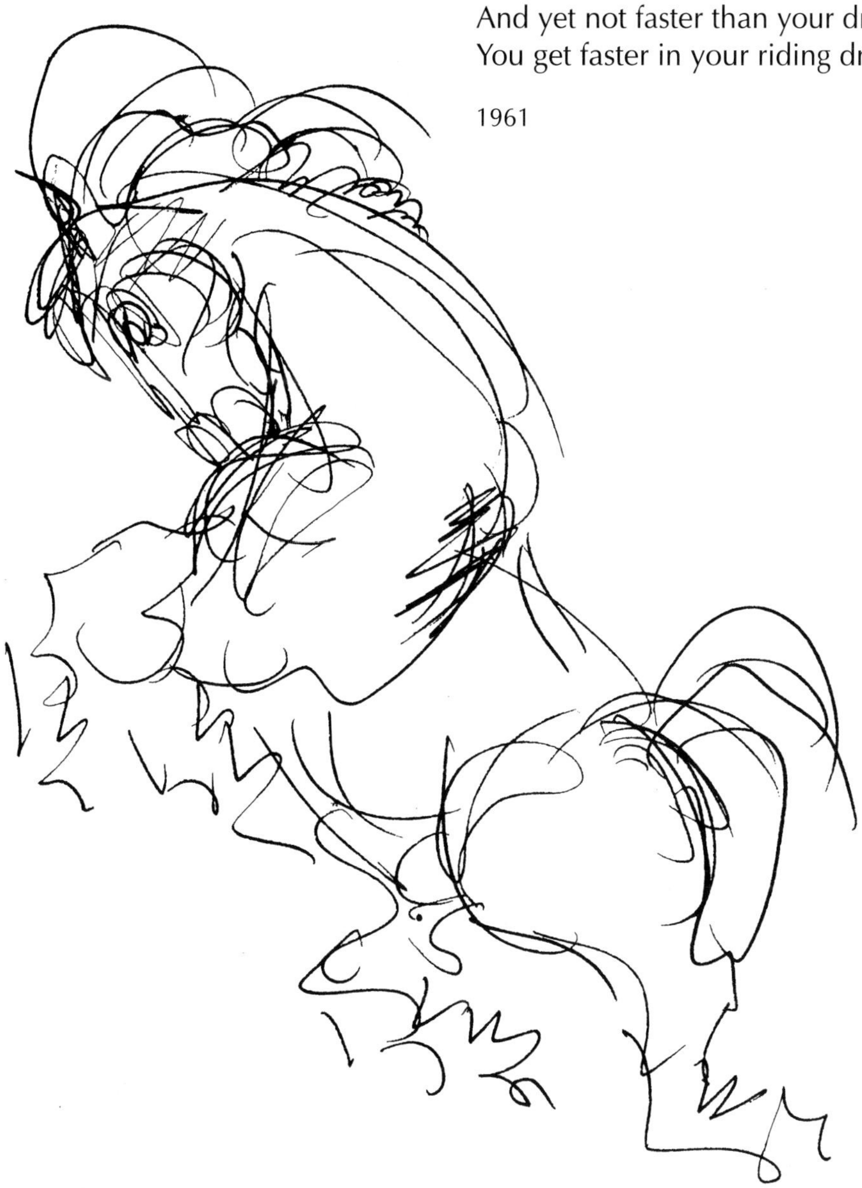

ফ্যাক্টরিতে বিদূষক

ভগবান মারা গেছেন।
তার হাত রক্তে কালো,
বহু লোকের রক্ত, যারা এসেছিল আর যারা আসছে
হায়, ভগবান এখন মারা গেছেন।
    দৈত্যটা থাকছে এখন
    আমাদের কুঁড়েঘরে
    দৈত্যটা বেঁচে থাকে বিশাল বিশাল দাঁত নিয়ে
    রক্তচোষা, ভগবানের দেওয়া আশীর্বাদে পুষ্ট।
এই তো, এভাবেই ভগবান এখন মারা গেছেন।
    কারা ওরা?
    নীরবে আসে আর টানাটানি করে
    ওরা কারা?
        হাড় আর খুলি
        শিরা এবং পেশি
        হায়, শুধুই হাড় আর খুলি
        পা দুটি রক্তের ছোপধরা
        সাদা সাদা হাড়
        চোখের গভীর শূন্য কোটর
        হাড়গুলি দেখো ধেয়ে আসছে।
এসো, এসো, শয়তানের ধ্বজা তুলে নাও,
জলদস্যুদের পতাকা,
মৃতের সমুদ্রে কাগুজে টাকার ডিঙি ভাসাও
গন্ধ নাও রক্তের আর মাংসের

১.৮.১৯৬১

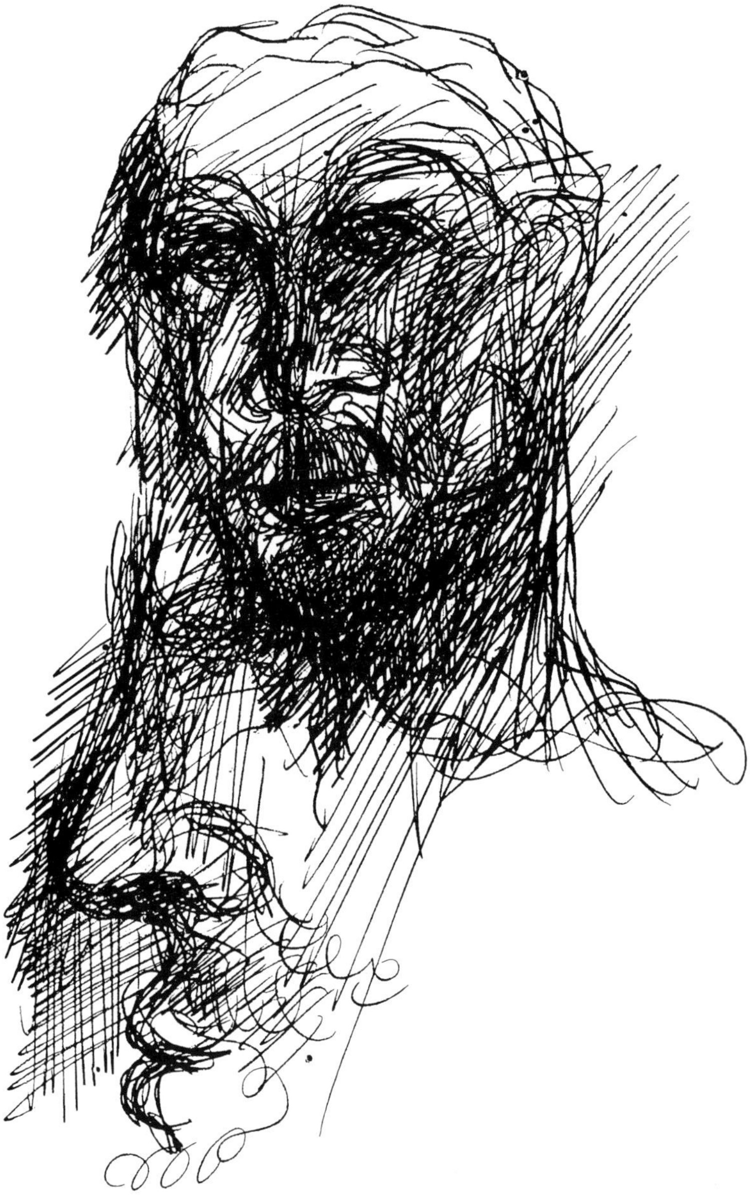

Jester in the Factory

God is dead
His hands are smeared black with gore,
The blood of the multitudes who came and who are coming now
Alas, God is now dead
    The giant now lives
    In our mud hut
    The blood-sucking giant with his monstrous teeth
    Lives, made stronger by God's blessings.
This is how, this is exactly how God died
    Who are they?
    They come up silently and pull and drag
    Who are they?
        Bones and skull
        Veins and muscles
        Alas, only bones and skull
        Both the feet blood-caked
        Whitish bones

1.8.1961

Translated by Subhransu Maitra

শোভন সোম

Sovon Som

জন্ম ১৯৩২, অসমের শিলচর শহরে। ছবি আঁকা শিখেছেন কলাভবন, বিশ্বভারতী বিশ্ববিদ্যালয়ে। রবীন্দ্রভারতী বিশ্ববিদ্যালয় থেকে শিল্পকলার ইতিহাসে ডি লিট। বাংলায় স্নাতকোত্তর ডিগ্রি, কলকাতা বিশ্ববিদ্যালয় থেকে। বাংলা, ইংরেজি, হিন্দি মিলিয়ে প্রকাশিত বইয়ের সংখ্যা ২০। এছাড়া সম্পাদিত বইয়ের সংখ্যা ৩০। এখন থাকেন কলকাতায়।

Born in 1932 at Silchar, Assam. Studied at Kala Bhavan, Visva-Bharati University. D'Litt in History of Art from Rabindra-Bharati University. M. A. in Bengali from Calcutta University. So far published 20 books in Bengali, English and Hindi and edited 30 books. Lives and works in Kolkata.

এই দেশ

আতঙ্কে বিহ্বল আত্মকেন্দ্র থেকে বেরিয়ে এল না কেউ
বলল না,
ও আমার ছেলে
ও আমার ভাই
ও আমার প্রিয়জন
ওরা ত্রাসের শাসনে জড়।
ওর বিস্ফারিত চোখ, ঠোঁট, বুকের অবাধ রক্তে ভেসে যাওয়া নিস্পন্দ শরীর
সাক্ষী হয়ে সব দেখে।
কোনও ভালবাসা
প্রসারিত হল না আশ্লেষে।
কোনও দায়
হাত বাড়িয়ে এল না। চারদিকে
চলন্ত শবের দল ওকে দেখে চলে যায় যে যার উদ্দেশে
যে উদ্দেশ উদ্দেশ্য জানে না।

একটি প্রজন্ম সব জন্মকে ধিক্কার দিয়ে পড়ে রইল সদর রাস্তায়।

১৯৭০

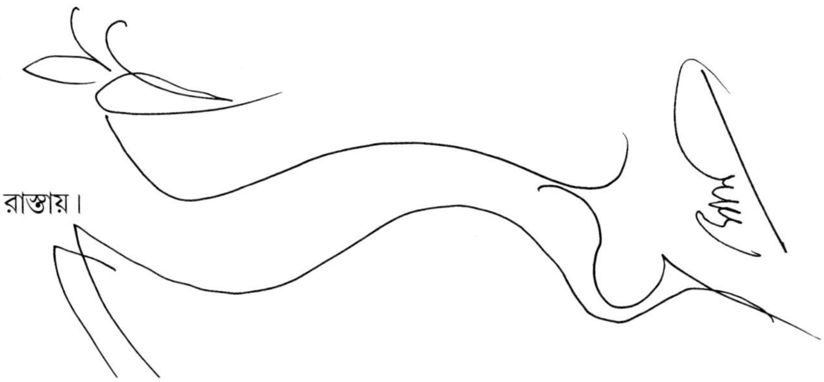

This Land

None came out of the terror-stunned self-centre
None said,
This is my son
This is my brother
This is someone near my heart
They were all struck dumb by the reign of terror.
His dilated eyes, lips, inert body drenched in blood streaming incessantly from his breast wound
Bore witness to all this,
No love
Expanded itself in an embrace.
No commitment
Extended its hand.
The walking corpses all around saw him and went their own ways

Ways that had no goals.

An entire generation lay flat on the main road
Condemning all preceding generations.

1970

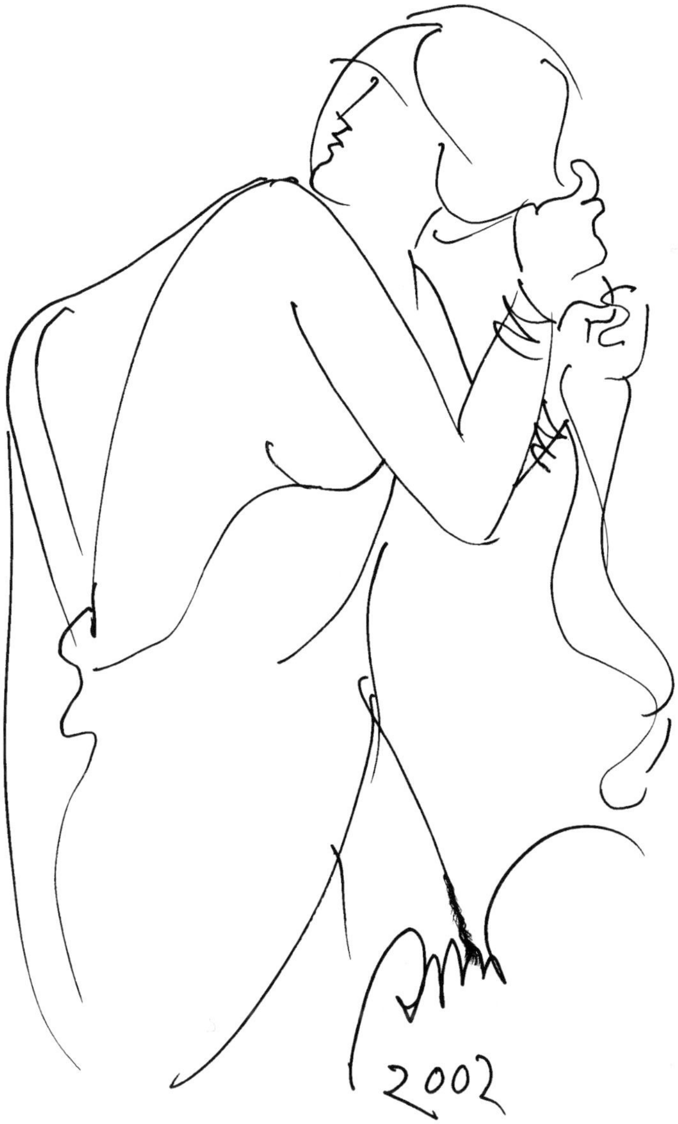

দেবপ্রসাদ

আর এই দেহ নয় দাহ তার নেই মৃগমদ গন্ধ।
অকালে দুয়ারে কেন এসেছিস যখন কপাট বন্ধ।।

আর তো ফোটে না উদ্ধত ফুল যথা উচ্ছ্রিত লিঙ্গ।
দিশেহারা হয়ে হারায় না পথ কপট প্রবল ভৃঙ্গ।।

ধু ধু করোটিতে শন্‌শন্‌ হাওয়া এ দেহ শূন্য পাত্র।
এই যাতনার এই বেদনার সন্তাপ অহোরাত্র।।

১৯৯৯

God's Grace

No more is this body smouldering, it has lost its musk perfume
Why have you come to my door at this unearthly hour when the door is closed.

No more bloom the audacious flowers like erect manhood
The feigning surging drongo never loses its bearings on the way.

Gusts of wind rustle through the empty skull; this body is an empty vessel
The agony of this pain, the agony of this misery is endless day and night.

1999

সপ্তপদী

১. প্রথম পদক্ষেপ অন্নের জন্য কেননা এ দেহ অন্নাদ।

২. দ্বিতীয় প্রদক্ষিণ বলের জন্য, শক্তির দেবতাকে প্রণিপাত।

৩. ধন লাভার্থে তৃতীয় পদক্ষেপ, যৌগপদ্য সুখধন।

৪. সুখের প্রদক্ষিণ উভয়কে নিয়ে যাক শুভবিবাহের শ্রীভবন।

৫. পঞ্চম পদপাত সন্ততির নামে, সংসারে সন্তান বন্ধন।

৬. ষষ্ঠ প্রদক্ষিণ অনুকূল ঋতুদের, ঋতু হোক সজল ও সপবন।

৭. সখ্যের লক্ষ্যে শেষ পদক্ষেপ, সখ্যই বিবাহের লক্ষ্য।
স্বর্গের শুভাশিস উভয়ের সংসারে হোক্ প্রমূর্ত প্রত্যক্ষ।।

১৯৯৯

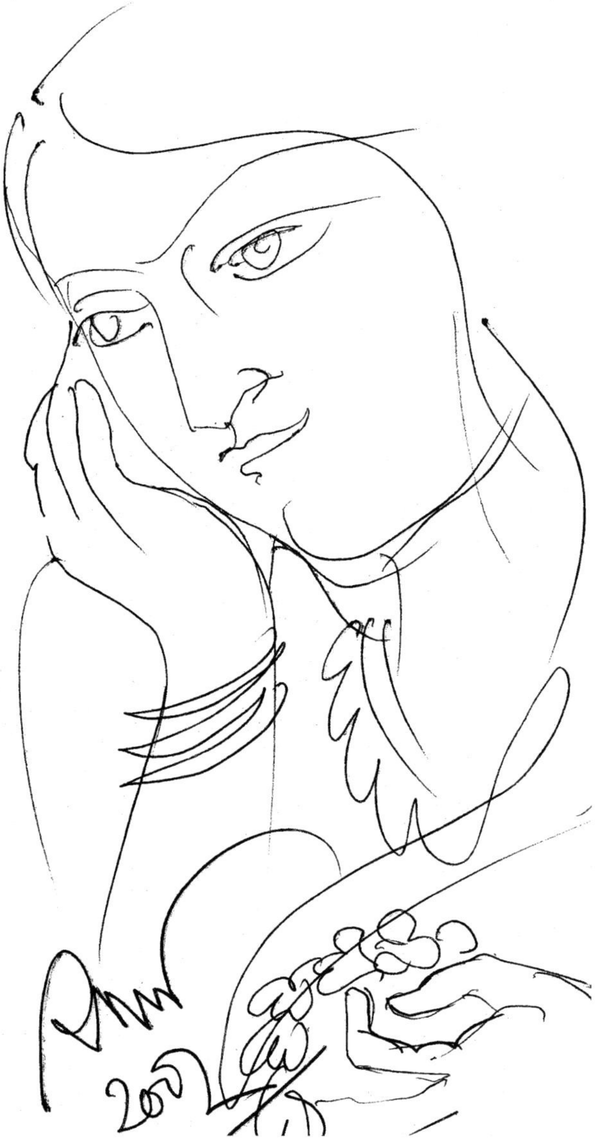

Saptapadi

1. The first step is taken for food because this body is a gift of rice.

2. The second circumambulation is for power, obeisance to the god of power.

3. The third step is (taken) for wealth, conjugal happiness is wealth-bound.

4. May the happy rotation propel both of them to the auspicious house of happy wedding.

5. The fifth step is (taken) for progeny, family is of bonds with children.

6. The sixth rotation is for propitious seasons, may the seasons bring plenty of rain and good winds.

7. The last step is taken for friendship, friendship is the goal of marriage.
May the blessings of heaven come alive visibly in this family.

1999

Translated by Subhransu Maitra

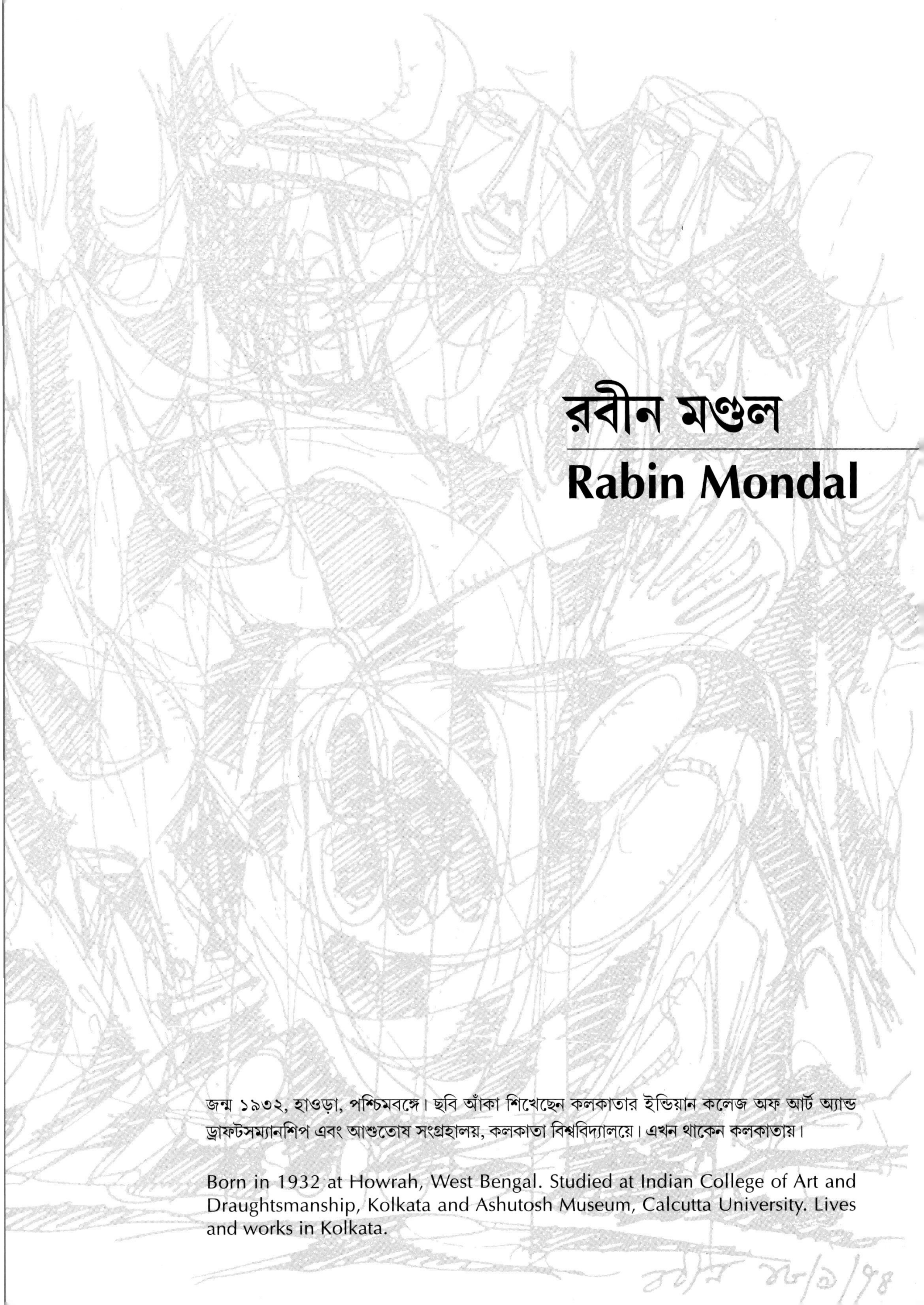

রবীন মণ্ডল

Rabin Mondal

জন্ম ১৯৩২, হাওড়া, পশ্চিমবঙ্গে। ছবি আঁকা শিখেছেন কলকাতার ইন্ডিয়ান কলেজ অফ আর্ট অ্যান্ড ড্রাফটসম্যানশিপ এবং আশুতোষ সংগ্রহালয়, কলকাতা বিশ্ববিদ্যালয়ে। এখন থাকেন কলকাতায়।

Born in 1932 at Howrah, West Bengal. Studied at Indian College of Art and Draughtsmanship, Kolkata and Ashutosh Museum, Calcutta University. Lives and works in Kolkata.

নৈঃশব্দ্যের স্বাক্ষর

ঠিক যেভাবে বইছে হাওয়া
তার সঙ্গে তাল রেখে যদি
যেতে পার, তা হলে তোমার কিছু জানার থাকে না
অধম ঈশ্বরের হাতে নিজেকে সঁপে নিজের
সব ইচ্ছাকে গচ্ছিত রেখে
মজা কি পাবে?
মজা কি পাবে শ্বাপদ আনন্দে ভর না দিয়ে,
এমন সময় আসবে যখন তুমি
নিজেই নিজের দাস বনে যাবে।

দেখার দরকার হত না আর
অথচ নিজেকে দেখতে হয় অন্তত
আর্শির সামনে আজানু নম্রতায়
যদি নগ্ন হতে আপত্তি না থাকে
চোখে ঠুলি লাগিয়ে সূর্যের উত্তাপ নিও
দেখবে অতীত বর্তমান ভবিষ্যৎ
সব খেইহারা স্তব্ধতার স্বাক্ষর
যদি কিছু থাকে তবে সে তুমি
তোমার নৈঃশব্দ্যে।

৬.৫.১৯৯০

The Signature of Silence

If you can exactly keep pace
With the way the wind blows
You'll have nothing left to learn.
Will it be fun
To keep all your desires in the custody of poor God
In total surrender?
Will it be fun to forgo the pleasure
Of standing on one's own legs?
At this rate, a time will come
When you'll become your own slave.

It may no longer be needed,
But one has got to look at oneself
In the mirror,
Down to the knees in humility.
If you don't mind stripping naked,
Put on your eye patch
And go absorb the sun.
You'll see
The past, the present, and the future
Are all out of sync.
If silence has a signature,
It's you, your own quietude.

6.5.1990

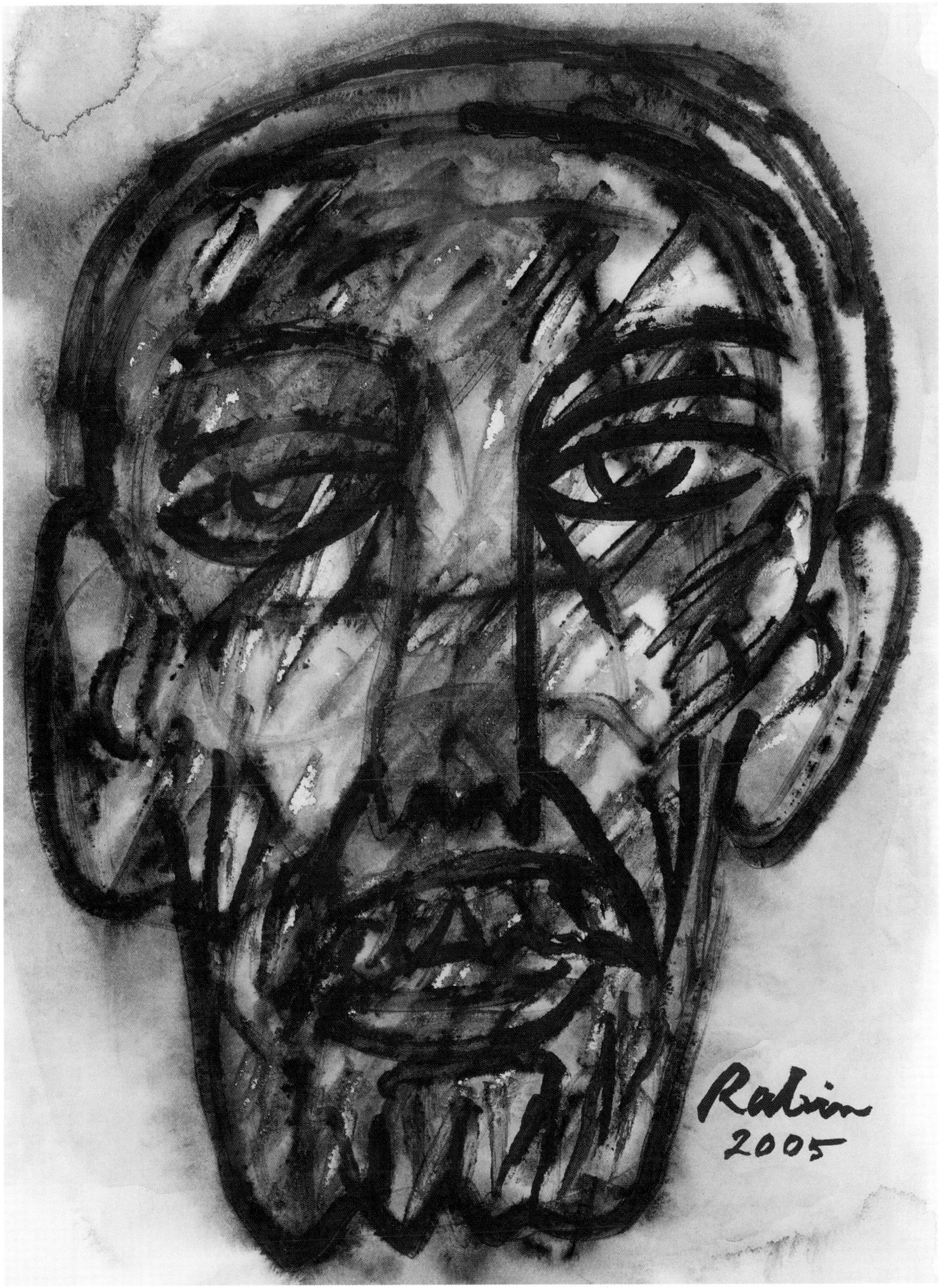
Rabin
2005

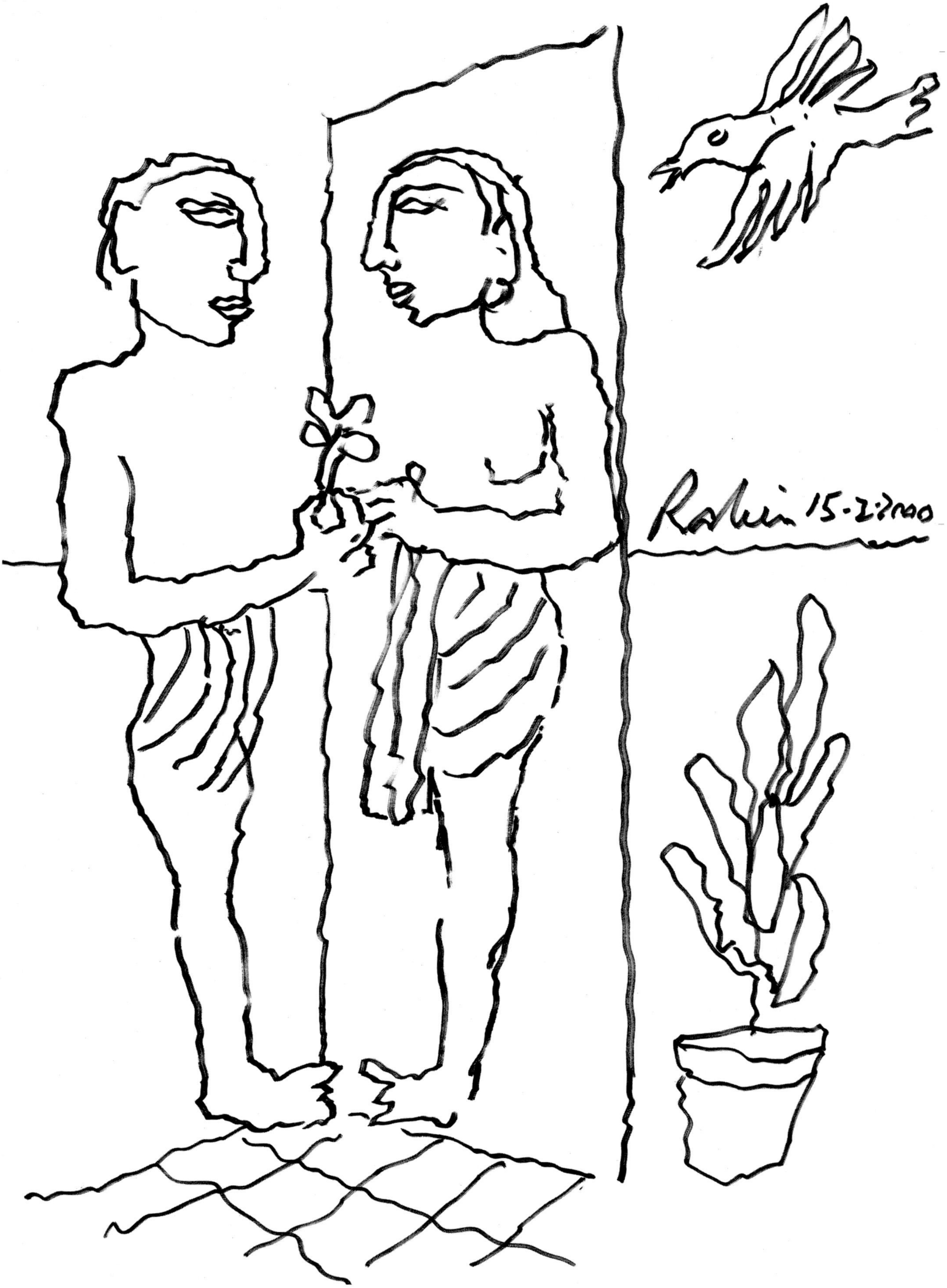

বিডন স্ট্রিটের সেই পুরনো বাড়ির দরজায়

দরজাটা নিশ্চুপ ছিল তখনও সঙ্গত কারণে,
কয়েকটা করাঘাতে চপলতার স্বাক্ষর শব্দ নিয়ে
তখনও কানে বাজে ভ্রাম্যমাণ নূপুরধ্বনি
যদিও কিছুটা বিহ্বল অন্তিম প্রত্যাশায়।

দরজাটা আজও শতাব্দীর ক্ষয়িষ্ণুতায় ম্লান,
লোহার কড়া দুটো ব্যথিত, চেতনায় অস্ফুট আত্মজ সুর,
মন অগভীর, জিজ্ঞাসায় মলিন সে কি ফিরবে আবার
যেমন দাঁড়ায়ে থাকে দরজার পাশে দৈনন্দিন কর্মসূচি নিয়ে।

নিঃশব্দ পাড়ার পরিপূর্ণ চলমান পাতকী ইচ্ছা
খুঁজে ফেরে গৃহকোণ ক্রন্দসী উপেক্ষায়
কিছুক্ষণ মদিরমমতা আলিঙ্গনে ছেড়ে দেয় হতাশা,
বিচ্ছিন্ন জীবনের আঙিনায় ইতস্তত ভাসমান ইচ্ছা।

২৫.৯.১৯৭৫

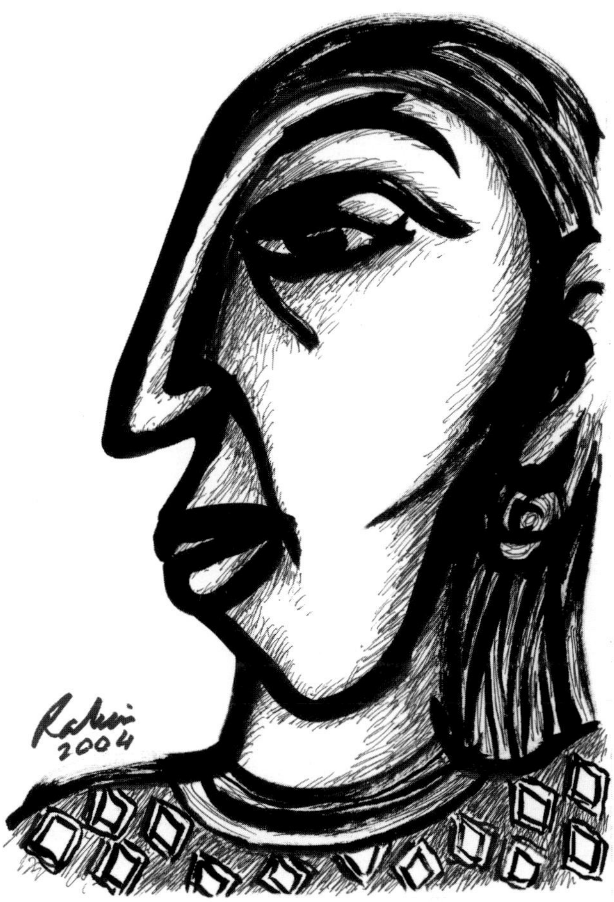

At the Door of that Old House on Beadon Street

The door had stood in silence even then.
It had its reason.
Silence, broken only by occasional fickle knocks
And the fleeting sound of jingle bells,
Somewhat dazed in ulitmate expectation.

Today it stands worn down by a century of decay.
Its two iron rings look dejected,
Their consciousness steeped in self-born hushed tune
As if asking themselves the superficial question:
Is he going to return and
Stand by the door, as was his daily wont?

A sinful desire walks the silent neighbourhood
Seeking a home in tearful indifference,
To drown all despair for a little while
In a loving, besotting embrace.
Desires floating around
In the courtyard of an alienated life.

25.9.1975

দুঃস্বপ্ন

সীমান্তের দ্বারপ্রান্তে দাঁড়িয়ে প্রহরী
পিছনে অস্পষ্ট উচ্চরোল এতকাল মৌন ছিল
রক্তিম আবেশে,
কখনও উচ্চকিত কখনও সোহাগ সিন্দূরে আপ্লুত
স্বপ্নে জাগরণে নিদারুণ বিভীষিকা
অবরুদ্ধ কণ্ঠ নিশ্চুপ প্রতিচ্ছবি
দিগন্তরেখায় আতপ্ত
প্রেমে অতৃপ্ত যদি বা
ধাবমান পশ্চাৎপটে
আত্মার সারথ্য
নিমজ্জিত বিভীষিকায়!

১২.১.১৯৭৫

Nightmare

The guard stands at the border gate.
From beyond, a vague howl –
So long hushed in a rosy daze –
Is heard, now rising to a shriek,
Now overwhelmed
By an affectionate sprinkling of *sindur.*
In dream, as in wakefulness,
A horrible nightmare –
Voices choked, images stilled.
Even though love, inflamed and insatiate,
Speeds towards the horizon,
The soul, riding behind,
Is in nightmare drowned.

12.1.1975

অনেক স্মৃতি

একটা কামরার চেয়ার-টেবিলের মতো
অনেক স্মৃতি জীবনকে ঘিরে চলাফেরা করে
আজ এখানে কাল সেখানে টেবিল-চেয়ারের মতো
এসব স্মৃতিগুলো নড়াচড়া করে।
আসলে অনেক স্মৃতি নিয়ে জীবন
দাঁড়িয়ে থাকে আর্শির সামনে,
কখনও বিস্মিত হয় আত্মজীবনীতে
এসব স্মৃতি কখনও পথ হাঁটে গড়িয়াহাটে,
কখনও দামোদর উপত্যকায়,
কখনও-বা বোটানিক্যালের চাতালে গঙ্গাপাড়ে
প্রেমের যূপকাষ্ঠে, কখনও-বা অন্তিম ইচ্ছায়
অহল্যার পাষাণপ্রতিমায়,
স্মৃতি ভারাক্রান্ত হয় বিচিত্র এই সব স্মৃতির চাদরে
ইচ্ছামতো তাকে সাজিয়েও আবার ইচ্ছামতো নাড়াচাড়া
ভালবাসার ছোপ লাগে এই সব স্মৃতিভারে
কখনও আলোয় কখনও-বা অন্ধকারে।

১০.২.১৯৯২

Memories

Like chairs and tables in a room
Memories hover around life,
Here today, there tomorrow, moved around
Like tables and chairs.
The fact is, life collects its memories
To look at them in the mirror, at times
Surprised by the story they tell.
Sometimes these memories
Walk around in Gariahat,
Sometimes down in the Damodar Valley,
Sometimes they are seen, love-bound,
By the Ganga at the Botanical Gardens.
Or sometimes, in a final wish, they wait
Like *Ahalya**, immobilized in expectation.
Memories pressing down
On memories' many-hued carpet;
Place them as you wish,
Move them again at will.
Love leaves its tint upon these memories
In the light of day sometimes,
Sometimes in the dark.

10.2.1992

** A mythical woman in the Ramayana, accursed and turned into stone, but liberated by the touch of Lord Rama's feet*

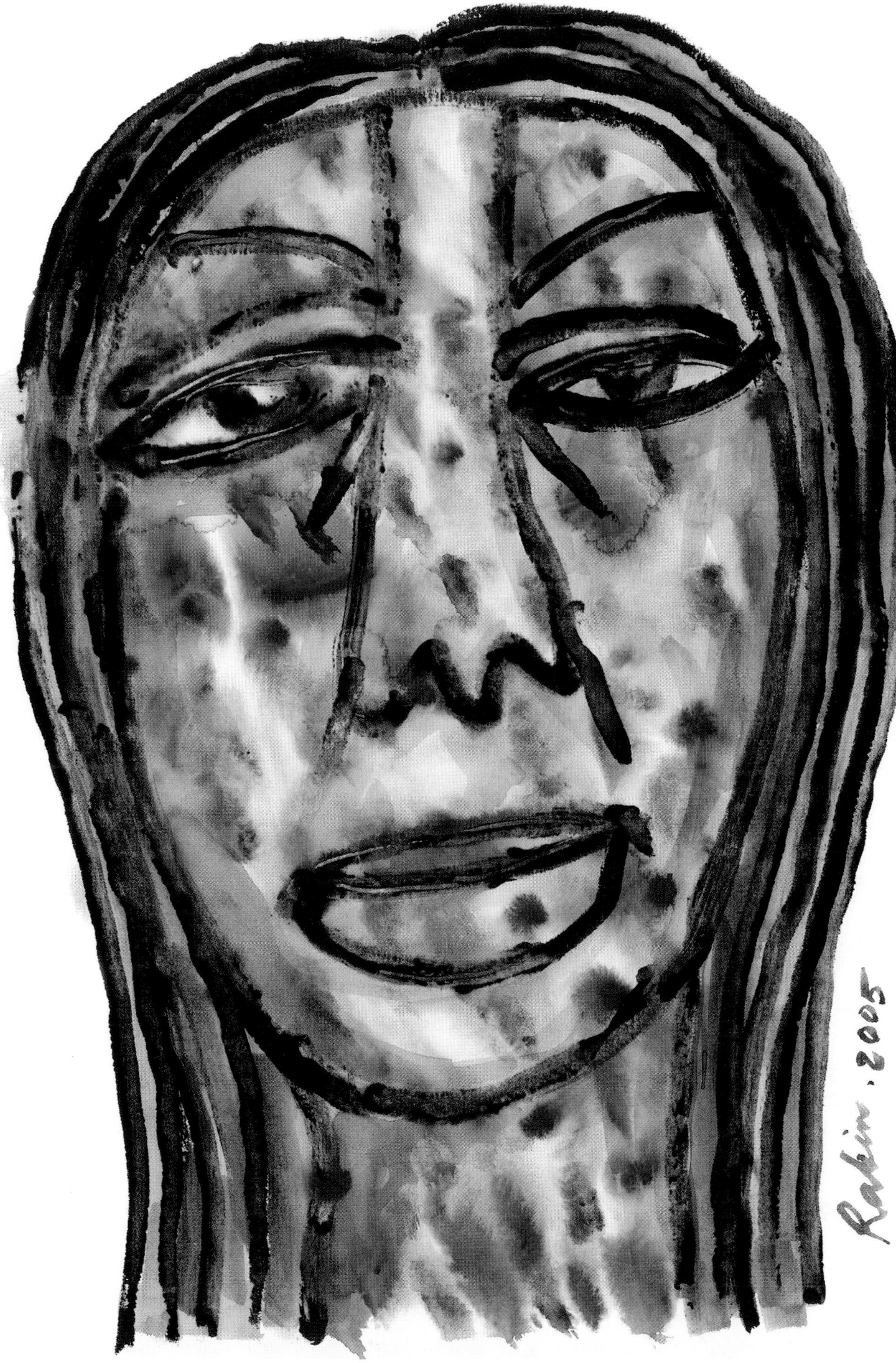
Rakin, 2005

চরিত্র

অযথা বিন্যাস নেই
মেদবাহুল্যে ভার নেই
কিছুটা চপল যদিও,
চোখে বিমূঢ় বিস্ময়!
হাঁটাপথেই ধরা যায় তাকে
অথচ ধরতে গেলে অধরা হয়ে যায়।

কোন্ পথে যায়
নিশ্চিত জেনে
বিন্যাসে আকুতি নেই
শিরশ্ছেদ অনিবার্য ভেবে
স্বপ্নের সময় নিয়ে খেলা।

এও এক বিলাস এই
বোধ জাগে মনে।
ভাবনার বাহুল্যে তাই
অশ্বমেধের ঘোড়াটাকে কি
বল্গায় রাখা যায়!

১৫.৬.১৯৯৪

কিনারায়

উজ্জ্বল নয়
অস্পষ্ট নক্ষত্রের ঢেউ
আলো-অন্ধকার সীমান্তপারে
পথ চিনতে না পেরে সেই আলোয়
মুখ রেখে আমি হেঁটেছি অনেক পথ
নিস্তব্ধ পাহাড় থেকে ঝিঁঝির ডাক শুনে
ঠিক পথ চিনে নিতে
এভাবে এগিয়ে কি পিছিয়ে যাব
নৈঃশব্দ্যের আত্মপ্রতিকৃতি নিয়ে
স্তব্ধতায় আকীর্ণ হই।

আকাশের তারাকে চিনতে কষ্ট হয়
দিকভ্রান্তি অবধারিত জেনে
নিশ্চুপ অস্তিত্বের সীমানায় দাঁড়িয়ে যাই
তখনও অনুজ্জ্বল নক্ষত্রের ঢেউ
সীমানাপারের স্তব্ধতা নিয়ে
অতর্কিতে অন্ধকার বিম্বিত হয় আলোর প্রাচীরে।

৩১.১.১৯৯২

The Character

He doesn't dress to excess
Nor has he extra flab,
Somewhat fickle though,
With eyes bemused in wonder.
He's ever so near
Within a walking distance
But when you try to reach him
He's gone, ever elusive.
He's sure of his way,
And there's no pining behind his looks.
Playing with dream, believing
A slaughter is inevitable.

I start having a feeling
This is also a luxury.
In thought, therefore,
Can the sacrificial horse of *Aswamedh**
Be held in reins?

15.6.1994

** A yajna held by mighty kings in ancient times to establish their undisputed authority.*

On The Edge

It isn't bright at all,
Only a hazy wave of stars
Hovering between light and darkness.
Unable to make out the road,
I fixed my gaze upon that light
And have come a long way
Listening to cicadas singing
From silent hills.
Trying to figure out which way is right,
Do I step ahead, or walk back?
Stunned am I and stilled
By Silence's self-portrait.

The stars in the sky are hard to gauge.
Bound to lose my way
I stop on the edge of mute existence.
The star-wave is hazy still
With silence from beyond.
The darkness suddenly breaks
Against the wall of light.

31.1.1992

Translated by Barun Roy

প্রকাশ কর্মকার

Prokash Karmakar

জন্ম ১৯৩৪, কলকাতায়। ছবি আঁকা শিখেছেন কলকাতার সরকারি চারু ও কারুকলা মহাবিদ্যালয়ে (অসমাপ্ত), দিলীপ দাশগুপ্ত এবং নীরদ মজুমদারের স্টুডিওতে। প্রকাশিত কাব্যগ্রন্থের সংখ্যা চার — *প্রতিমা* (১৯৮৪), *জন্য* (১৯৯৫), *ঘুমের মুকুটে ছিলে* (১৯৯৭), ক্ষত (২০০০)। তাঁর আত্মজীবনীর শিরোনাম *আমি*। এখন থাকেন বালি, হাওড়ায়।

Born in 1934 in Kolkata. Studied at Government College of Art and Craft, Kolkata and at the studio of Dilip Dasgupta and Nirod Mazumdar. So far published four books of poems – *Protima* (1984), *Janya* (1995), *Ghumer Mukute Chile* (1997) and *Khato* (2000). Title of his autobiography is *Ami*. Lives and works at Bally, Howrah.

আমি

এক বুকফাটা নিঃশ্বাস ক্রমশ ঘরের উঠোন পেরিয়ে বারান্দার দিকে
যেমন একচিলতে দুপুরের ফাঁক দিয়ে কলাপাতায়
কলাবৌ সেজে সেজে সে নড়ে
পালঙ্কে ওঠে।

আমার বুক কাঁপে, যেন কোনও মৃতের দেখা হবে এখনই,
হয়ত বা কোনও গাছ কাঁপিয়ে চলে যাবে প্রেতাত্মা
তারপর এক বিশাল বড় হাত এগোবে
শিশুশ্রমিকের বস্ত্র বিতরণে।

এইভাবে দশতলার উঠোনের ছায়ায়
গানে আমার সুর আসে,
আমি পাশ ফিরে শুই।

২০০৩

Me

A sigh, rent from the heart,
Creeps across the room
And moves toward the veranda,
Like she slips through a chink of noon,
Quivering like a *kala-bou,**
And climbs on the bed.

My heart trembles,
As if a dead person will soon appear;
Maybe a spirit will stomp by,
Shaking up a tree.
A giant arm will then appear
Handing clothes to child labourers.

Thus, in the shadows
Of my tenth-floor courtyard,
My song finds its tune,
I turn on my side.

** Young banana tree dressed like a coy bride in a veil and worshipped by Bengalis on the first day of the Durga Puja.*

2003

এ জীবন

কাল এক আশ্চর্য সকাল ছিল এ জীবনের,
সবে উঠেছিল আস্ত এক চাঁদ,
তখন সেই মোহরাতে পুড়িয়ে আমায়
কামনায় দাপিয়েছে এ পৃথিবী

তবু শুনি দুঃখের গর্জন সমুদ্র নিঃশ্বাসে তোমার,
তবু ব্যথা পাই পোয়াতির আর্ত অর্ঘ্যে,
তবু স্তনের লহরীমায় শিশু কান্নার সুরে থেকে তখন

মানুষের স্বপ্নের সেই আশ্চর্য চাঁদ সকালে
কখন যে হারায় জীবন

২০০৩

This Life

Yesterday was an amazing morning of this life,
A full moon had just risen
And in that enchanted night
The earth carried me around
Burning in my desires.

Yet in your sighs I hear a howling sea of sorrow
Feel the pain of a pregnant woman's distressed offering
Absorbed in the music of a child's cry
Breaking upon the breasts.

Who knows when life loses in the morning
That amazing moon of human dreams.

2003

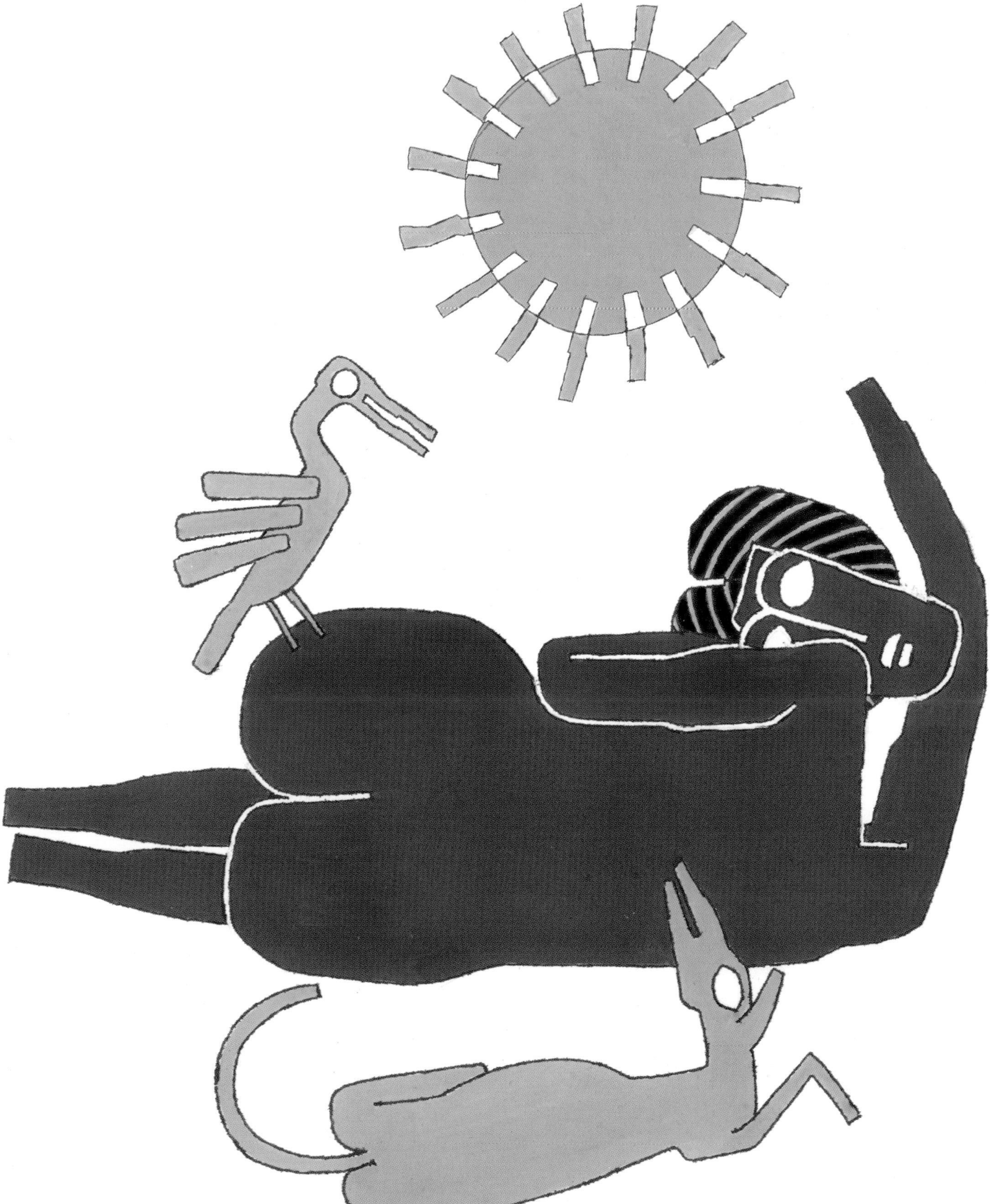

ছবি

একটা স্বপ্নের খোঁজে অসুস্থ হতে দাও
তাই যাব ওপারের অন্ধকারে
দুলিয়ে শিস্।

একটা স্বপ্নের খোঁজে ঘুমিয়ে যেতে দাও,
তখন সোনাগাছি পেরিয়ে ট্রামে
কাটা পড়েছে প্রেমিক।

মানুষটা কে ছিল জানি না, তবু পেটভর্তি মদের আমিও
থেকে যাব ধর্মগৃহে,
দেওয়াল টপ্‌কালে চাঁদ
তুমিও থেকে যাবে ছবিতে।

২০০৩

The Picture

Let me fall ill to find a dream.
I'll go across into the darkness beyond
Blowing whistles in the air.

Let me fall asleep to find a dream.
A lover knocked down by a tram
As he walks out of *Sonagachhi.**

Don't know who he was. Still,
Even I, with a liquor-filled tummy,
Will find the house of god,
And you, oh wall-mounting moon,
You too will find a place
In the painting, forever.

** Sonagacchi is the red light area of Kolkata.*

2003

খেলা

শব্দ শুনতে পাও কি?
জলের শব্দের চোঁয়া পাতার এই বর্ষায়
দুধেলা চাঁদের আলো পেরোলেই ঘরের কন্দরে
জিন
প্রেমের কবর থেকে উঠে আসে।

নারীদের শাঁখার সংকেতে আসে ভালবাসা
জীবন সার্থক তখন।

তবু কাঞ্চনের স্তূপ ছেঁচে এনেছি জৌলুস
তুমি দেখে যাও শ্মশান।

দেখে যাও
চুলের গহ্বরে কত নিকেল যেখানে মাংসের দুর্গে
তুমি আজীবন করেছ খেলা।

২০০৩

Play

Do you hear the sound?
When monsoon raindrops fall off the leaves
And a milky moon steps inside the room
The jinn emerges
From under the tomb of love.

Conch bangles on women's wrists
Signal love,
And life finds its fulfilment.

Yet, I've panned for gold and found the glitter
Come and see the crematorium.

Come and see
Nickel-full mass of hair in the fort of all flesh
Where you spent a lifetime playing.

2003

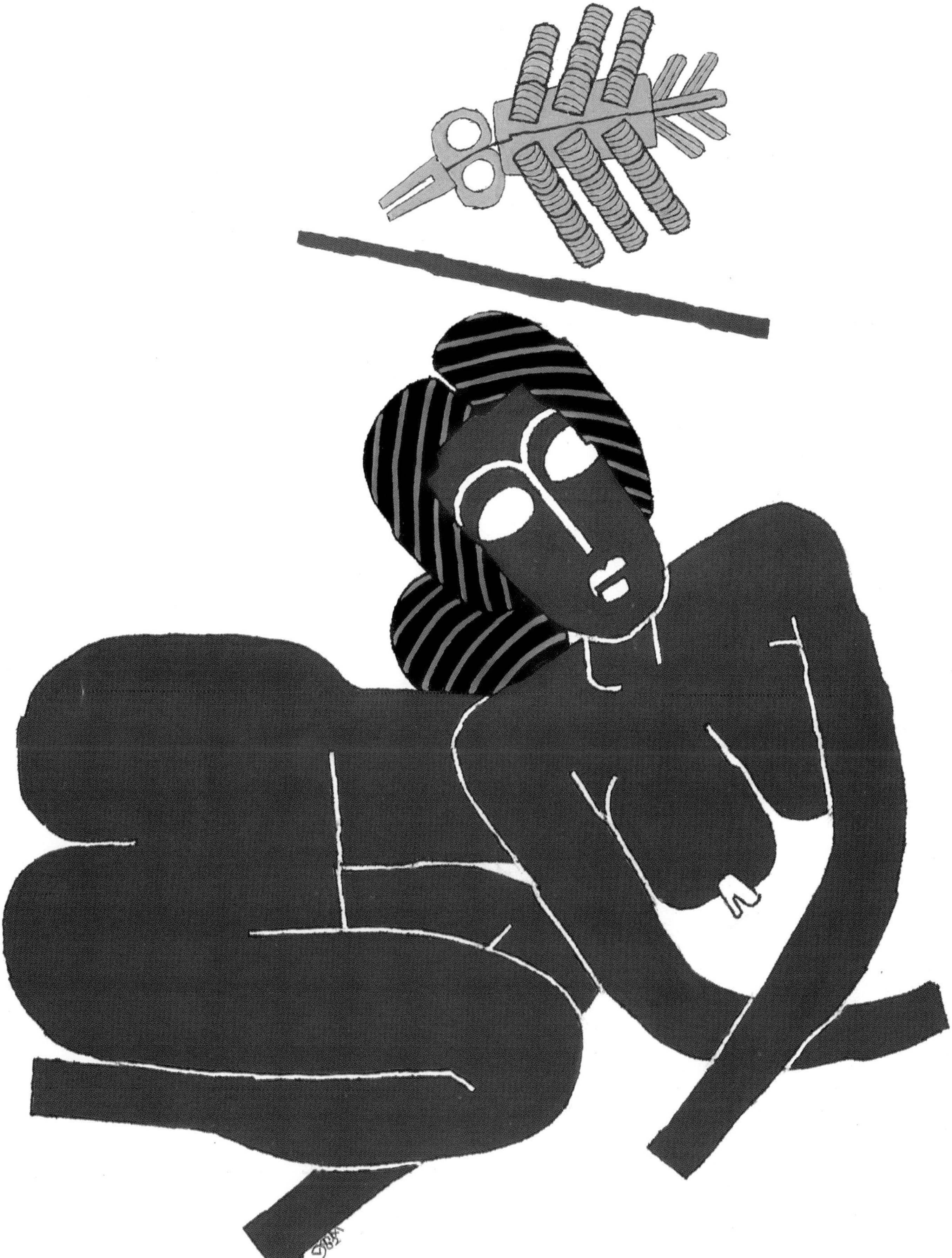

তুমি

নদী যেমন বিশ্বস্ত ছিল আজীবন তোমারই মতো
সেখানে দাঁড়িয়ে তুমি। আমাকেও যেতে হবে—
আমাকেও যেতে হবে ওই চরাচরে,
শরীরের আলপনা চিনে রাখতে হবে ছায়ায়,
মানুষের ভালবাসার।

এখন ছন্দে সুর জেগে ওঠে
চারিদিকে বালিয়াড়ি যুবতীর অভিমানের মতো,
তবু দাঁড়াতেই হবে পাশে
যেখানে গেছ তুমি।

২০০৩

You

Faithful as you were all life long like the river,
In its place you stand. I, too, will have to go –
I'll have to go, too, across to those shores,
And, in the shadows, be acquainted with
Tattoos on my body, of human love.

Now the rhythms come alive in music
The dunes are spread like a young woman's quivering lips,
Still I have to go and stand by your side
Where you have gone.

2003

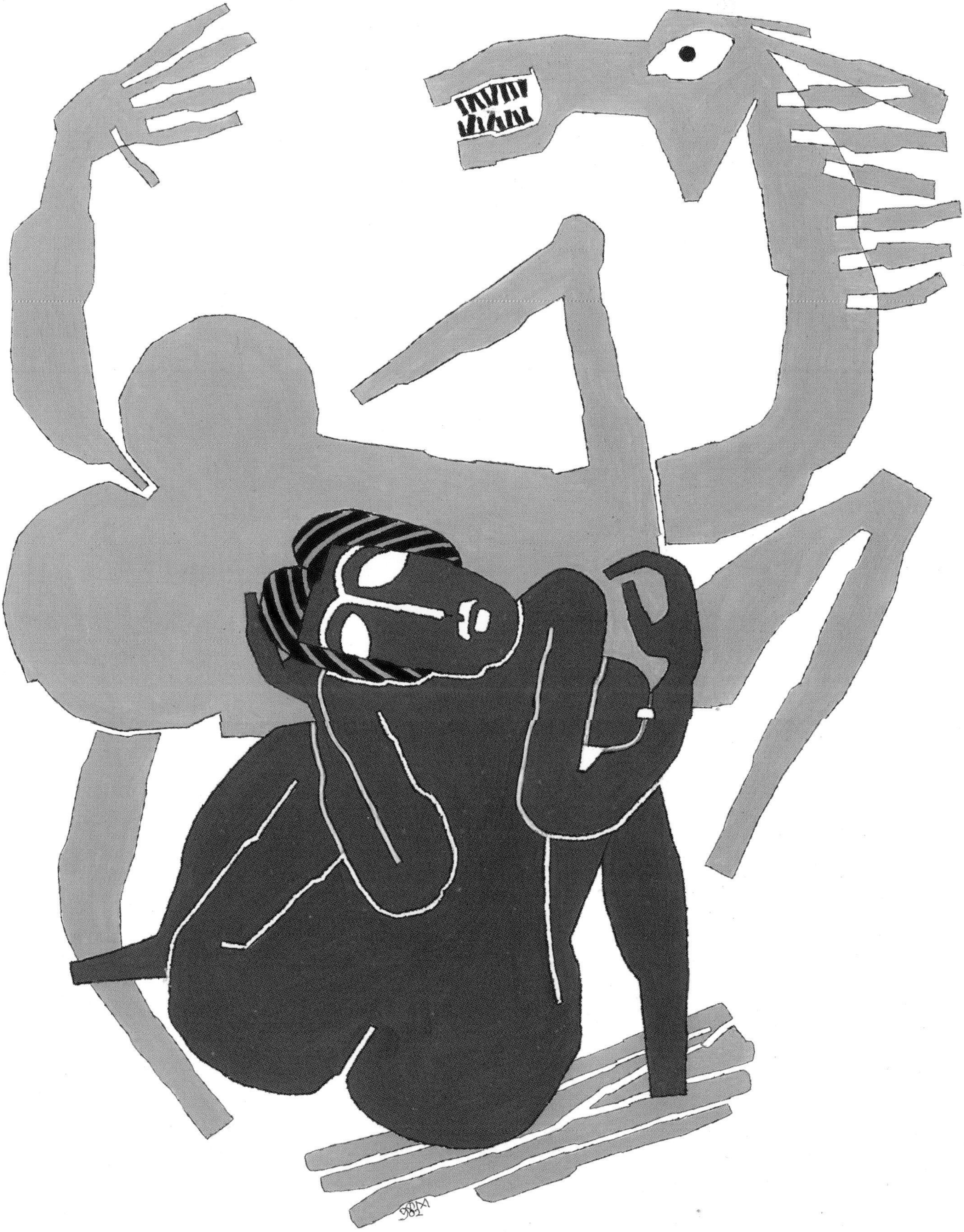

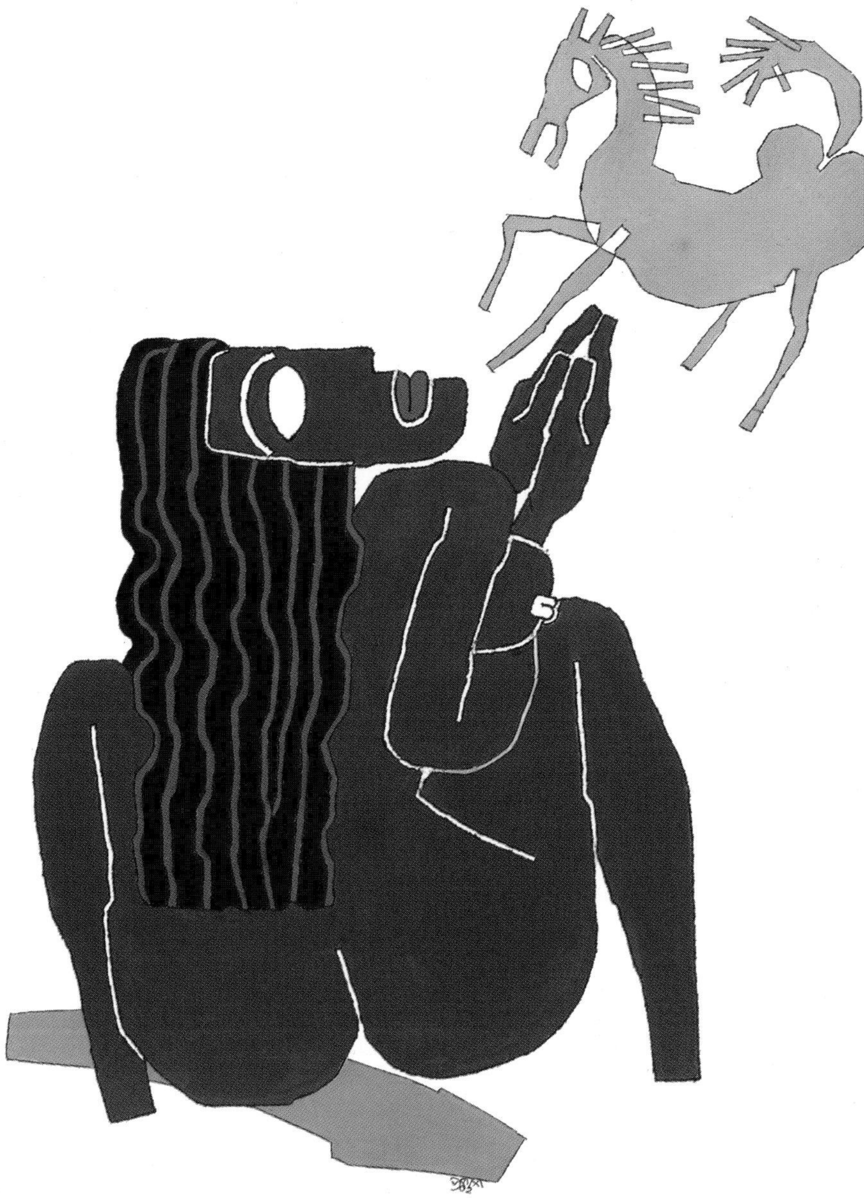

আশা

একটা ঘন আলকাতরার মতো লেপ্‌টে ছিল ওই ছায়া গাছের
বটেরও হতে পারে। অত নিষ্ঠুর ছায়ায়
একজনের পর একজন বা দলে দলে কত লোক
শুয়ে বসে চলে গেল।
ছায়াও আলম্বিত হতে হতে মুছে গেল অন্ধকারে।

ওখানে যাব না আমি
থাকব না অপেক্ষায়...

সে আসবে বলেছিল
ঝিলিক আগুনের মতো নড়েছিল পাতার ফাঁকে ফাঁকে
দু'দণ্ড উড়ে হাওয়ায়।

২০০৩

Hope

The shadow hugged the tree, thick like tar.
Could be a banyan's. A cruel shadow,
To which people flocked, one after another,
Sat, or lay down, then went away.
And the shadow lengthened, and got longer
Till darkness wiped it out.

I won't go there, no,
I won't go there and wait...

She said she'd come.
A ripple trembled through the leaves like flashes of fire
And sailed awhile in the wind.

2003

Translated by Barun Roy

গণেশ হালুই

Ganesh Haloi

জন্ম ১৯৩৬, বাংলাদেশের জামালপুরে। ছবি আঁকা শিখেছেন কলকাতার সরকারি চারু ও কারুকলা মহাবিদ্যালয়ে। এখন থাকেন কলকাতায়।

Born in 1936 at Jamalpur, Bangladesh. Studied at Government College of Art and Craft, Kolkata. Lives and works in Kolkata.

পক্ষীমারির চর

বর্ষায় ভরা নদী।
আমি একা।
বাড়িতে কেউ জানে না।
গুদারায় চড়ে—যাব পক্ষীমারির চরে।
সেখান থেকে মাইল দশেক হেঁটে
সোরপুর।
যাব।
গারো পাহাড়ের কাছে
গারোরা ছিপ আনে
তারি একটা কিনব
আমার বড্ড মাছ ধরার নেশা।

হানিফ মিঞা।
আমাদের পোস্ট অফিসে পিয়ন।
আমার গুরু।
ফাত্না নড়ার ঢঙ দেখেই
বলতে পারেন পুঁটি না
টেংরার না গুলসার ঠোকর।
আমি তারি শিষ্য।

ভরা বর্ষার ব্রহ্মপুত্র।
অনেক চওড়া।
গুদারা যখন মাঝনদীতে
দুই পার জলেতে তলিয়ে গেল।
এমন সময় তুফান উঠল ভারি।
নৌকা পালা করে
কাত হতে লাগল।
আর ছলাৎ ছলাৎ করে
জল উঠতে লাগল
নৌকার ভিতরে।
আমি শক্ত করে পাটাতন
ধরে বসে থাকি।
যাত্রীরা সবাই আল্লার নাম করে।
মৃত্যু-অনিবার্য
কিন্তু—
সেদিন কেউ আমরা মরিনি।
জানি না আজও
কেউ বেঁচে আছে কি না—
ওই পক্ষীমারির চরে।

১৩.৪.১৯৯৫

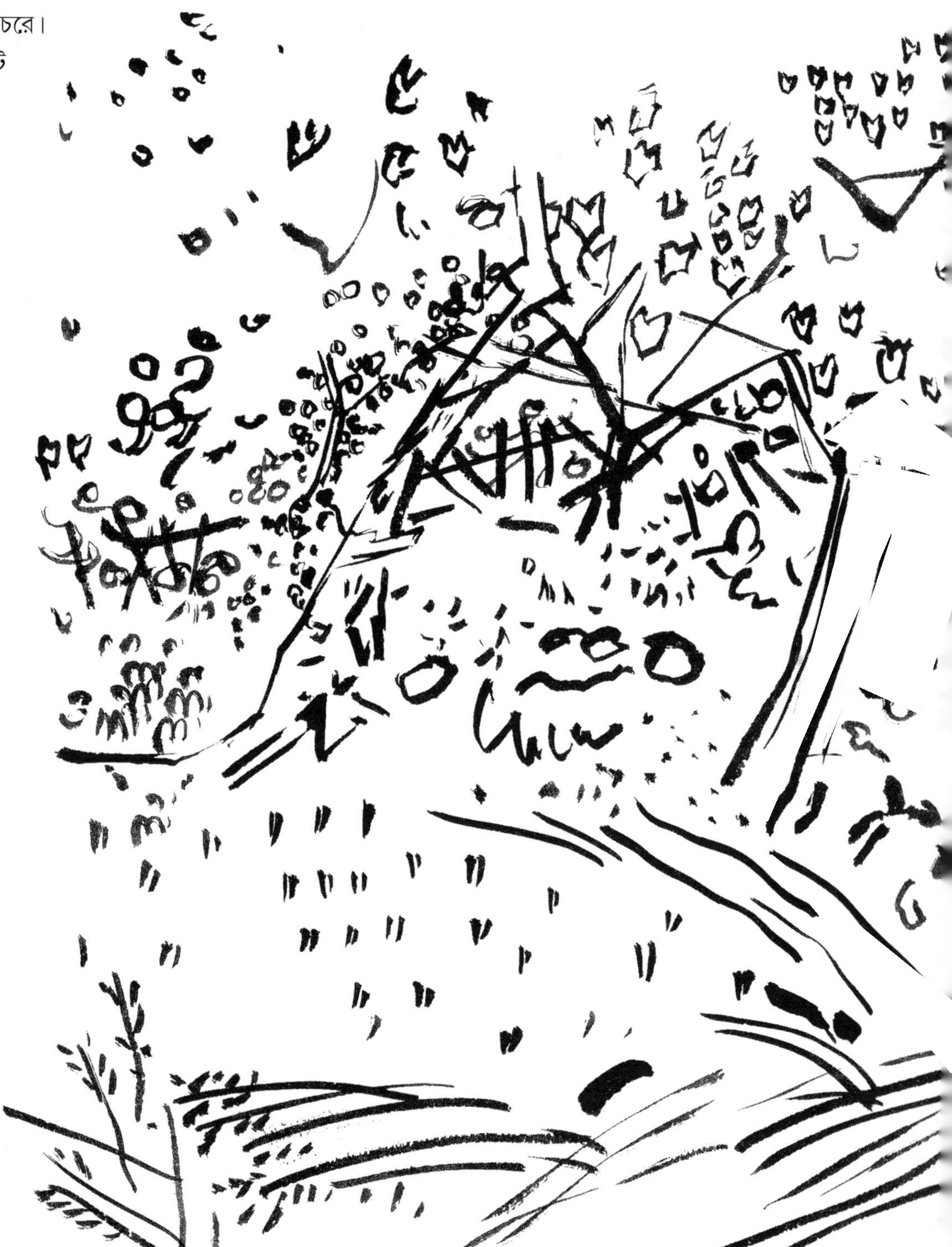

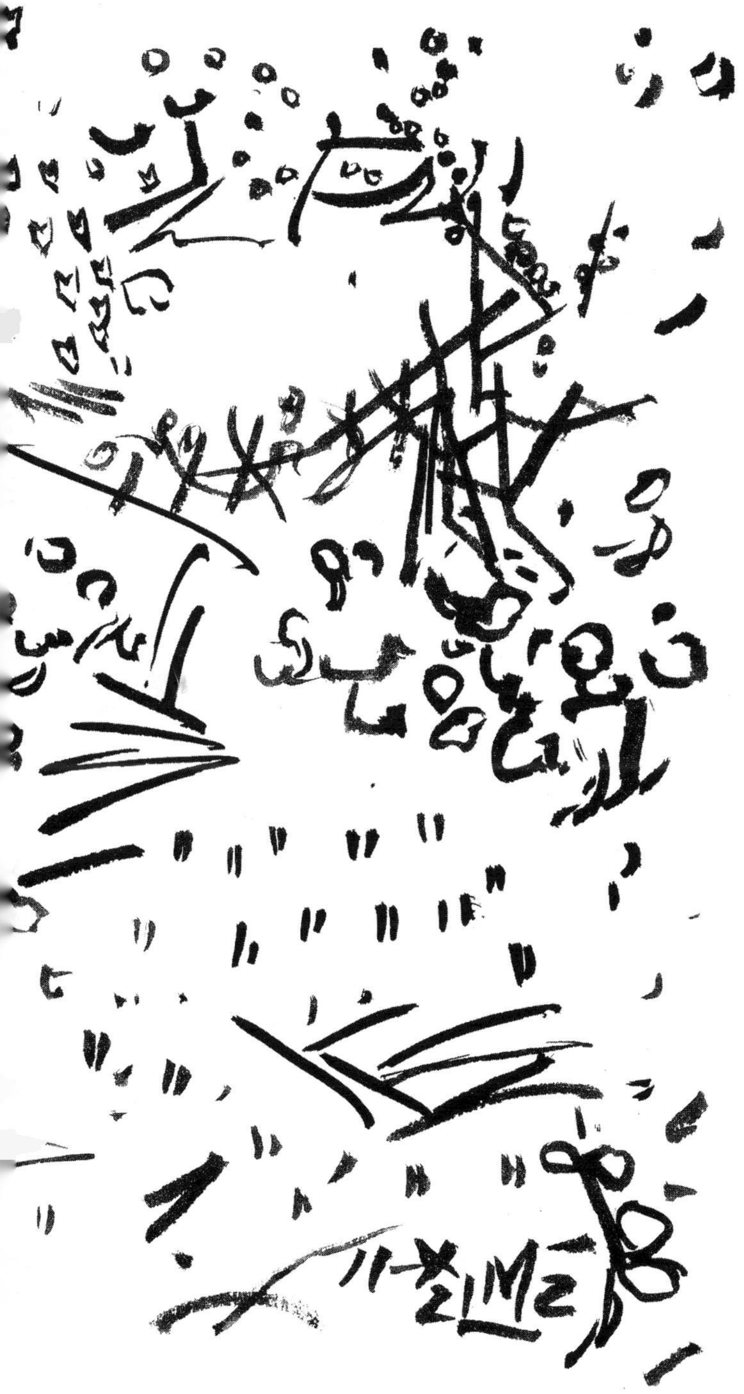

The sand dunes of Pakshimari

The river is brimming with rain water
I'm alone
No one knows at home
I'll travel by a ferry to the
Sand dunes of Pakshimari
Walking another ten or so miles from there
I'll arrive at Sorepur
Near the Garo hills
The Garos bring their
Fishing lines
I'll buy one of those
My hobby is angling

Hanif Miyan
Our post office peon
Is my Guru
From the very movement
Of the float
He can identify the pecking fish–
punti, tengra or gulsa.
I'm his disciple

The Brahmaputra during the rainy season
Is vast
When the ferry is in the middle of the river
The shore lines vanish within the depths of water
A raging storm hits the ferry
The sides dip into the water by turn
And the swirling waters spill into the boat
I sit tight
holding the planks
all the passengers
pray to God
Death is imminent
But–
none of us died that day
I don't know
Whether some still live
In the
Sand-dunes of Pakshimari.

13.4.1995

সহমরণ

কৈশোরের নদী
তুমি।
এখন ভরাট বিস্তীর্ণ চরা।
তোমার বুকের মাঝে
বসতি করেছে ওরা।
বর্ষায় ভাসে না আর—
তোমার দুই কূল।
গুদারা বন্ধ।
বন্ধ কুমিরের ভেসে ওঠা।
বন্ধ চাঁপাতলায় আজ
নৌকায় সওদাগিরি।
ভাসে না আর তোমার বুকে
আসামের শালকাঠের গুঁড়ি।
তরাইয়ের চলমান স্রোত।
স্তব্ধ বাতাস।
স্তব্ধ ঢেউয়ের ওঠানামা
তুমি এখন স্থির
যেন বালির বরফ।
জমাট বেঁধেছ আমার বুকে।
আজ আমি কৈশোরের চিতায়
সহমরণে মরিব।

৪.৫.১৯৯৫

Dying Together

You are my river
Of youth
Now a wide sandy land.
They have built habitat
On your chest
Water doesn't flood
the two banks
even in monsoon
The ferry landing is closed
The crocodiles do not float up
The trading by boats
Under the *champak* tree has stopped
The huge trunks of *sal* tree from Assam do not drift over you anymore
The stream of marshes,
The wind has died
The waves do not cause ripples
You are now still
Like snow of sand
Frozen in my heart
Today I'll die with you
In my youth's funeral pyre.

4.5.1995

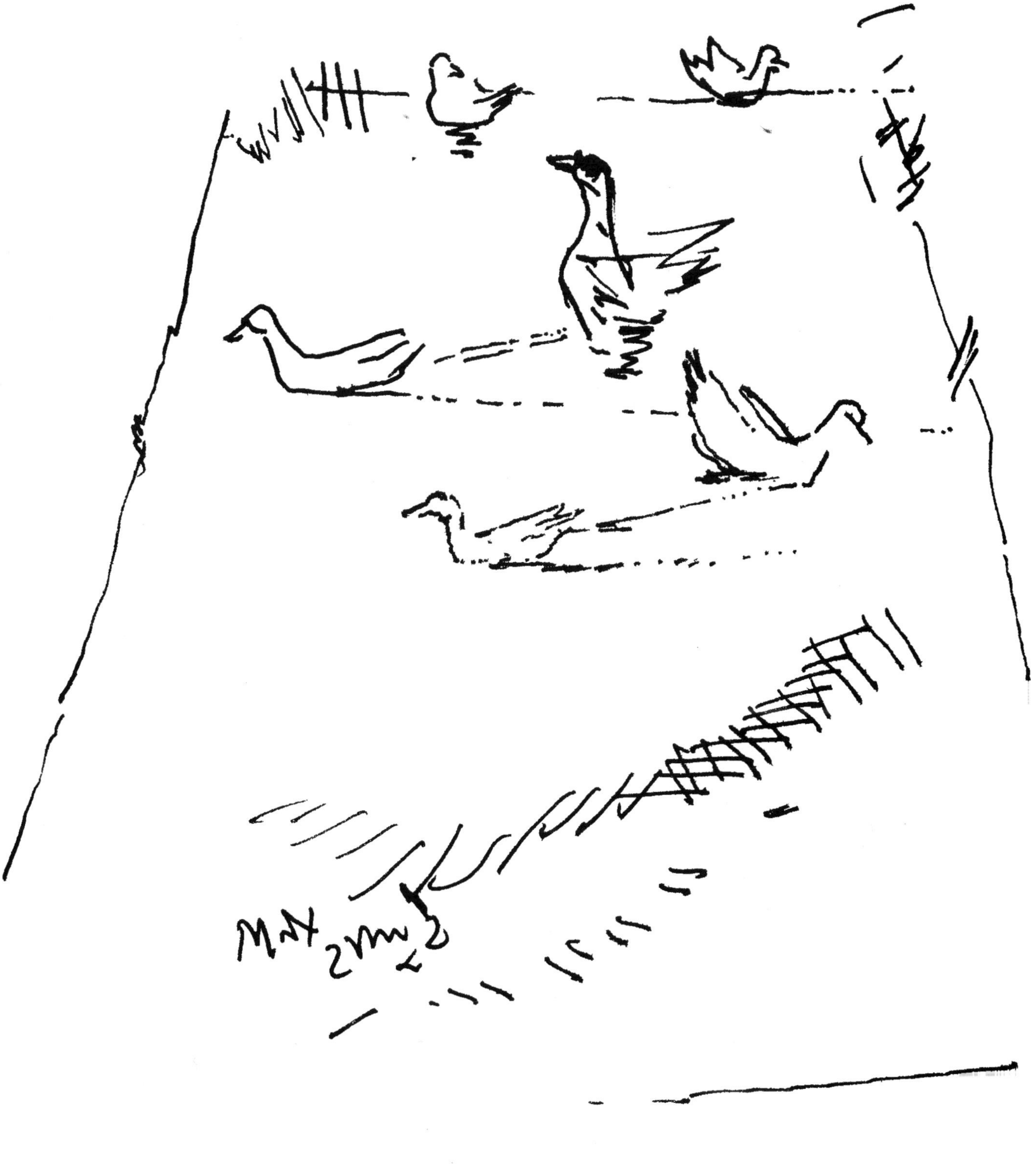

আমি

আমি সুখ আর দুঃখের মাঝামাঝি
সুখ যখনি আসে
দুঃখ দ্বারের গোড়ায় দাঁড়িয়ে।
দুঃখ যখনি জড়ায়
সুখের স্পর্শ লাগে।

আমি বিশ্বাস অবিশ্বাসের মাঝামাঝি
বিশ্বাস যখনি জাগে
অবিশ্বাসে ডুবে মরি।
সত্যকে যদি পাই
অসত্য আড়াল করে।

আমি বাস্তব আর অবাস্তবের মাঝামাঝি
প্রত্যক্ষ যায় অপ্রত্যক্ষে হারিয়ে।
আমি আস্থা অনাস্থার টানাটানি
আমি সুন্দর অসুন্দরের মাঝামাঝি
আমি না ও হ্যাঁ-এর অবস্থানে
পরিত্যক্ত একাকী।

২৭.২.১৯৯৫

I

I stand in between joy and misery
Whenever happiness walks in
Misery keeps standing at the doorstep
When gloom hems in
The touch of joy can be felt

I'm in between trust and mistrust
When trust wakes up
I drown in mistrust
If I can reach truth ,
untruth covers it up

I'm standing between real and unreal
The direct merges into the indirect
I can feel the tug of trust and distrust
Between the beauty and the beast
Between the affirmative and negative
I'm abandoned, alone.

27.2.1995

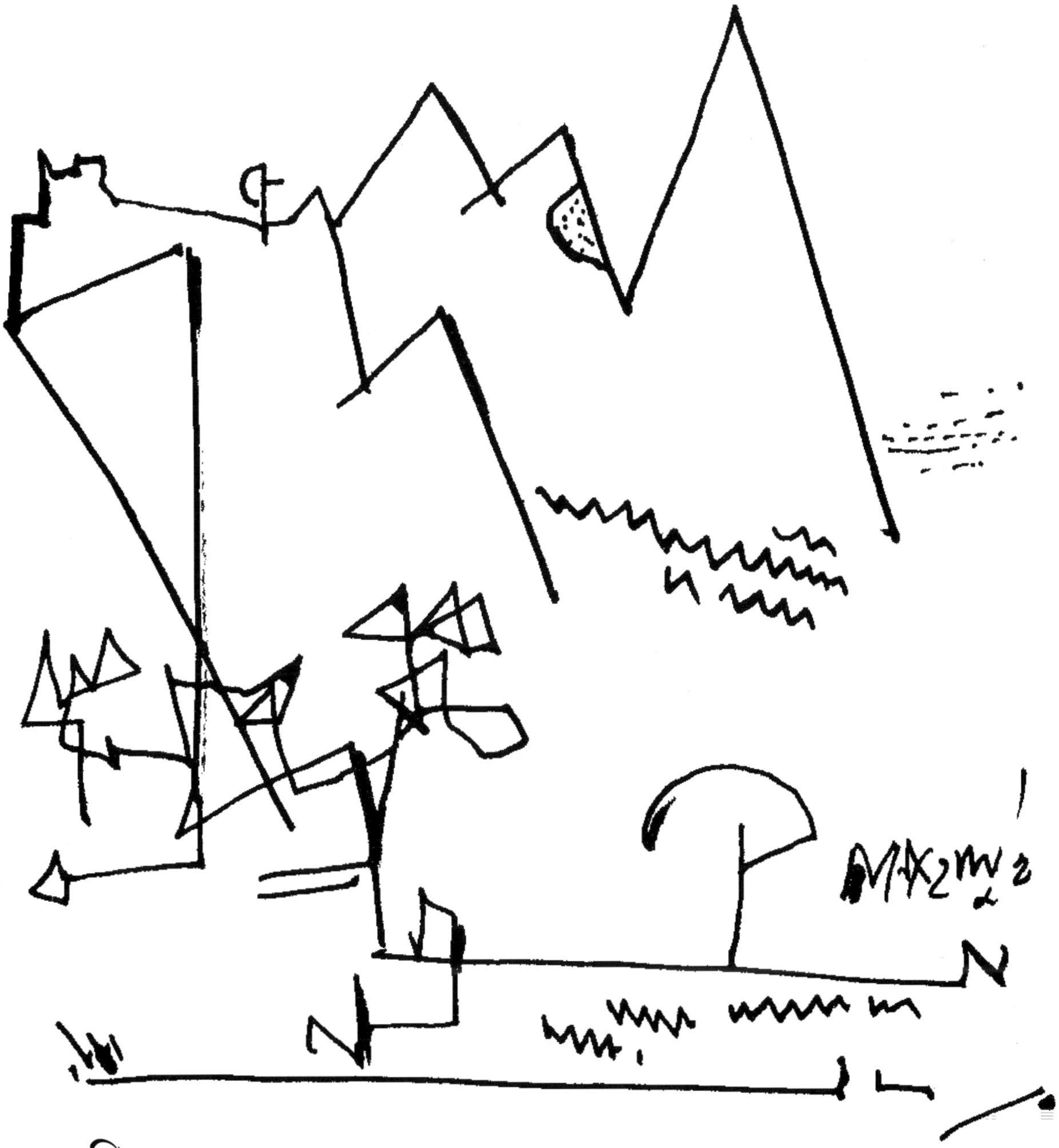

শিল্পে ষড়ঙ্গ

আমাকে দেখো—রূপ ও প্রমাণ
আমাকে দেখো—বর্ণ ও সাদৃশ্য
আমাকে নাও—ভাব ও লাবণ্য
আমাকে রাখো—শিল্প সৃষ্টি

২৭.৫.১৯৯৩

The six limbs of Art

Look at me—beauty and evidence
Know me—colour and resemblance
Take me—ecstasy and grace
Sustain me—creations of art

27.5.1993

দেখা

যা দেখি তা
আঁকি না।
যা আঁকি তাই
দেখি।

২৮.১০.২০০২

Vision

What I see
I don't paint
What I paint
I see

28.10.2002

Translated by Barnali Roy

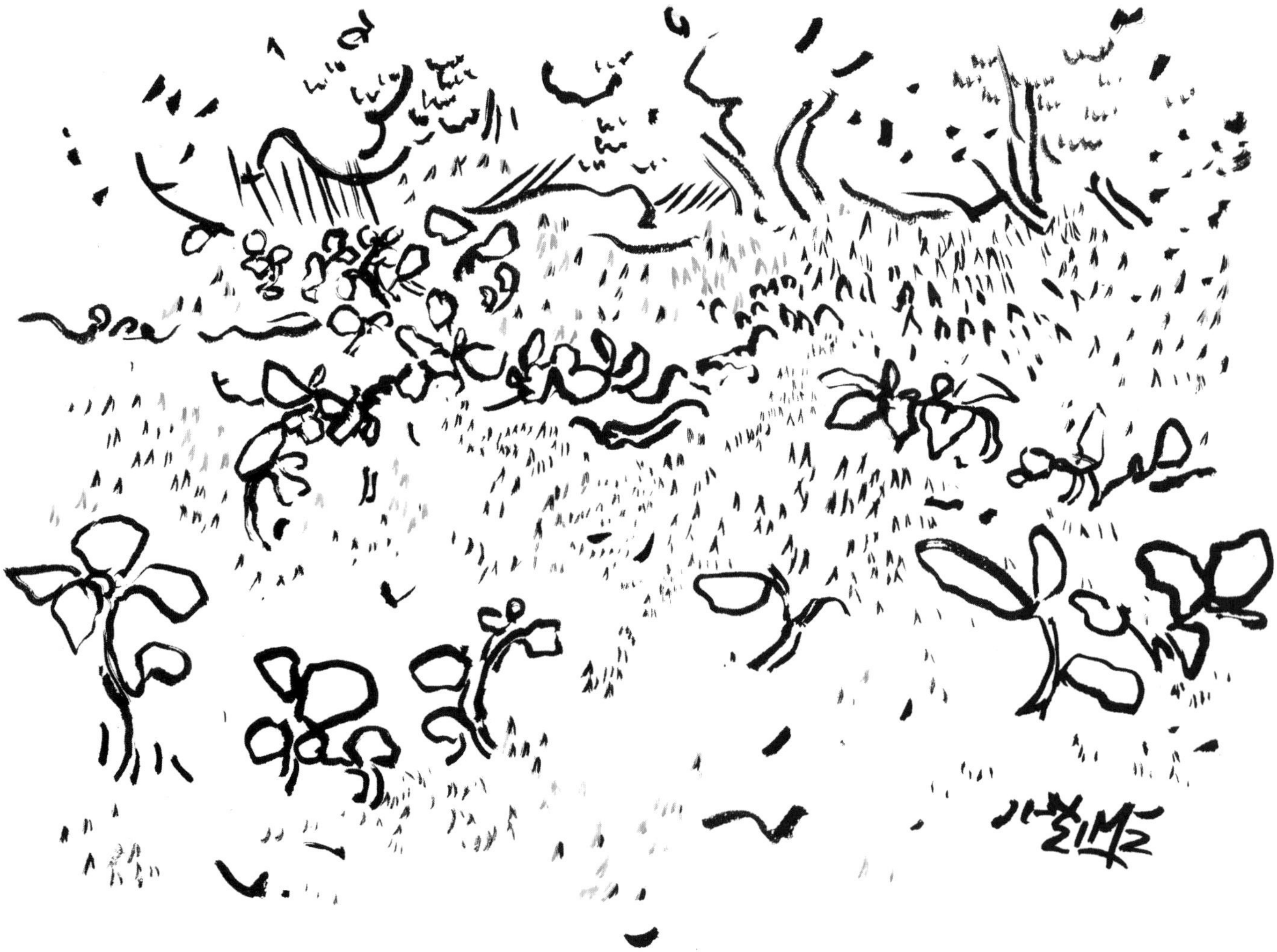

রামানন্দ বন্দ্যোপাধ্যায়
Ramananda Bandyopadhyay

জন্ম ১৯৩৬, বীরভূমের বনপারুলিয়া গ্রামে। ছবি আঁকা শিখেছেন কলাভবন, বিশ্বভারতী বিশ্ববিদ্যালয়ে। এখন থাকেন কলকাতায়।

Born in 1936 at Banparulia village of Birbhum district, West Bengal. Studied at Kala Bhavan, Visva-Bharati University. Lives and works in Kolkata.

গাছের কাছে

মধুমেহ আক্রান্ত মানুষটিকে
জিজ্ঞেস করলুম,
কেমন আছ?
আমার দিকে ক্লান্তিতে ভরা
চোখ দুটি তুলে বললে,
আপনি যেমন রেখেছেন।
বলি, আমরা কেউ কাউকে
রাখি না,
নিজেকেই নিজে রাখতে হয়,
দেখো না, গাছের পাতা দোলে,
নড়ে, খসে পড়ে,
হাওয়ার সাধ্য কী
তাকে দোলায়, খসায়।
আসলে গাছ নিজে নিজেই
দোল খায়, বয়স হলে নিজে নিজেই
খসে পড়ে, নতুনকে জায়গা
করে দিতে।
গাছ দেখি, শেখা হয় না।
গাছ পারলেও
আমি তুমি পারছি না।
কিছুতেই জায়গা ছাড়ছি না
আর কারও জন্য।

৫.৫.২০০৪

Unto the Trees

I asked the diabetes-afflicted man
'how are you'?
He looked at me with his wearied eyes,
'as you have kept me'
I said, 'we don't keep each other
We have to look after ourselves on our own
Don't you see the swaying leaves of the trees,
Their motion, their fall.
How can the wind even dare to
Sway the tree or make it fall
Actually, the tree sways on its own, as it grows old
It falls off on its own, making way
For the new.
We see trees, but we don't learn
Even if trees can, you and me can't
We just are unable to yield space
For someone else'.

5.5. 2004

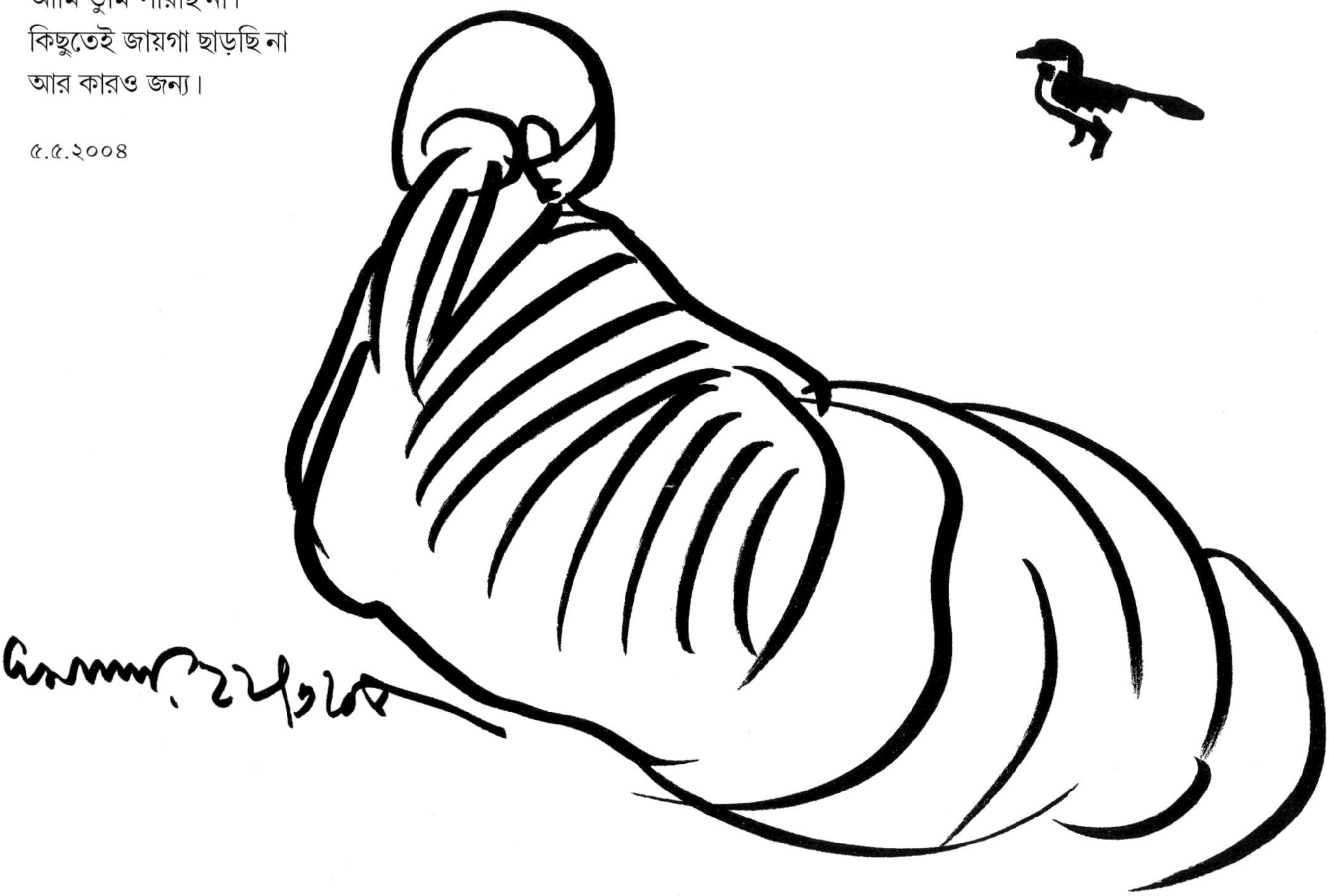

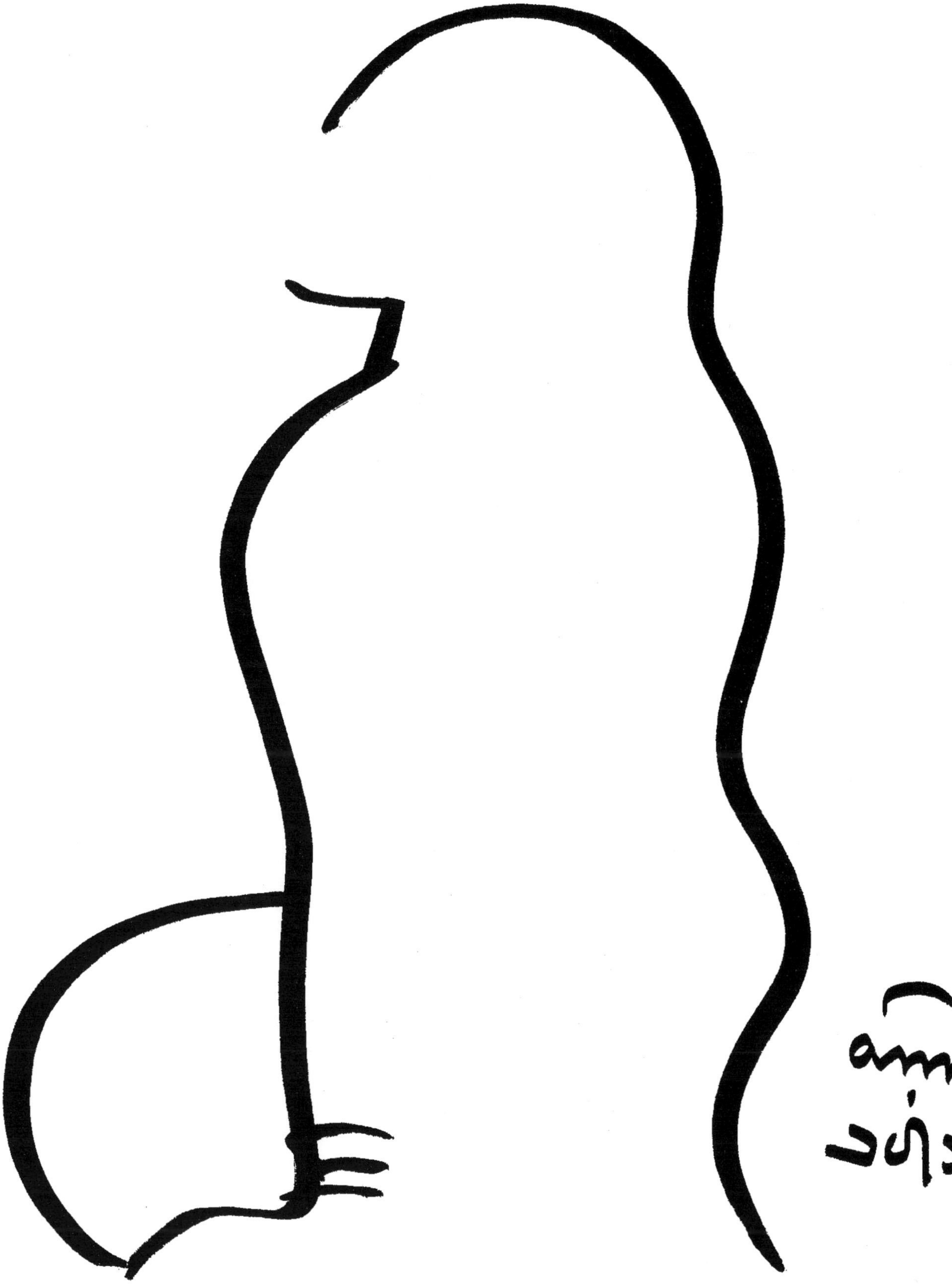

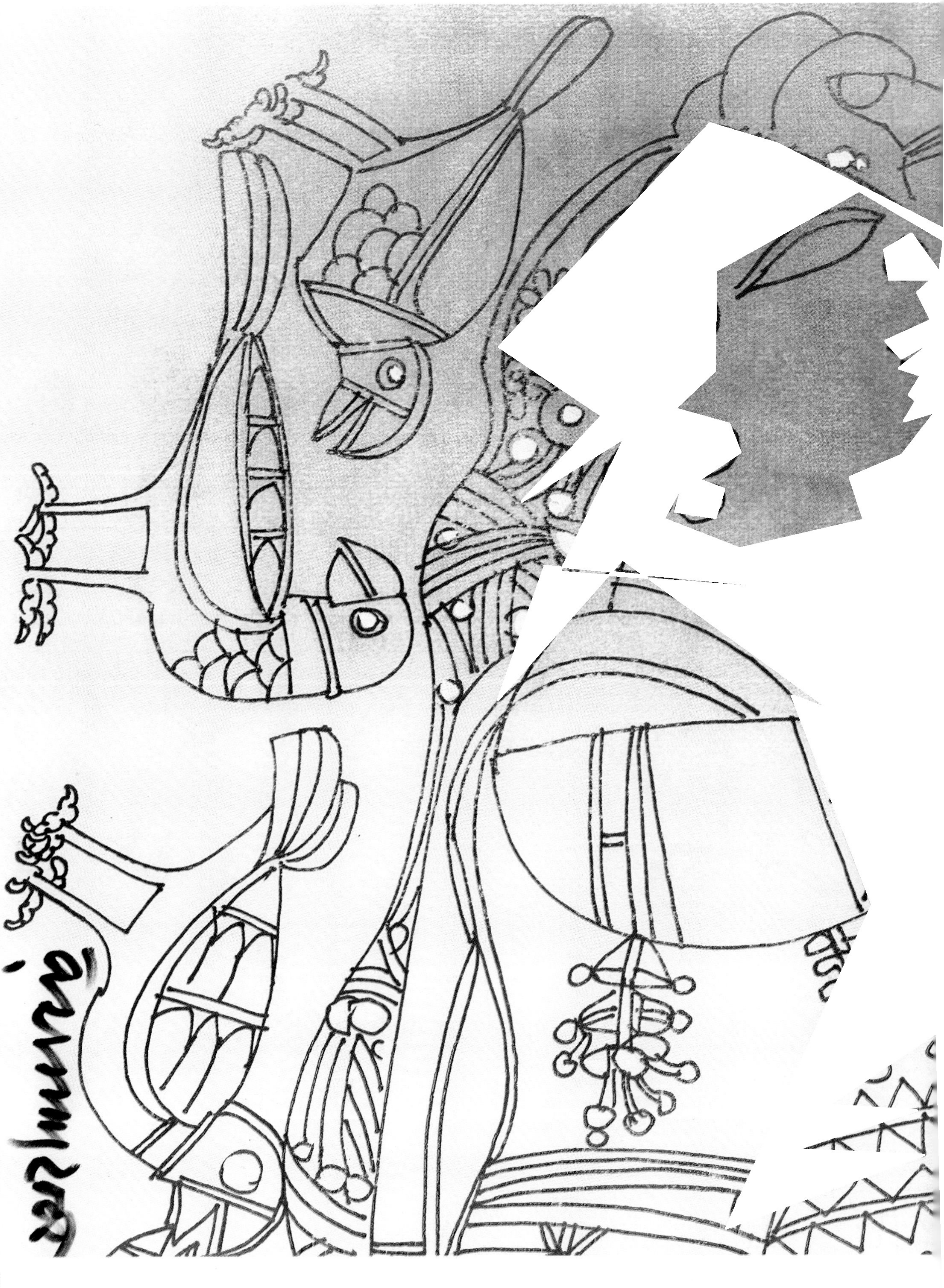

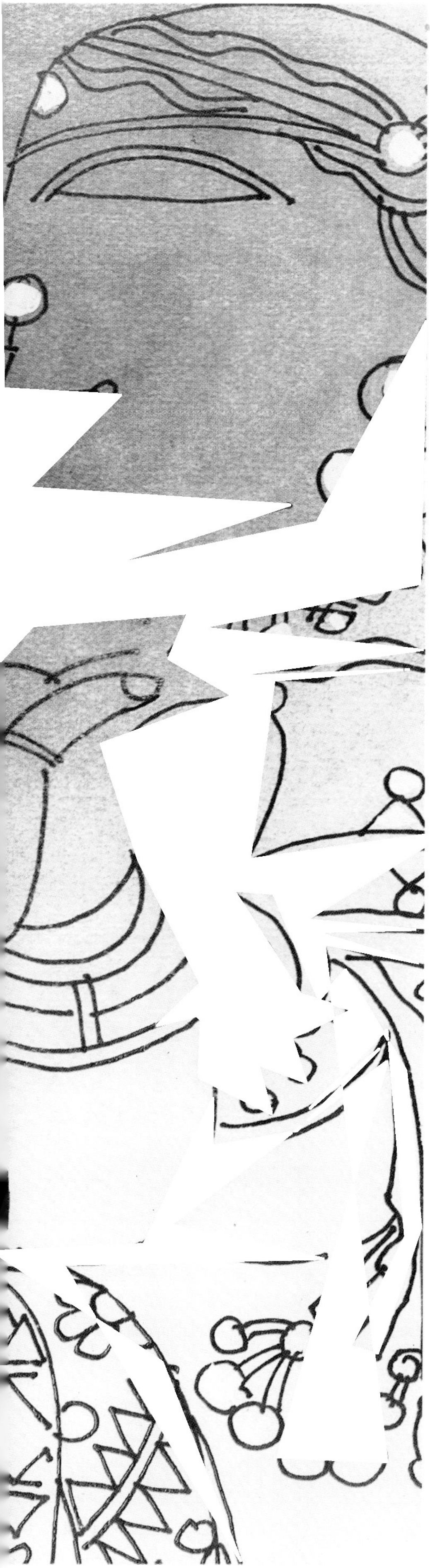

চাওয়া-পাওয়া

বেশি চাইতে গিয়েই তো
ছোট ছোট ইচ্ছের
জায়গা হয় না।
কিছু চাই না তো বলা
যাবে না।
কিন্তু কিছু চাওয়ার
সুখকে হারিয়ে ফেলি
বড় চাওয়ার আকাঙ্ক্ষায়।
ছোট্ট চাওয়ায় একটা
পরিধি কাজ করে
ছোট ভাবায় অনেক।

কিছু না
চাওয়া নিজের মধ্যে
গড়ে তুলতে পারলে
না পাওয়ার যন্ত্রণা
ভোগাতে পারে না।
এই চাওয়ার মধ্যে বুঝি
চোখ বন্ধ করলেই সব কিছু
অন্ধকার হয়ে যায় না।
অন্ধকার কেবল নিজেকেই
আলোহীন করে রাখে।
দরকার না-চাওয়ার
সাহস অর্জন
করা।
তাই তো ছবি আঁকি,
প্রার্থনা করি
আমাকে চাওয়া থেকে
মুক্তি দেবার।

২০০৪

Desire and Fulfilment

By wanting too much
the smaller cravings we fail to accommodate
There's no way one can say
I don't desire anything.
But we lose the joy of small returns
Smitten by the desire for something great
Small desires
Are bound within a specific area
The small makes one ruminate a lot.

If one can
grow within oneself a desire-free mind
Then the agony of not having
Cannot torment
In this desire maybe
As soon as I shut my eyes
It doesn't become dark
Darkness can only
Deprive itself of light
It is necessary
To have the courage to never desire
That's why I paint pictures,
And pray for liberation from desire

2004

দেওয়াল লিখন

এখন ভোটের
দেওয়াল লিখনের
দিকে তাকালে
বেশ বুঝতে পারি
কারা এসবের
স্রষ্টা।।
ভোট আমাদের
অনেক দিয়েছে কিনা
জানি না
তবে
অনেক কিছু মুছে
দিয়েছে। সবচেয়ে
বড় জিনিস যা মোছা
হচ্ছে—
রুচি,
সংযম
আর ভালবাসা।

৬.৫.২০০৪

Writings on the Wall

Now looking at the writings on the wall
At election time
I can understand
Who are the creators of all this

I don't know whether the franchise has given us a lot
But I am certain it has erased a lot
The greatest erasure of all has been
The loss of taste, discipline and love

6.5.2004

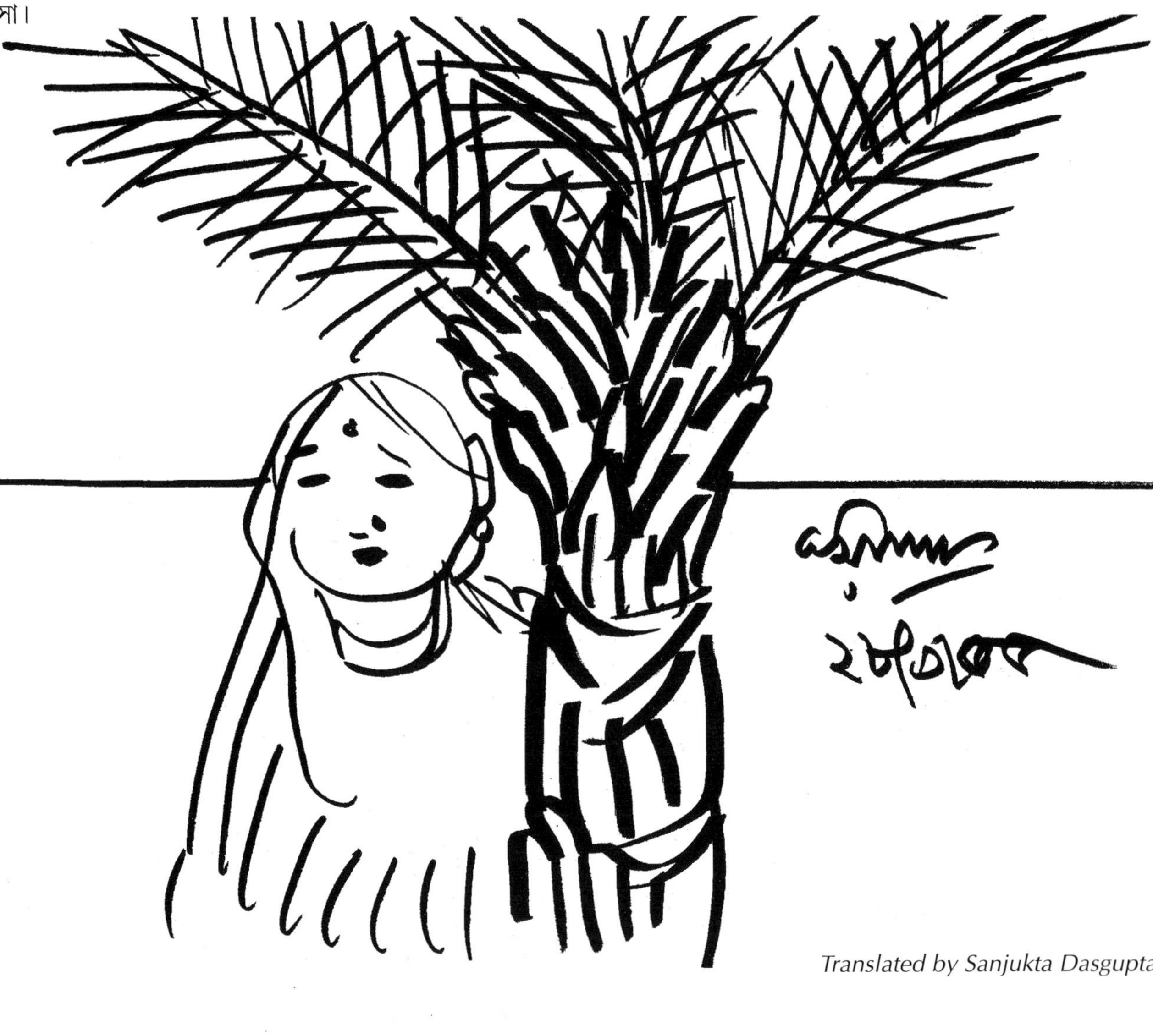

Translated by Sanjukta Dasgupta

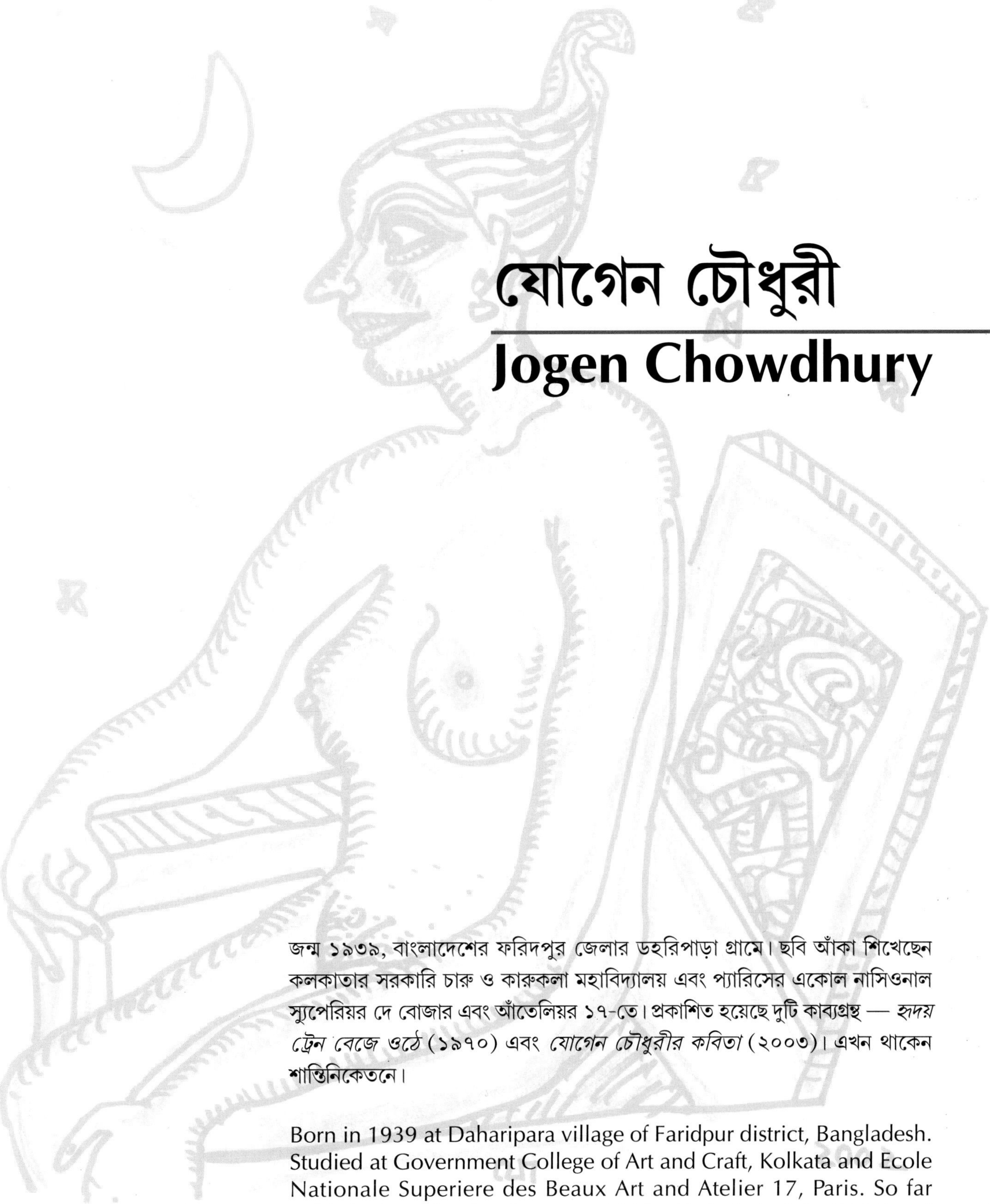

যোগেন চৌধুরী
Jogen Chowdhury

জন্ম ১৯৩৯, বাংলাদেশের ফরিদপুর জেলার ডহরিপাড়া গ্রামে। ছবি আঁকা শিখেছেন কলকাতার সরকারি চারু ও কারুকলা মহাবিদ্যালয় এবং প্যারিসের একোল নাসিওনাল স্যুপেরিয়র দে বোজার এবং আঁতেলিয়র ১৭-তে। প্রকাশিত হয়েছে দুটি কাব্যগ্রন্থ — *হৃদয় ট্রেন বেজে ওঠে* (১৯৭০) এবং *যোগেন চৌধুরীর কবিতা* (২০০৩)। এখন থাকেন শান্তিনিকেতনে।

Born in 1939 at Daharipara village of Faridpur district, Bangladesh. Studied at Government College of Art and Craft, Kolkata and Ecole Nationale Superiere des Beaux Art and Atelier 17, Paris. So far published two books of poems—*Hriday Train Beje Othe* (1970) and *Jogen Chowdhuryir Kobita* (2003). Lives and works in Santiniketan.

আমি ও আমার বাংলাদেশ

এক স্বপ্নের রাত দু'ভাগ হয়ে যায়, স্বপ্নের রাত থেকে চাঁদ খসে পড়ে
জানলায়, মোমের আলোর উজ্জ্বলতা নিভে আসে নিশ্বাসে
প্লাস্টারে জড়ানো এক হাত ভেঙে পড়ে আছে রাত্রের
জলসার সাজগুলি, মোড়কে মোড়কে বাঁধা—
ফুলের বাহারে, কোমলতা ছিঁড়ে পড়ে থাকে দিনের আলোয়

বহু দূর উত্তর পূর্ব মেঘ থেকে রক্ত ও বারুদের গন্ধ ভেসে আসে
কালবৈশাখীর দিনে
আমার রক্ত ছল্‌কে ওঠে
আমার হাতের মুঠিতে এক স্টেনগান?
সান্ধ্য পত্রিকা হাতে চুপচাপ বসে থাকি উপদ্রবহীন
বহুদূরে একাকী, নিঃসঙ্গ লাগে—

দীর্ঘ এক হাজার মাইলের ট্রেন লাইনের ব্যবধান আরও দীর্ঘতর
ব্যবধান নিয়ে আসে, বিচ্ছেদ,
করুণ কান্নার সুর শুনি এখানে নিঃসঙ্গ রাত্রের ছায়ায়
সমুদ্র জল থেকে উঠে আসে পাড়ে,
আমার ঘর জলের আছাড়ে, বিপর্যস্ত হয়, সমস্ত পোশাক
পরিচ্ছদ, বৈকালীন আহার, সব কিছু ধুয়ে মুছে যায়—
রাত্রে একাকী গাঢ় বালুকার তটে শুয়ে থাকি—সারারাত

স্বপ্নের মধ্যে দেখি সারারাত স্টেনগান ফাটে
কলমিলতার ফাঁকে গ্রেনেডের বিস্ফোরণ
রাখাল ছেলের বাঁশিগুলি বিস্ফোরক বারুদে পূর্ণ হয়ে
এক একটি রাইফেলের মতো দীর্ঘ ভারী হয়ে ওঠে—
আমার শখের মাতৃভূমি এক বিস্তৃত আলোকে বিস্ফারিত,
যুদ্ধের আগুনে ঝলসায়,
মাঠঘাট পুকুরের পাড়গুলি—আগুনের হল্কায় সবুজ থেকে
লাল হয়ে ওঠে।

১৯৭১

My Bangladesh and I

A night of dreams cleaves in two, the moon slides off and falls
On the window, the glow of candle-light wanes in the breeze
Someone breathes
A broken hand lies wrapped in plaster
The night's celebrations, its baubles packed away—
In the beauty of blossoms lies tenderness
Torn, strewn all over,
By the light of day.

From the distant northeast clouds
Wafts the stench of blood
The whiff of gunpowder.
At the time of *Kalbaishakhi**,
My blood boils
And in my fist—a stengun?
I sit still, silent, the eveninger clutched in my hand
Not a line of trouble.
Far far away, alone, I feel alone.

The distance of a thousand miles long train line
Is even made longer by separation,
And I hear a tune of mournful tears
Played upon the shadows of friendless night
The ocean steps out of the water, stands upon the shore
My room is devastated by the waves
All my clothes, my evening meal, everything is washed away
I spend the night alone upon the thick sandy bank—all night

In my dreams I see, all the night the stenguns roar
Grenades burst amidst the green stalks of the *kalmi* vine
The flutes of the shepherd boy turns into sticks of dynamite
Each as long and heavy as a rifle—
My dear beloved homeland lit up in an explosion of light
Scorched in the flames of war
Fields plains the banks of rivers—turn from green to red
Burning in the heat of the fire.

1971

* *Nor'wester*

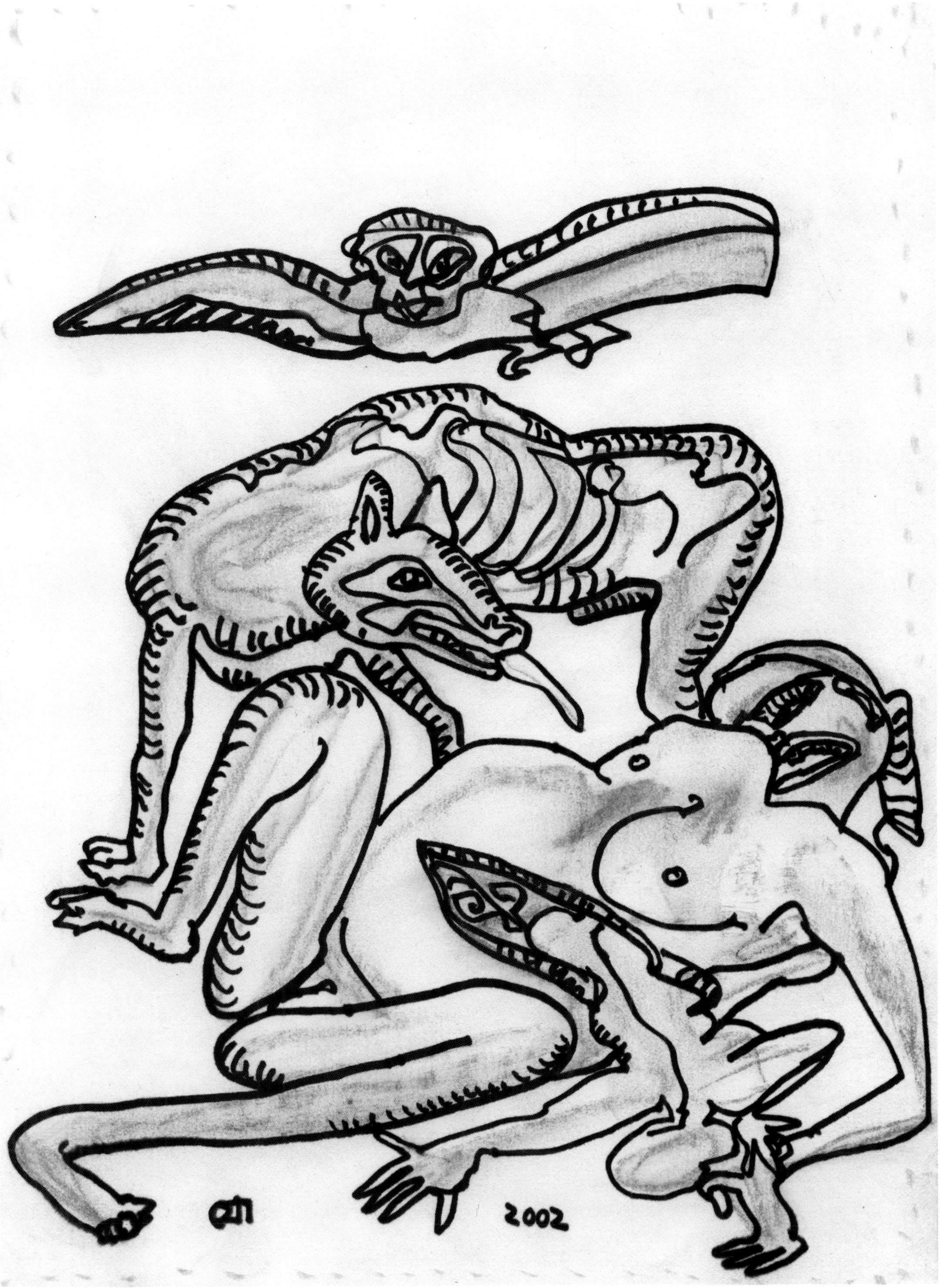
2002

তুমি

তুমি আজ নিশ্চিত শত্রু হয়ে প্রতিহত করেছ কলকাতার বিশাল
পতাকার উত্তোলন
তুমি যে শত্রুর ছুরিকা হেনেছ শহরের রক্তে,
রক্তে লাল কলুষতা ছিটিয়েছ, চতুর্দিকে—

কী মোহাচ্ছন্ন স্বপ্নের ছুরিকা শান দাও,
ব্রিজের ইস্পাত ভেঙে গড়ে তোল, এ শহর উৎপাটনের শাবল।

বিশাল সক্ষম হাতের পিছনে কাজ করে বিস্ফোরক বারুদ,
উপ্‌চে পড়ে রক্তের ফেনা—

তুমি যে প্রতিদিন ট্রাম ও বাসের কক্ষগুলি গুঞ্জরিত কর
হীনতার প্রতিধ্বনি ওগরাও
ভাঙা শহরের ওপর দিয়ে ট্রাম যায়—
তুমি প্রতিরাত্রে, মদ খেয়ে বমন উদ্বেগের ভঙ্গিতে নুয়ে পড়
বাস্টার্ড!
নিশীথে, অধঃপতনের শেষ সীমানায়
তোমার লাশ পড়ে থাকে!

১৯৬৬

You

Today you must have turned enemy, protested Calcutta's great flag unfurling
For you have plunged the enemy's dagger deep into the city's blood,
Spread the red stain of foul contagion, splashed, everywhere—

You sharpen your knife of dreams, swathed in illusion
Break the bridges, bend their steel into crowbars
With which to uproot this city.

Behind vast and successful hands lie grains of explosive gunpowder
And the blood spills over, frothing white—

Every day your voice reverberates
In the buses, in the trams
Spewing vileness, echoing hate
The tram trundles through the broken city—
Every night you drink
Hunch over low as though to vomit
Bastard!
In the darkness, on the last limits of ruin
Lies your corpse.

1966

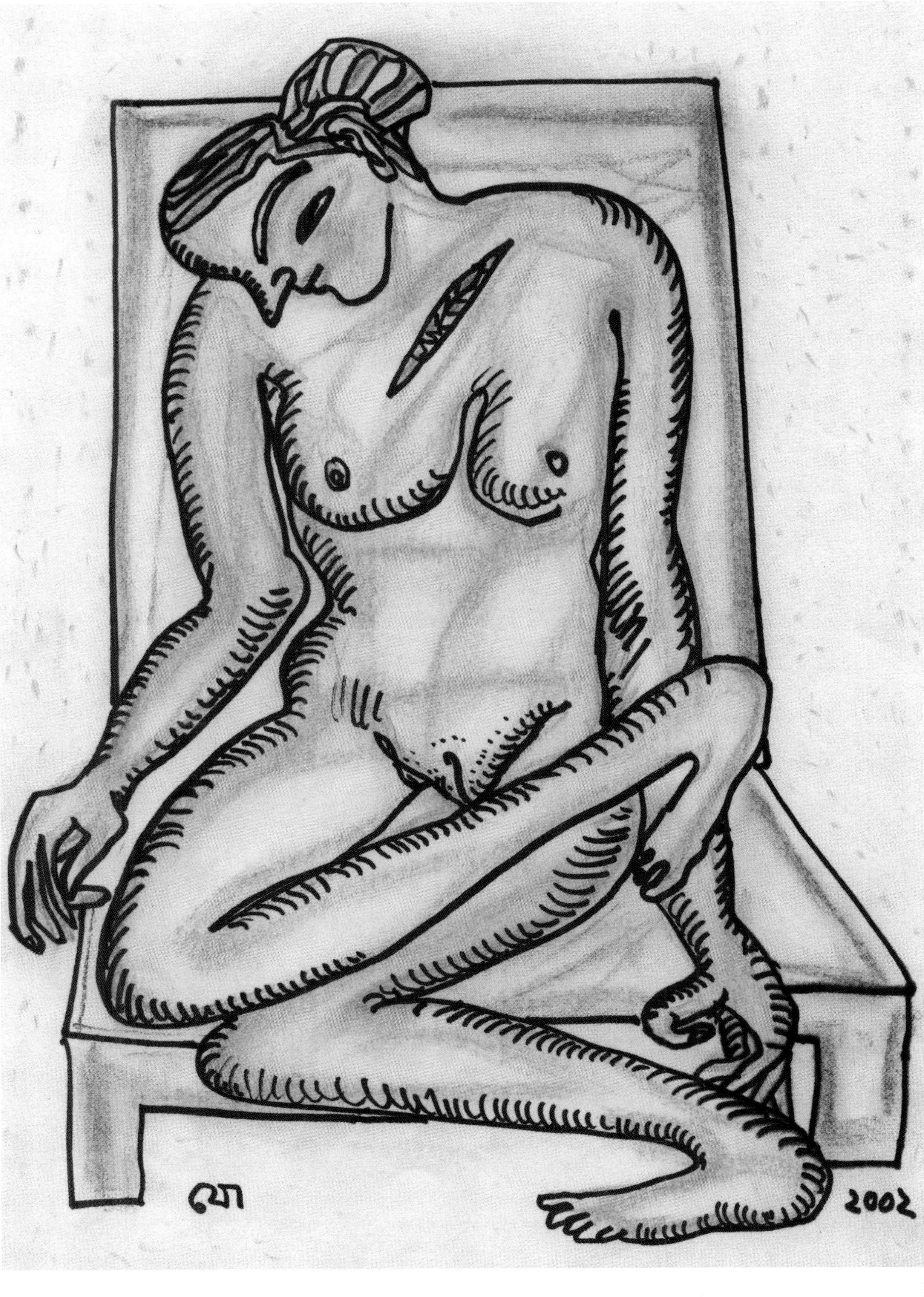
2002

রাইটার্সের হলুদ প্রজাপতি

রাইটার্সের মাথায় হলুদ প্রজাপতি উড়ছে
রাইটার্সের পাথরের পরীগুলো কার প্রেমিকা বলো তো

যে বৃদ্ধেরা তেলহীন মাথা নুইয়ে চেয়ারে বসে আছে
এক একটি তলোয়ার হাতে এক একজন কমরেড লেনিন।

ঘুণপোকা কাটছে ফাইল গরুরা জাবর কাটছে
ফাটা পাত্র থেকে রক্ত ও কালি মেঝেতে কঠিন ছায়া ফেলে

ছোট্ট শিশুটি তবু সারারাত জাগে
তার কাদামাখা মুখ ম্যানহোল থেকে উঁকি মারে

কিন্তু এখন সে কোথায়?—সে কি প্রজাপতি হয়ে ওড়ে?
ঘন রাতে ধূসর শহরে—সে কি ওই পরীদের প্রেমিক হয়ে রয়েছে নিশ্চল।

কিংবা সে আছে কি ঘুমিয়ে—
নিশ্বাস রুদ্ধ করে, তার কাদামাখা মুখ ছোট্ট হাত
অন্ধকারে খোঁজে তার মায়ের চোখের জল তার ফাটা-হৃদয়।

২০০০

The Yellow Butterflies at Writers'

Yellow butterflies flutter atop the Writers'
Who is their lover, the stonesculpted fairies that stand there,
I wonder.

Those old men, their unoiled heads drooping, sitting on the chairs
A sword gripped tight in his hand, each, each one a Comrade Lenin.

Termites gnaw at files while so many cows chew, keep chewing cud
Blood and ink from cracked pot cast hard shadow on the floor.

Yet the little boy stays awake all night
His face, smeared with mud, peeps out above the manhole rim

But where is he now?—Has he turned fluttering butterfly?
In this dusty dark city—has he turned lover of those
stonesculpted fairies, unmoving and still?

Or does he lie somewhere sleeping—
Holding his breath, his face smeared with mud, his small hand
Groping in the darkness for his mother's tears, her broken heart.

2000

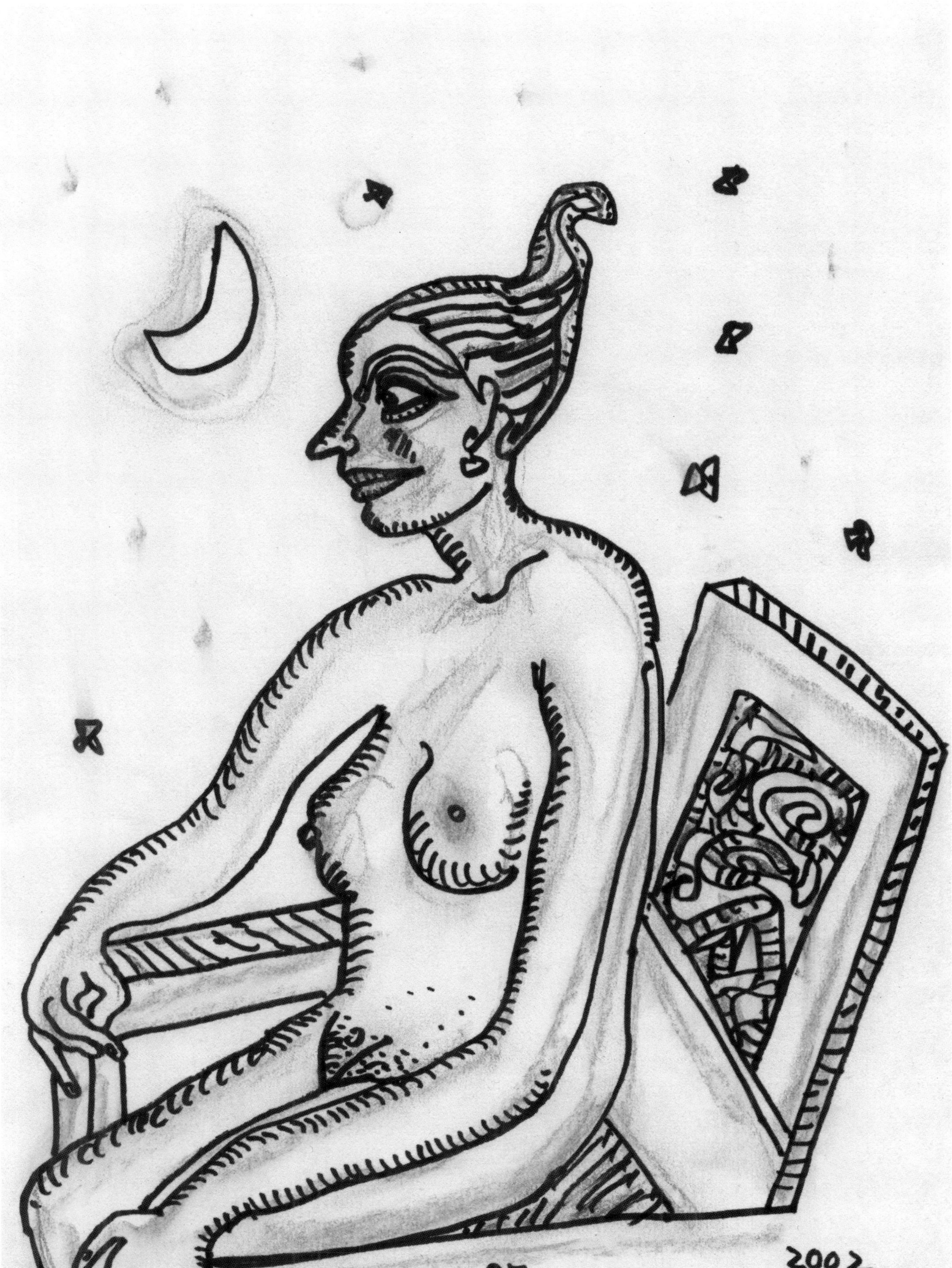
2002

ছবি

এত যে অর্ঘ্যের ছড়াছড়ি
বকুলতলায় যারা মালা গাঁথে সারাদিন,
ফেরি করে এসপ্লানেড সাঁকোয়—
সন্ধ্যা অমরায় তারা নিয়ন আলোয় সারাদিন,
হাঁকে দীর্ঘ বেচাকেনা
বিচিত্র জ্যাজের স্বরগ্রামে—

এসপ্লানেড মেলায় চলে সকল মেয়েরা,
অফিসবাবু ও বাচ্চা
হাতঘড়ি, প্লাস্টিক বোতাম
সোনালি জরির বন্ধনে মোড়া, মোজা—অন্ধ গলির মুখ
ছুটে আসে উদ্দাম উল্লাসে—
রঙিন সালুর তৈরি শিশুর কামিজ দোলে
মেয়েদের বুকের বন্ধন—

কর্কশ সন্ধ্যা নামে মেট্রোর ললিত প্রদীপে,
মেয়ের সান্নিধ্যে যারা নিভে আছে এখনও, বহুক্ষণ,
সন্ধ্যা অমরায় যারা নিয়ন আলোয় সারাদিন
হাঁকে দীর্ঘ বেচাকেনা ফেরি করে এসপ্লানেড সাঁকোয়
তারা তো আঁধারে, উন্মোচিত, বাসনায় রয়েছে জাগিয়া—
আঁধারের তারাগুলি গোনা হলে যাবে মৃগয়ায়—
ময়দানের গভীর ঘাসের মধ্যে ডুবে—

'দীপ্ত নিকেতন' জুড়ে কল্লোলিত কণ্ঠগুলি
মিলে যায় চৈত্রের রাতে
ট্রামের পালক ছিঁড়ে পড়ে আছে বিশ্বচরাচরে
আর্তস্বরে বেচে কেনে ভিখারিরা
দীর্ঘ বারোমাস, খঞ্জ চূড়ামণি কেউ
বাঁশির সঙ্গীতে দোলে প্রাণ
বুকের বন্ধন, প্লাস্টিক পুতুল, ছবি, টেরাকোটা
বৃষ্টিভেজা বিছানা চাদর
লাইফ, ব্লিৎস, ফটো অ্যানুয়াল, আশ্চর্য সঙ্গীত
হাঁকে দীর্ঘ বেচাকেনা ফেরি করে এসপ্লানেড সাঁকোয়।

১৯৬২

Picture

So many things, so much to buy and sell
Those who string garlands, all day long,
Beneath the *bokul* tree
Then sell them on the Esplanade bridge
In the evening under heavenly neon lights
Hawking their wares
Their voices sliding up and down the scales
Of a most peculiar jazz melody.
All the girls,
Office-babus, children
flock to the Esplanade fair
Wristwatches, plastic buttons
Socks—held together by bits of golden string—
The faces of the dark blind alley
Hurtle forward in gay abandon—
A child's shirt in coloured cloth flutters
And the ladies' bra—

Evening, harsh, acrid, descends
By the soft glow of the lights of Metro cinema
Those who nestle against the girls, fatigued for long
In the evening under heavenly neon lights
Sell their goods, hawking their wares
On the Esplanade bridge
In the darkness, they wait, their desires unveiled, set free
Awake,
Once the stars in the heart of darkness are accounted for,
They will go a-hunting
Lying low, buried deep in the grass of the Maidan.

The billowing voices, at 'Dipta Niketan'
Die down and disappear into the *Chaitra* night
Tramfeathers lie strewn across the streets of the endless universe
The beggars, their voices shrill, solicit.

Throughout the long twelve months, a lame street musician
The sound of the flute and the soul that sways to the music
Woman's bustier, plastic dolls, pictures, terracotta
Bedsheets damp with rain
Life, Blitz, Photo Annual, strange music,
Selling their goods, hawking their wares
On the Esplanade bridge.

1962

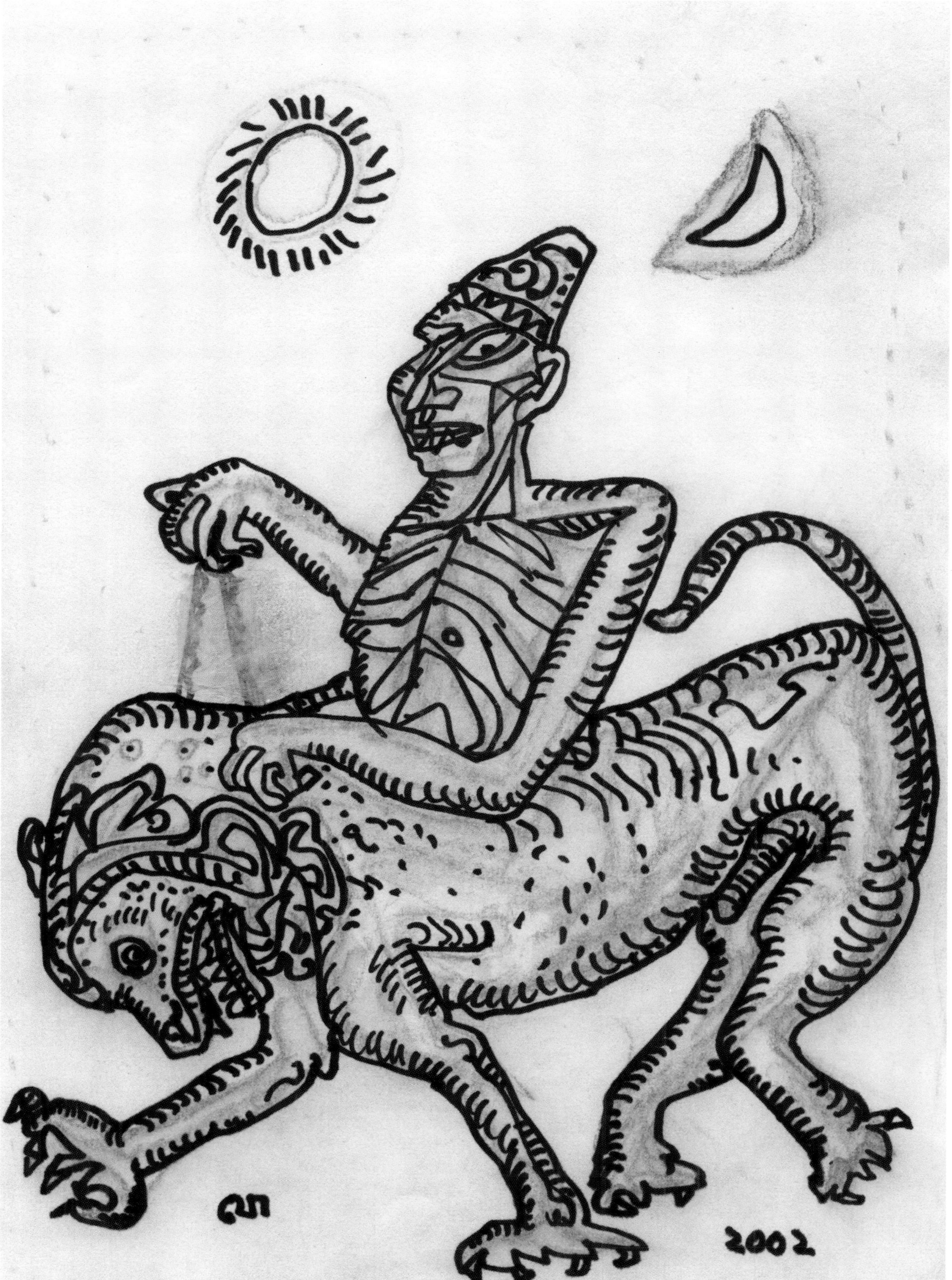
2002

প্রিয়তম কোথাও রয়েছে

প্রিয়তম কোথাও রয়েছে।
কোথাও আড়ালে রয়েছে।
আমারই বেড়ার অন্য পাড়ে,
তাই,
বেড়া ভেঙে যেতে চাই।

আরও এক বন্ধন দিয়ে বাঁধা।
আরও এক ধর্ম রয়ে আছে খাড়া।
বহু তার পল্লব থেকে রক্ত ঝরে,
বহুবার রক্ত, ঝড়, জলে।
ধর্ম ঈশ্বরহীন, ঝড়-জলে পড়ে থাকে
মৃত।

১৯৬৯

Somewhere Lies My Beloved

My beloved is out there somewhere
Somewhere, only a little out of sight
Just on the other side of my fence
And hence
I want to bring down the fence
And cross over.

Another bond chafes against the skin.
Another religion stands like a wall
Lot of blood drips from its foliage
Many a time it bleeds during the storm and rain
Religion has no god
It lies dead
In the storm
In the rain-water.

1969

স্বাধীনতা

ছত্রিশটি বছর পার হল—
অন্ধকারে—
খুঁজি
স্বাধীনতা
ছত্রিশ বছর ধরে।
এ রুদ্ধ দেওয়াল
ভাঙে না।
ভাবি ওপারে যাব
দেওয়াল সরে সরে যায় ওপারে—
অন্ধকারে

১৯৮৩

Freedom

Thirtysix years, all spent—
In the darkness
I search
For freedom
Thirtysix years.
This impenetrable wall
Breaks not.
I dream of crossing over
The wall moves, moves away to the other side—
In the darkness.

1983

Translated by Sunandini Banerjee

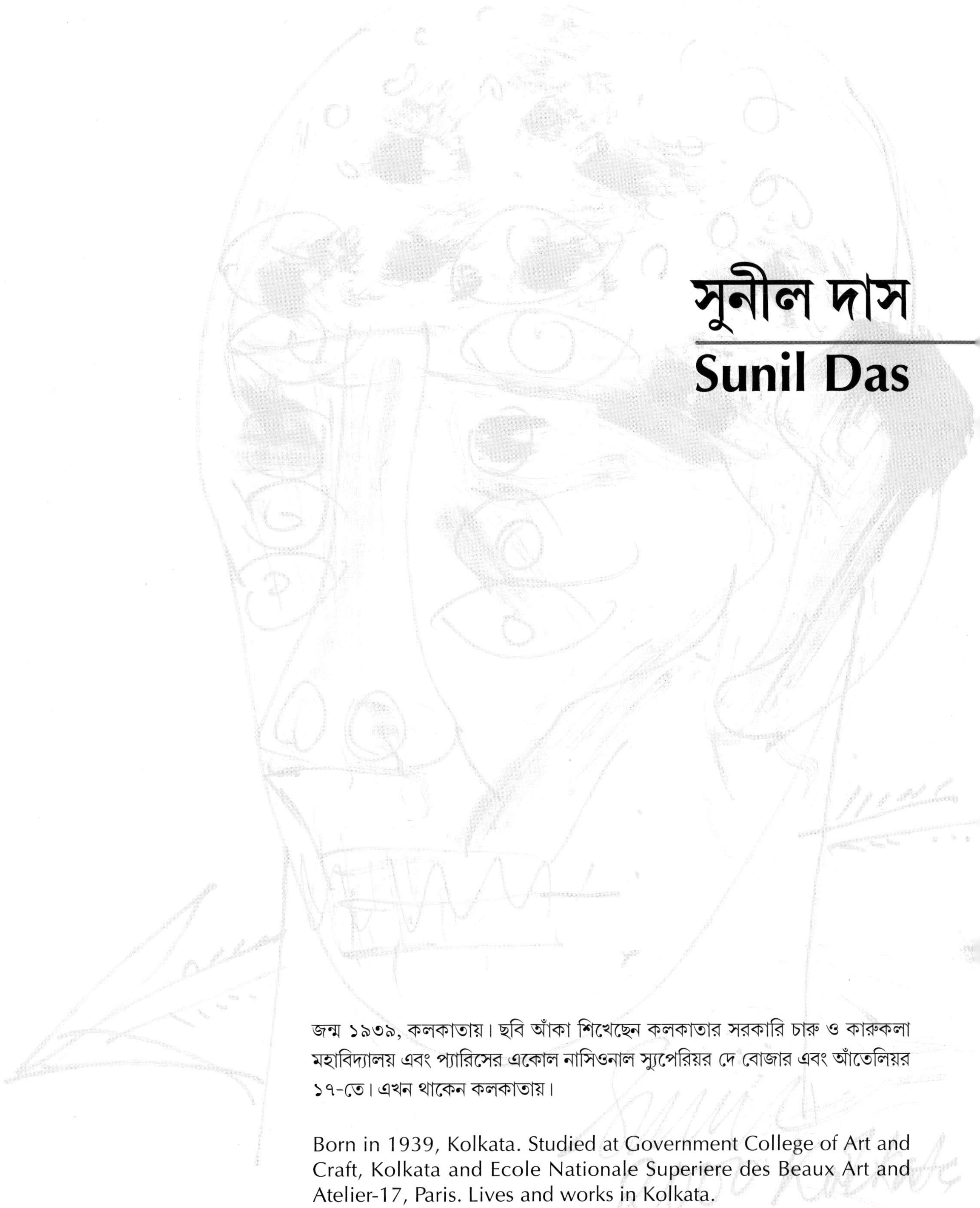

সুনীল দাস
Sunil Das

জন্ম ১৯৩৯, কলকাতায়। ছবি আঁকা শিখেছেন কলকাতার সরকারি চারু ও কারুকলা মহাবিদ্যালয় এবং প্যারিসের একোল নাসিওনাল স্যুপেরিয়র দে বোজার এবং আঁতেলিয়র ১৭-তে। এখন থাকেন কলকাতায়।

Born in 1939, Kolkata. Studied at Government College of Art and Craft, Kolkata and Ecole Nationale Superiere des Beaux Art and Atelier-17, Paris. Lives and works in Kolkata.

আমার সময়ে আমার পৃথিবী

আমার সময় যারা পৃথিবীকে ভালবেসে ছিল,
      তারা সবাই ফিরে গেছে ;
শতাব্দীর প্রিমিটিভ প্রেম নিয়ে আমি আজও
      একা তোমাদের পাশে।
এই পৃথিবীর সবাই উদাসীন রাজনীতির ফাঁদ পেতে
      পিছলে পড়ে,
বন্ধু বলতে তারাই বেঁচে আছে,
তাদের একজনকেও আমি চিনি না;
কার্নিশে, ফুটপাথে শেওলা জমে আছে।

আমি চিৎকার করে হুইস্‌ল বাজাতে পারি।
আমার খাঁচায় একাধিক মুখের ছাপ,
ছবি আঁকার যন্ত্রের ভিতর
আঁকার নামে অসংখ্য নোংরামি!
সবাই ট্রাফিক জ্যামে, হৃদয়ভেদী চিৎকার
      বাতাসে দীর্ঘশ্বাস;
হেঁটে হেঁটে অনেক সন্ধ্যা কেটেছে
      নিবিড় অন্তরঙ্গতায়।
আমায় তুমি চিনবে ঠিকই জানি,
      ক্রুদ্ধ অভিমান বুকে দুরন্ত আবেগ,
      পথ রুদ্ধ তৃষ্ণায় শুধু প্রতিধ্বনি।
আবার দেখা ঝালিয়ে নিতে
      উপসংহার কিস্তিটা এখন বাকি;
      বুকের মধ্যে উদাসীন কান্না ভেসে ওঠে,
                  সাপটা রং বদলায়,
      বেঁধে রাখা ধূর্ত রাজনীতির খোলসে ঢাকা শিল্পজগৎ;
      যেন পিতৃপুরুষের উত্তরাধিকার!

আমি তবুও স্বর্ণপদ্ম খুঁজে মরি
সমস্ত সূর্যের প্রান্তে
শীত গ্রীষ্ম ঘুরে আসে বিষাদ ছুঁয়ে
      অখণ্ড যৌবন সম্মিলিত ঘরে।
ইতিহাসের পট কতবার পাল্টে গেছে
      অনাদি সূর্য তবু জেগে আছে,
      ওরা আমায় বোঝে না;
মাথার মধ্যে মহর্ষিরা বাসা বাঁধে।
পৃথিবীর পথঘাটে দেওয়ালে দেওয়ালে
ছবি আঁকা সবই আমি রেখে যাব
      মানুষের ইতিহাসে।
আক্রান্ত নাবিকের মতো নীল সমুদ্রে
গম্বুজের কণার অধিকাংশ কণাকে
      আমি চিনি।
সাদা কাগজের বাইরে শিল্পীর শরীর
      কার্ডবোর্ডে সাঁটা।
কী আশ্চর্য! তোমরা কেউ আমায়
      চেন না!

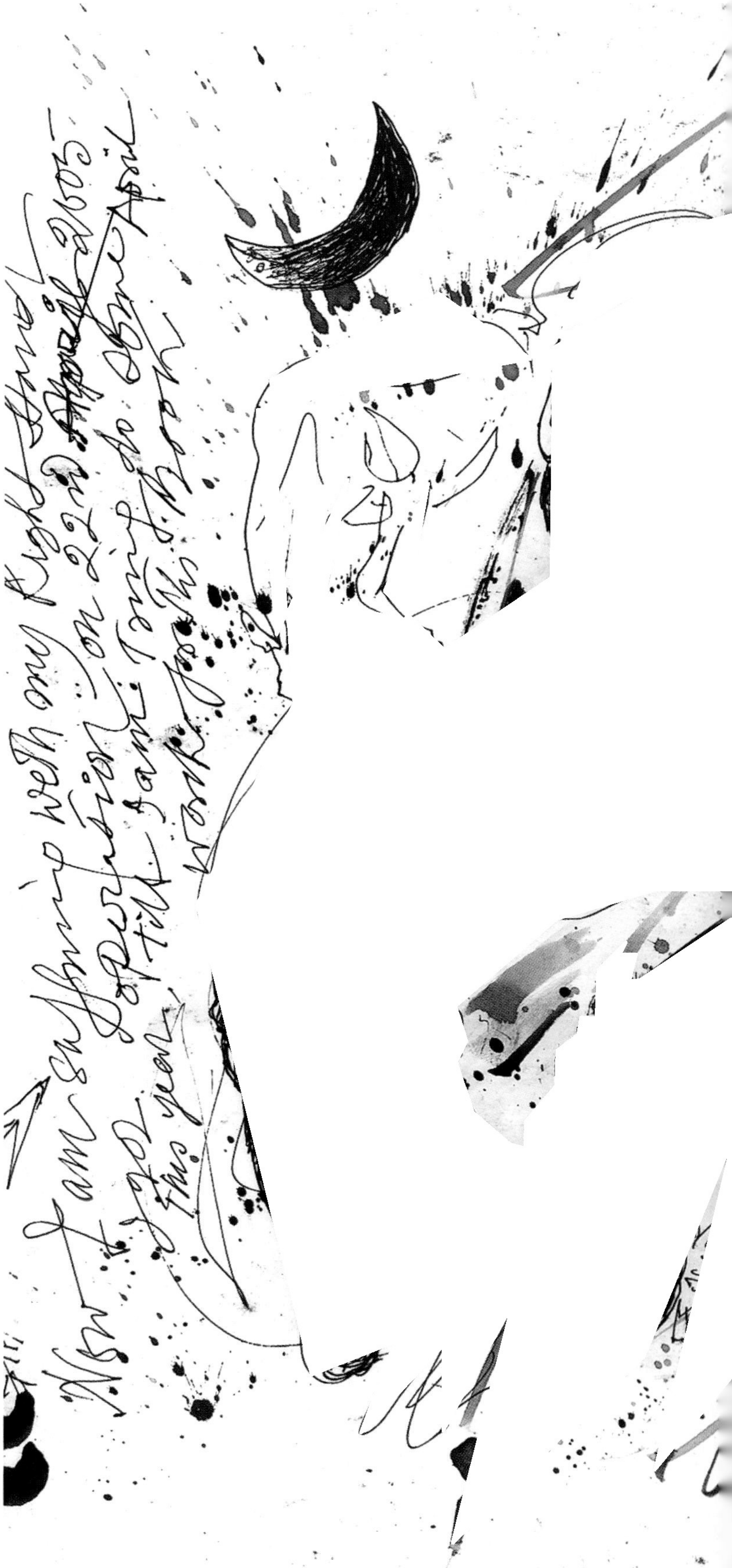

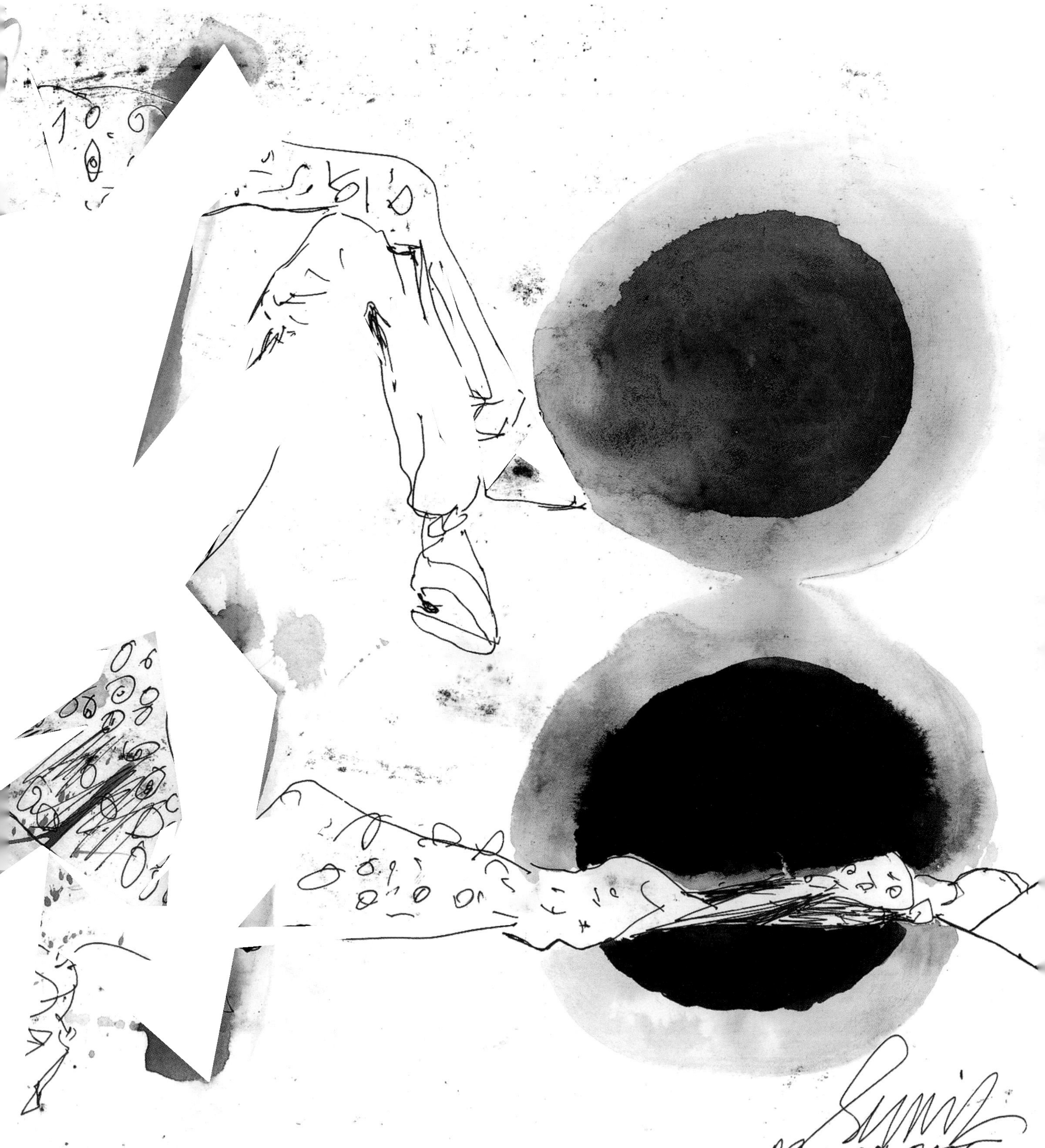
May 25, 2005

বুকে লেগে থাকে ক্লান্ত মাস্তুল
শূন্য নৌকার পাঁজরগুলি ধরে
প্রতিদিন দগ্ধ হই শিল্প-কামনায়।
শিল্পীর মৃত হাড় প্রেম খুঁজে বেড়ায়,
আমি জানি একা একা ভালবাসা
হয় না কখনও।
প্রাগৈতিহাসিক কফিনে শুয়ে
থাকব চিরকাল তোমাদের পাশে,
যুদ্ধ নয়, ভালবাসা, জিতে নেব তোমাদের;
উদ্ধত ঠোঁট রমণীর ব্যগ্রবাহু,
আমার জীবনের প্রথম চুম্বন!
আমি তো তেমনি আছি এই গভীর রাতে
পৃথিবীর সমস্ত কবিকে ভালবেসে।

ফ্যাসবিন্দরের শব্দহীন রাতগুলো
আমার নিদ্রাহীন মহাসমুদ্রে তাঁবু খাটিয়ে
আজও জেগে আছে।
সাইবেরিয়ার শিলাকীর্ণ গুহায় নিরো এখন
হুইস্‌ল বাজিয়ে চিৎকার করে
অবিন্যস্ত বিছানায় ডুবে যায়।
মাঝরাতে উঠে দেখি ধূর্ত পণ্ডিতের দল
ফিসফিস বাতাসে খোঁজে দীর্ঘ জীবন!
বিঠোভেনের নীল সমুদ্রে প্রহরীর মতো,
শতাব্দীর প্রতিশ্রুতি নিয়ে আমি একা
আজও জেগে আছি।

২৫শে চৈত্র ১৩৯০ ব্যস্ততার জীবন
এক মুহূর্তে কেঁপে উঠে, যন্ত্রণার শিকার!
আগুনকে এত ভালবাসতাম—আগে
বুঝিনি কখনও, এক অলৌকিক যুদ্ধ
আমার অঙ্গে ছিটিয়ে দিল রক্তের ফোঁটা!
কবি শান্তনু ফিসফিস করে
হুইস্‌ল বাজিয়ে বলে, ঠিক হয়ে যাবে
আমি প্রতিশ্রুতির ফানুস উড়িয়ে
বসে আছি।
মাঝরাতে ঘুম ভেঙে গেল।
দা ভিঞ্চি দাঁড়িয়ে আছে
জাদুকরের পোশাকের মতো!
ফ্যাসবিন্দর তখন আমার বিছানায়
মুহূর্তে পৃথিবীর তখন তিনজন এক!
সবাই আমরা ছবিগুলো রেখে যাব
মানুষের কাজে।
আমার প্রতিশ্রুতি অপেক্ষা করে
মৃত্যু বসে একা একা রাত জাগে।

১৯৮৪

In My Time, My World

In my time those who had loved the world
They have now all returned;
I am still here with the century's primitive love
Alone, next to you
Everyone is indifferent in this world, the trap of politics
Makes them slip,
They are the only ones of my friends who survived;
I don't know any one of them;
On the ledges and footpaths, moss has grown.

I can blow the whistle to a shrill high
In my cage there are imprints of more than one face,
Within the machinery of painting
Countless vulgarities in the name of art.
Everyone caught in a traffic jam, heart-rending outcry
Sighs in the air
Many evenings have drifted away, just walking and walking
In intimate togetherness.
I know for certain that you will recognize me
Angry *amour propre* wild emotion in the heart,
Only the echo of thirst in a blocked path
In order to revise thoroughly
The concluding section has remained overdue
In my heart rises passive tears
The snake within its skin, changes colour,
Wily politics of the world of art
As if it's one's patriarchal inheritance

Yet I still look for the golden lotus,
The entire orbit of the sun
Winter and summer revolve touching depression
In a space where youth is eternal
How many times has the face of history changed
But primeval sun remains awake nevertheless
They don't understand me
In my mind nestles legendary figures.
I will leave behind my paintings
In the paths and lanes of the world, on the walls of the world
In human history.
Like a sailor addicted to the blue sea
I know almost all the particles of the domes
The artist's body is pasted on cardboard outside the blank paper
What a surprise! None of you
Know me! Surprise!
In my heart there sticks the tired navigator's wheel,
I hold on to the ribs of the empty boat
And burn everyday with the desire for art.
The dead bones of the artist search for love,
I know there can be no love

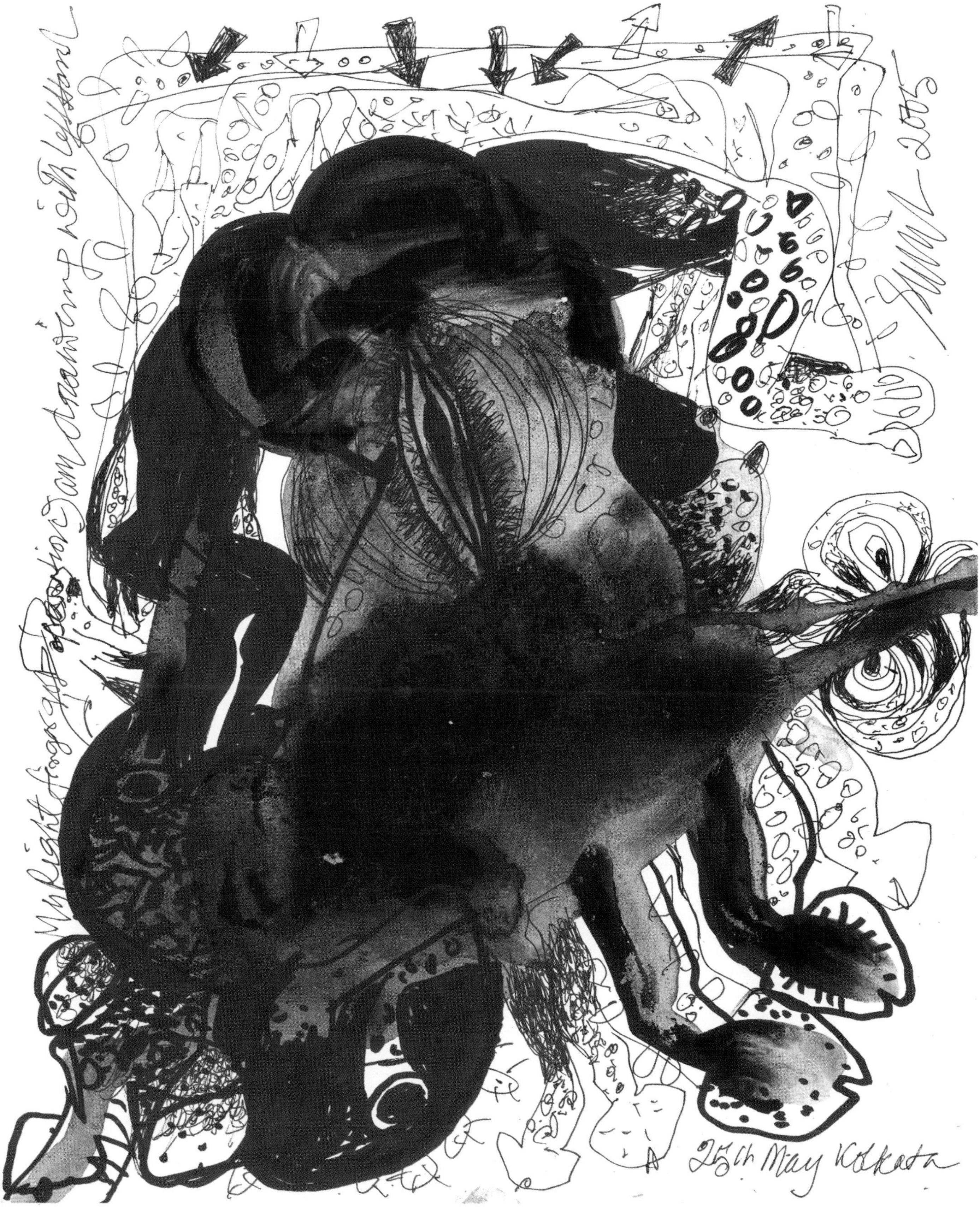
My Right fingers got operation I am drawing with left hand
25th May Kolkata

Ever, alone, all by oneself.
I will lie in the primeval coffin
Forever, beside all of you,
Not war, but love, I'll win from you all;
Wild lips, eager arms of a woman,
The first kiss of my life
I remain the same in this late night
Loving all the poets of this world.

Fassbinder's silent nights
Lie awake even today
In the tents put up in my sleepless oceans
Nero blows the whistle and shouts
In a stony cave of Siberia
Drowns himself in an unkempt bed.
At midnight I wake up to see the wily wise ones
Searching for a long life in the whispering air!
Like a guard in the blue seas of Beethoven
With the promise of the century
I keep awake even today.

25th *Chaitra*, 1390, in a busy life
In a moment trembles the pain of the victim.
That I loved fire so much-
I had never known before, how a magical war
Sprayed my body with drops of blood!
Poet Santanu whispers
He blows the whistle and says, Everything will be all right
I have flown the lighted paper balloon of promise
As I sit here, waiting.
At midnight my sleep was disturbed.
Da Vinci stood there
Like a magician's costume!
Fassbinder was then in my bed
In a moment, all three became one in this world!
All of us will leave behind our pictures
For the use of mankind.
My promise waits
Death sits alone, awake in the night!

1984

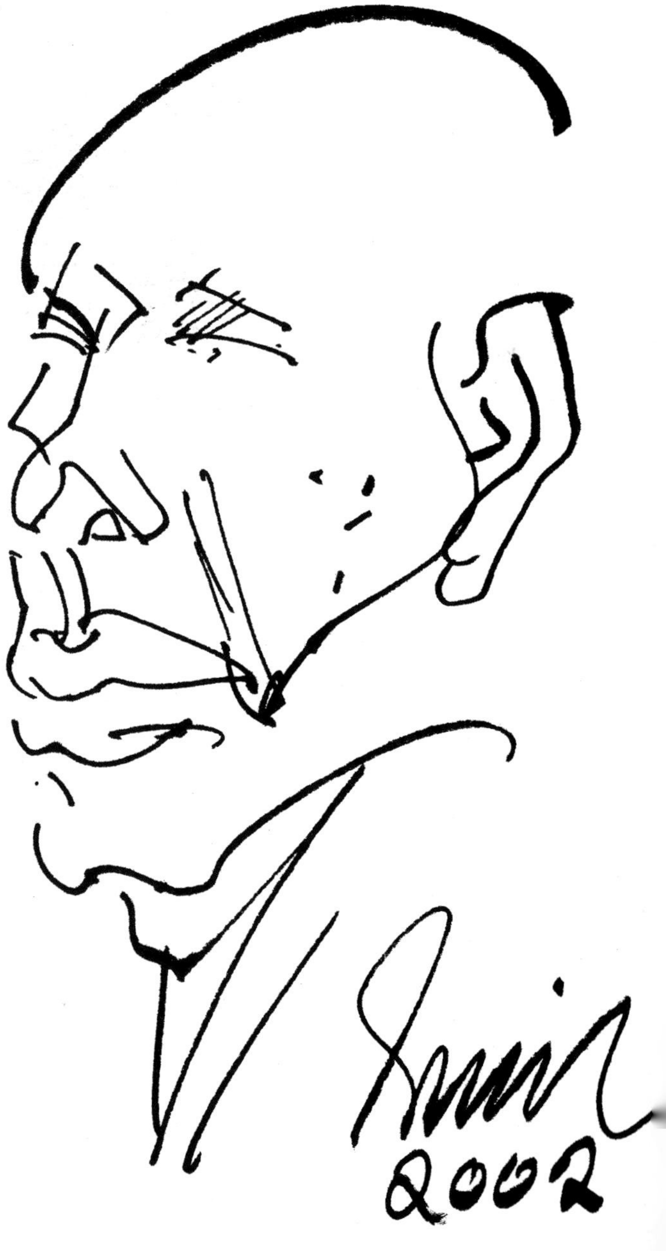

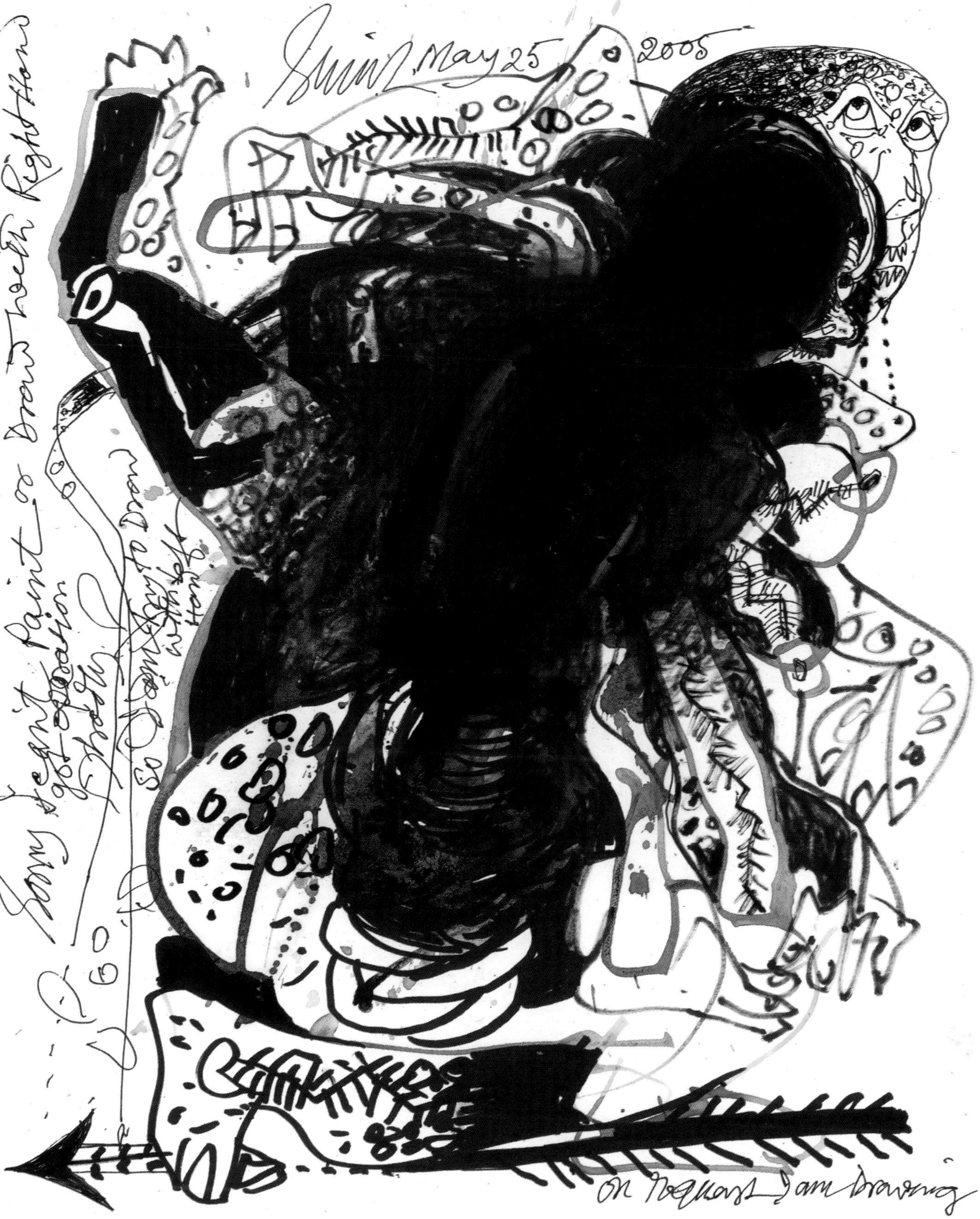
May 25 2005

চিঠি

রাতের অন্ধকারে খাদকরা যখন
ঘুরে বেড়ায় পাহাড়ের কোলে,
ওপার থেকে দু'হাত দিয়ে মেঘ সরিয়ে
যতই হাস না কেন তুমি নারদের ভূমিকায়,
এই পৃথিবীর বুকে তুমি আমাকে
কখনোই স্তব্ধ করতে পারবে না।
ভেবেছ, আমার পায়ের চাকায় শেকল পরাবে,
না, তা আমি কখনোই হতে দেব না;
তোমার চালাকি আমি ধরে ফেলেছি।
এভাবে আঙুলটাকে বোমা মেরে
ক্ষত-বিক্ষত নাও করতে পারতে,
বোমা ফসকে অন্যদের ক্ষতি হতে পারত,
তাদের জীবন নষ্ট হয়ে যেত!

ধূর্ত চাতকের দল চেয়েছিল
আমার পায়ের চাকা বেঁকিয়ে দিতে,
তারা পারেনি, কিন্তু তুমি পেরেছ;
হাতের আঙুলের খানিকটা মাংস
খাবলে নিয়েছ,
তোমার এতই খিদে!

এভাবে না নিয়ে বলতে পারতে
তোমার খিদের কথা, কানে কানে,
তাহলে ভোরের কুয়াশা থাকতে থাকতে,
কালীবাড়ি থেকে কচি পাঁঠার মাংস এনে,
স্বর্গের সিঁড়ি বেয়ে গিয়ে
তোমায় অর্ঘ্য সাজাতাম;
এই তো তোমাকে আমি চিঠি লিখছি—
এখন ভেবে দেখো, অন্য আঙুলগুলো
খাবলে নেবে নাকি!

চল্লিশ বছর ধরে অনেক ছবি
পৃথিবীকে আমি দিয়েছি,
এখন চারমাস বিশ্রাম
আমার দরজায় এসে দাঁড়িয়েছে,
যাতে আমি ক্ষান্ত হই;
তুমি নারদের ভূমিকা নাও নিতে পারতে।

২৮.৪.২০০৫

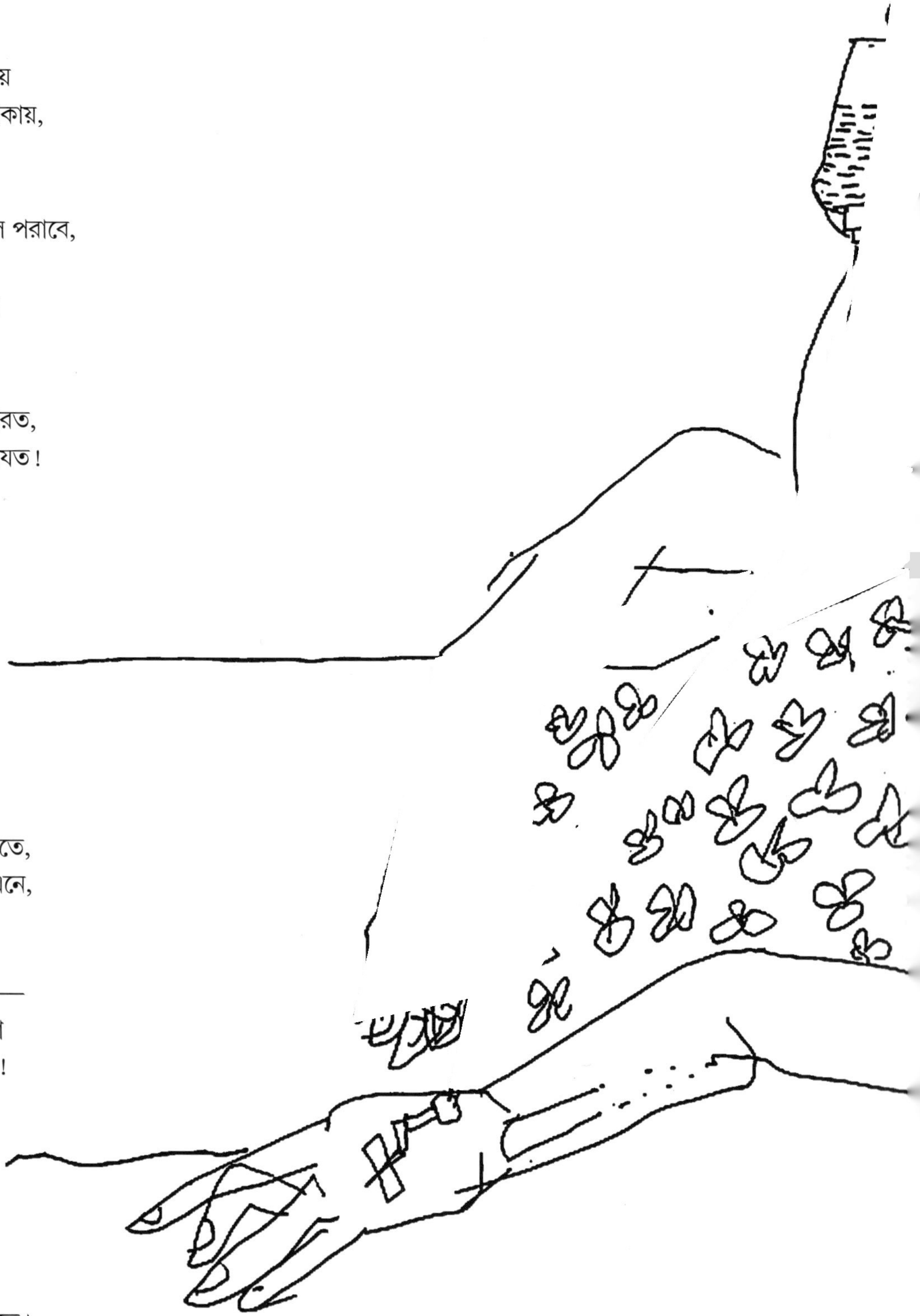

Sri Aurobindo Seva Kendra

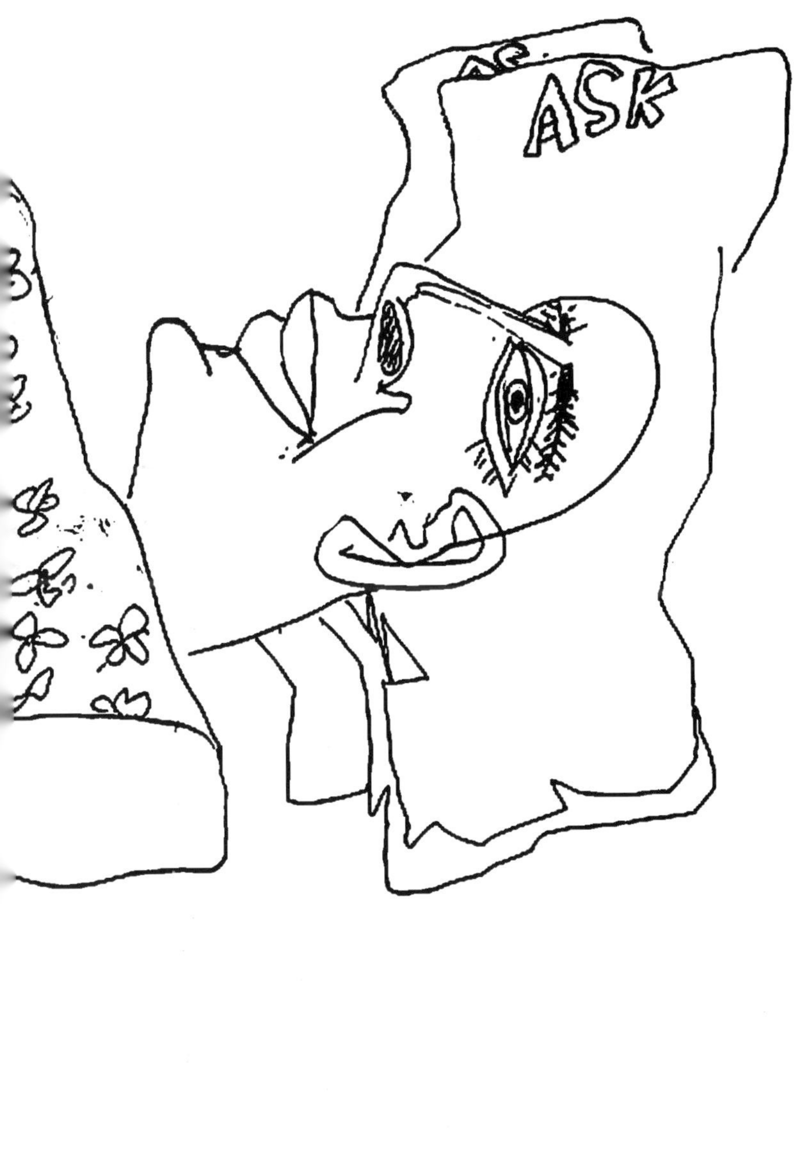

Sorry My friends I Can not Draw with Right Hand got operation on 22nd April 2005 I may not able to Draw or Paint for few Months I am Trying to Draw with left Hand for This Book.

Sunil
May 22
2005

Letter

In the darkness when
Predators roam the mountain side
From the other side, driving away the clouds with both hands
However much you may laugh in your role of *Narad**
You will never be able to silence me
As long as I stand on this earth
You fancy enchaining the wheels under my feet
No, I'll never allow that to happen;
I have now tracked your shrewd strategy!
You needn't have bombed and mutilated
My finger in this way
If the bomb had slipped, others would have suffered
Their lives could have been ruined.

The sly band of killers had planned
To bend the wheels under my feet
They couldn't; but you have done it;
You have pawed a chunk of flesh from my finger
Such is your hunger!

Instead of grabbing in this manner you could have told me
About your hunger, in whispering tone
Then while the mist of the dawn was still there
I would have collected fresh sacrificial goat meat from *Kalibari**
I would have climbed the stairs of heaven
And then dedicated it at your altar;
See, I am now writing a letter to you-
Think about it now- would you like to wrench off the other fingers!

For forty years many paintings
Have I offered to the world
Now a resting period of four months
Waits on my threshold
So that I can now give it all up;
You could have resisted the role of *Narad**

28.4.2005

** Kalibari- temple of the goddess Kali.*
Literal translation- house of Kali

** Narad- a mythological sage, super efficient in initiating quarrels between Gods.*
A tale bearer.

Translated by Sanjukta Dasgupta

ইন্দ্রনাথ বন্দ্যোপাধ্যায়

Indranath Bandyopadhyay

জন্ম ১৯৪২, বাংলাদেশের খুলনা জেলার চন্দনীমহলে। ছবি আঁকা শিখেছেন কলকাতার ইন্ডিয়ান কলেজ অফ আর্ট অ্যান্ড ড্রাফটসম্যানশিপে। প্রকাশিত বইয়ের সংখ্যা পাঁচ। এখন থাকেন কলকাতায়।

Born in 1942 at Chandanimahal of Khulna district, Bangladesh. Studied at Indian College of Art and Draughtsmanship, Kolkata. So far published four books. Lives and works in Kolkata.

অঞ্জলি

ন'টা বাজতেই
ঘন চোখ জুড়ে
জানান দেয় ঘুম—
দরজা পেরিয়ে
পাল্লায় ভর দিয়ে দাঁড়িয়ে বলে—
'খেতে দাও মা, খেতে দাও।'
মেয়েটা জানে মায়ের স্বভাব;
গ্যাস-উনুনে তরকারির ডাঁই...
নিচে নীল ফ্লেম
ঝকঝকে হিন্ডালিয়ামের কড়াই
খুন্তির খোঁচা দেবে কয়েকবার—
কাত হয়ে উস্কে দেবে মা—
আগুনের রেগুলেটর—।
একবার, দু'বার
অন্তত তিনবার
মেয়েটা বলে যাবে :
'ঘুম পাচ্ছে মা—
ঘুম পাচ্ছে—
খেতে দাও—।'
যদিও জানে, তক্ষুনি—
পরপর তিনটে চড়
সঙ্গে কিছু শব্দের হুলুস্থুল
হাত চাইবে বেণীসুদ্ধু চুল—
'রোজ আদিখ্যেতা
খাওয়া আর ঘুম, খালি ঘুম
সামনে ফাইনাল
গরজটা কার!'

তবু কী আশ্চর্য! প্রতিদিন—
ন'টা বাজতেই মেয়েটার
চোখ বুজে আসে
দরজা পেরিয়ে,
পাল্লায় ভর দিয়ে দাঁড়িয়ে বলে—
'খেতে দাও মা, খেতে দাও।'

সামনে ফাইনাল
সরস্বতী পুজো এসে গেল
দোকান থেকে এল—
টাটকা নতুন গন্ধমাখা
একখানি...
বাসন্তী শাড়ি।

Offering

Nine o'clock
Over drowsy eyes
Comes sleep—
Pushing past the door,
She leans on it and says
'Give me something to eat ma,
give me something to eat.'
Daughter knows her mother's ways;
Heaps of vegetables cooking on the gas oven
Under it the blue flame
Gleaming Hindolium frying pan
She's going to stir it with her spatula
a couple of times...
Mother will bend down to turn on
The oven regulator—
Once, twice
At least thrice
The daughter will keep on saying;
'I'm feeling sleepy Ma—
I want to sleep—
Give me my dinner—!
Though she knows that at once—
Three slaps one after another—will follow—
A volley of angry words
A hand will dart forward to grab her braided hair.
'Such antics I see everyday
She just eats and sleeps, always sleeps
Final exam only days away
Who's going to pay attention to that?

Amazing, though! Everyday
No sooner does the clock strike nine
Than her eyes close, she falls asleep
Pushing past the door,
She leans on it and says—
'Give me my dinner ma, give me my dinner'

Final exam only days away
Saraswati Puja's just round the corner
From the saree shop has come—
A light orange saree
Awash with fresh minty smell

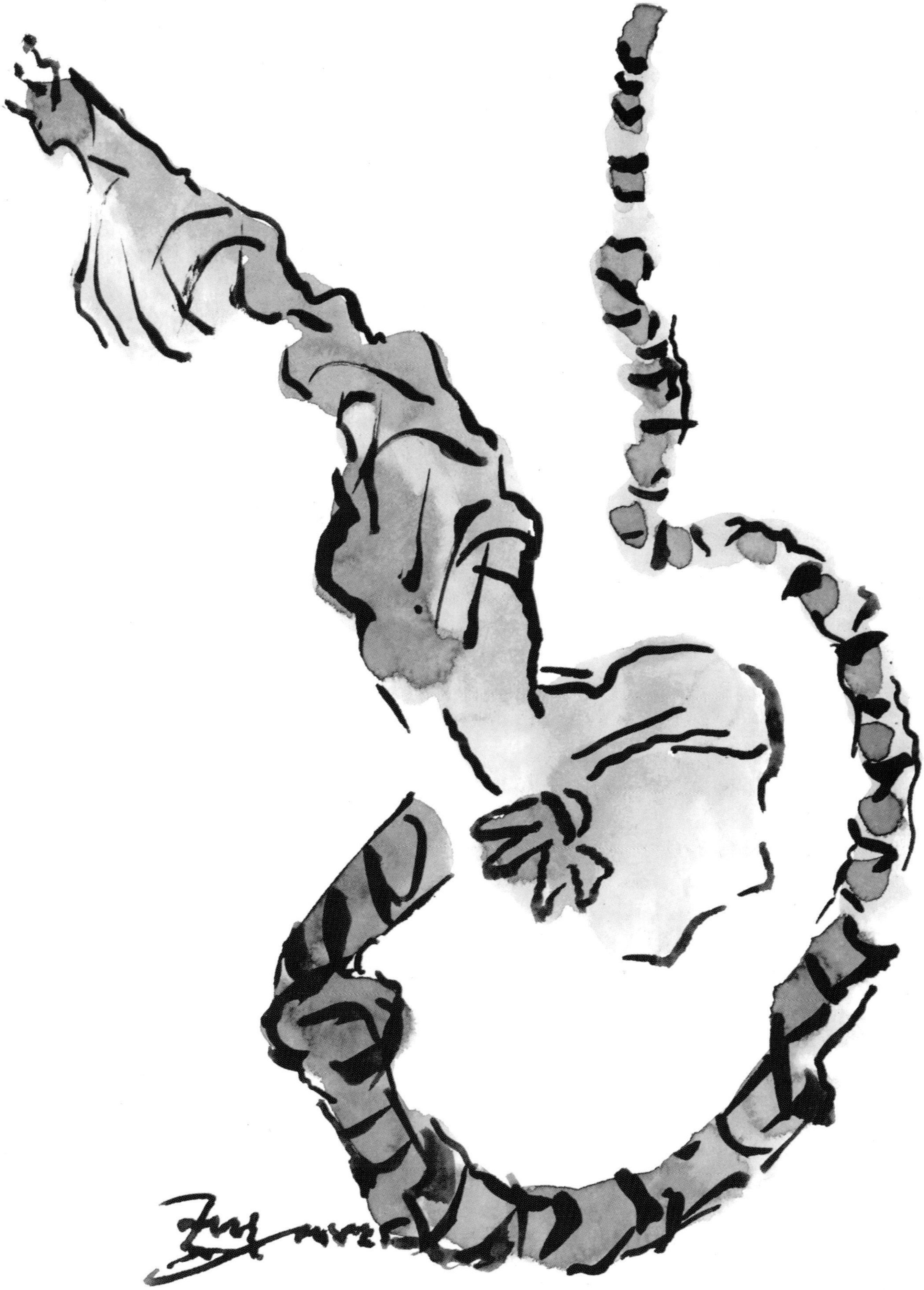

পুজোর দিন মা বলল :
'আজকে উপোস
অঞ্জলি দিবি; বলবি—
যেন জোটে স্টার
ভাল করে
বারবার বলবি—কেমন ?'

ওদিকে উত্তুরে হাওয়া,
গুমোট গরম,
বৃষ্টির দেখা নেই, তবু—
কী যে একটা মাস !
অবশেষে পাসের খবর
সাদামাঠা সেকেন্ড ডিভিশন।
থমথম বাড়ি
'শত্তুর, শত্তুর—'
মায়ের বিলাপ !
পাড়াপড়শির বাঁকা চাউনি,
মুচকি হাসি
সান্ত্বনার জলবিছুটি—
তাসের আড্ডাফেরত
বাবার গলা :
'যেমন মা, তেমনি মেয়ে।'
ভ্যাপসা গরম
নিঃশ্বাসে হিসহিস শব্দ
প্রত্যুত্তরে দাঁতে দাঁত পিষছে মা !
গরম সিসের স্রোত
কানে এসে লাগে যেন—
মেয়েটার, শোনে—
'গলা টিপে
খুন করলে
তবে হত শান্তি, আমার।'

ইনিয়েবিনিয়ে তবু,
কেটে যায় রাত—।
মেয়ে কোথায় ? কোথায় মেয়ে ?
কেঁদে উঠল মা,
ফুঁপিয়ে, জোরে
চিৎকার করে—
'পুলিশে খবর দিন;
কারও বাড়ি—
চলে যায়নি তো না বলে ?'
'কোনও বন্ধুটন্ধু ?
কেউ... ?
ছিল কি তেমন ?'

Said mother on the day of the Puja;
'Today you must keep a fast
You shall offer *anjali* to the goddess; and pray—
May I score a star marks
Say your prayer well
Say it again and again—won't you?'

Out there the North wind,
Sultry heat,
No sign of rain, yet—
What a month!
At least the news—she has got a pass
An ordinary second division.
An uneasy lull in the house
'Enemy, you are my enemy—'
Mother laments!
Neighbours look out of the corner of their eyes,
Smirk chuckle
Nettle of consolations—
Back home after the evening session of cards
Father's retort;
'Like mother, like daughter.'
Stuffy heat
huffing puffing hissing angrily
Mother grinds her teeth in reply!
It is as if a stream of molten lead
Hits her ear—
She hears—
'If I strangled
Her
I would have had some peace, peace'

Yet, somehow, sob-sigh—
The night wears on—
Where's the girl? Indeed where is she?
Ma burst out weeping—
Sobbing aloud
She shrieks—
'You had better inform the police;
Is it possible that
She's gone to a relative's place without telling you?'
Or to a friend's?
Or someone...?
Did she have a boy-friend…?

North wind,
Sultry heat,
No sign of rain, yet—
What a month!

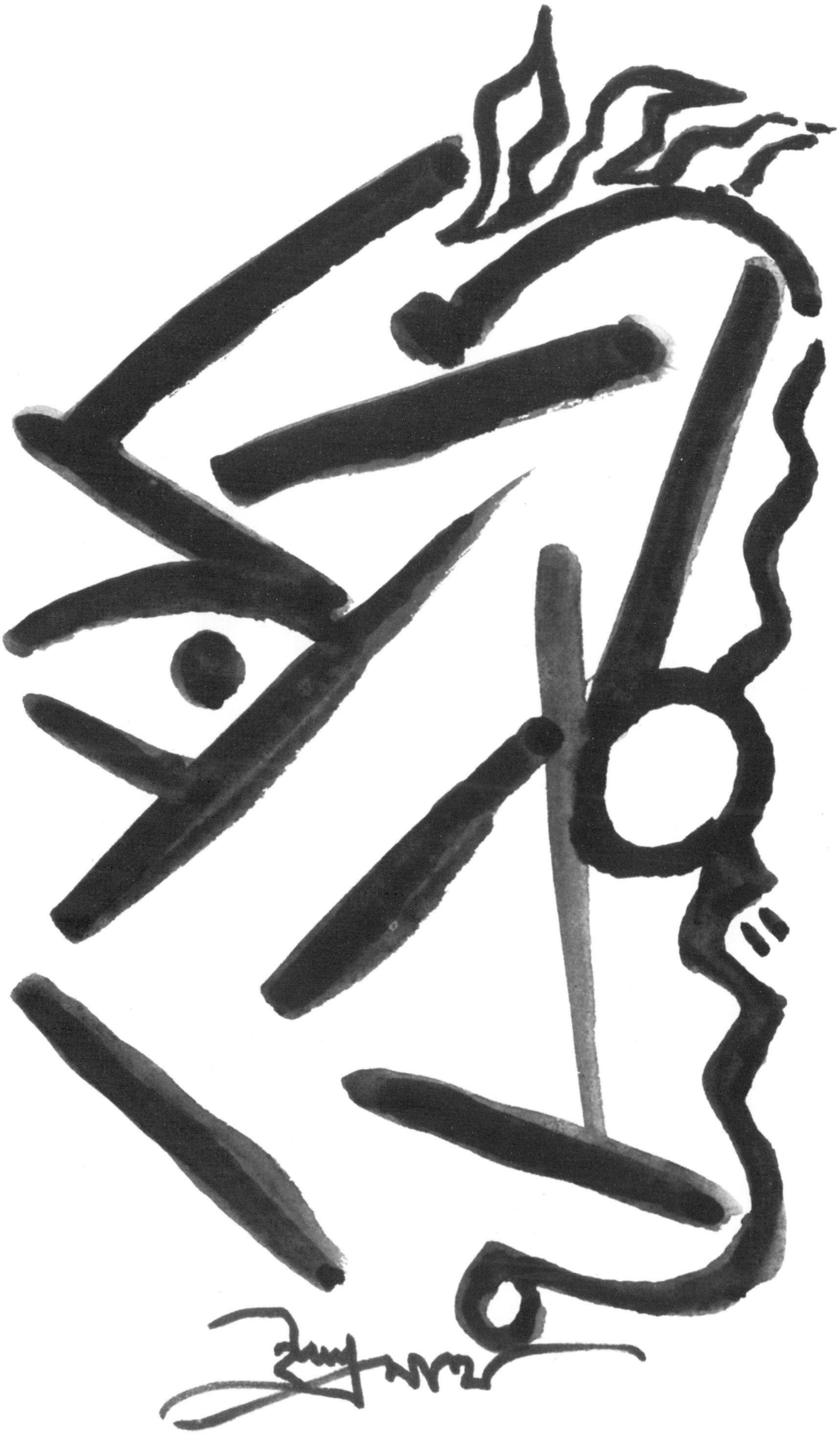

উত্তুরে হাওয়া,
    গুমোট গরম,
        বৃষ্টির দেখা নেই, তবু—
            কী যে একটা মাস!
নক্ষত্রের বরণডালা গলে
    কিশোরী কোমল
        পরনে বাসন্তী শাড়ি
            শূন্যে দোদুল, প্রান্তের আঁচল—
বাবার শোক
    স্তব্ধ পাথরের মুখ
        মায়ের বিলাপ—
            'শেষে বুঝি এই ছিল মনে!'

থেমে গেল শোক
    থেমে যায়,
        ক্যালেন্ডারের পাতা ওড়ে
            আবার অঞ্জলি—
আবার ন'টা বাজলেই
    চোখভর্তি ঘুম
        নেমে আসবে—
দরজা পেরিয়ে
    পাল্লায় ভর দিয়ে দাঁড়িয়ে বলবে
        'মা, ঘুম পাচ্ছে, খেতে দাও...।'
তারপর...
    সেই পুরনো পাঁচালি...
        একই ভাষা, একই রকম...
            কিছুই কি অন্যরকম হয়?
এবং তারপর? তারপর?
    নানান রঙের ফাঁস
        সপাং সপাং চাবুকের শব্দ শুধু—
তবু না—
    এ যে মধ্যবিত্ত—
        মরেও না, মারেও না।

'ঘুম পাচ্ছে মা
    খেতে দাও...
        ঘুম পাচ্ছে মা, ঘুম...।'

১৯৯১

Welcome tray of stars dissolves
    A tender girl
    Draped in a light orange sari
    Dangling in air—end of the sari tied in a noose
        round her neck—
Father's grief
    Stupefied stony face
        Mother's lamentation—
            ' so this is what you had in mind!'

Grieving ceased
    It does,
        The pages of calendar flutter in the wind
            Another Puja has come round—
Again on the stroke of nine
    Sleep will descend
        Over the drowsy eyes—
Pushing past the door
    She will lean on it and say
        'Ma I'm feeling sleepy. Give me my dinner,'
And then...
    The same old tale...
        The same old violent language, scene
            Does anything ever happen differently?
And then? Then?
    A labyrinth of many coloured nooses
    Only the savage whiz of a cane—
It's not over yet, no
    After all it's the middle class
    They neither die nor kill
'I'm feeling sleepy Ma
    give me my dinner...
        Feeling sleepy, Ma
            Sleepy...'

1991

Translated by Subhransu Maitra

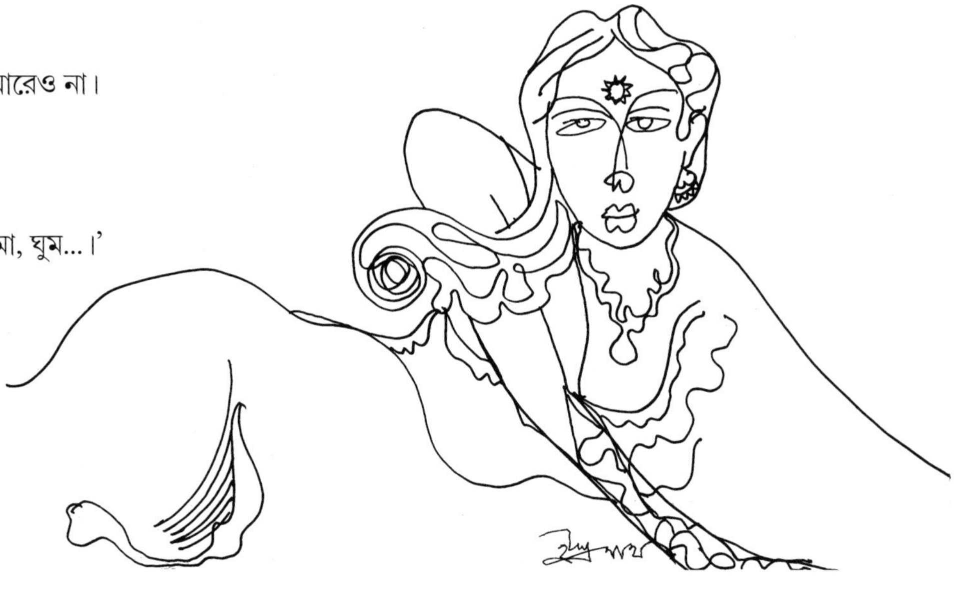

শুভাপ্রসন্ন

Shuvaprasanna

জন্ম ১৯৪৭, কলকাতায়। ছবি আঁকা শিখেছেন ইন্ডিয়ান কলেজ অফ আর্ট অ্যান্ড ড্রাফ্‌টসম্যানশিপে। সম্পাদনা করেছেন দুটি দ্বিভাষিক কাব্য সঙ্কলন — *নীলিমা ও নৈরাজ্য* (১৯৭৬) (শক্তি চট্টোপাধ্যায়ের সঙ্গে), এবং *বিস্মিত নীরব* (১৯৯৮)। এখন থাকেন কলকাতায়।

Born in 1947 in Kolkata. Studied at Indian College of Art and Draughtsmanship, Kolkata. Edited two bilingual collection of poems – *Anarchy and the Blue* (1976) (with Shakti Chattopadhyay) and *Wondering Silence* (1998). Lives and works in Kolkata.

চড়াই কিংবা ফড়িং

এই সরোবরে দুধ মেশানো আছে
আমি রাজহাঁস হতে চাই—
শুধু তাই নয়, অসংখ্য পাতিহাঁসের মাঝে
উন্নত গ্রীবা আর হিরণ্ময় শুভ্রতার খোলসে
ধুরন্ধর আমি, ধুরন্ধর হতে চাই।

উট দেখে উটমুখো শব্দটা মিলিয়ে নিই
হাসি আসে—।
আমি উটমুখো হতে চাই না।

নির্জন দুপুরে গগনচারী শঙ্খ চিলের মতো
ভাসতে-ভাসতে ভাবি
মুঠো মুঠো নক্ষত্র লুটের কথা—

কী করব আমি এত নক্ষত্র নিয়ে!
উটমুখো বরং ভাল—
সে তো বুদ্ধিজীবীর চেয়ে নিরাপদ

পাতিহাঁস, সেও ভাল—
কেন চড়াই কিংবা ফড়িং...।

২০০৫

Sparrow or Grasshopper

This lake has milk in it
I want to be a swan
Not just that, in the midst of numerous ducks
Strutting my raised nape and serene whiteness
I want to be the leader, the leader that I am.

On seeing a camel, I try to figure out what a camel-face suggests,
I feel like laughing

I don't want to be a camel–face

During a forlorn afternoon
Like a soaring kite
I float in the sky and think of looting handfuls of stars
What would I do
With so many stars in hand?
I feel it's safer to be a camel - face than an intellectual
A duck? Even that's alright—
Or a sparrow , maybe a grasshopper!

2005

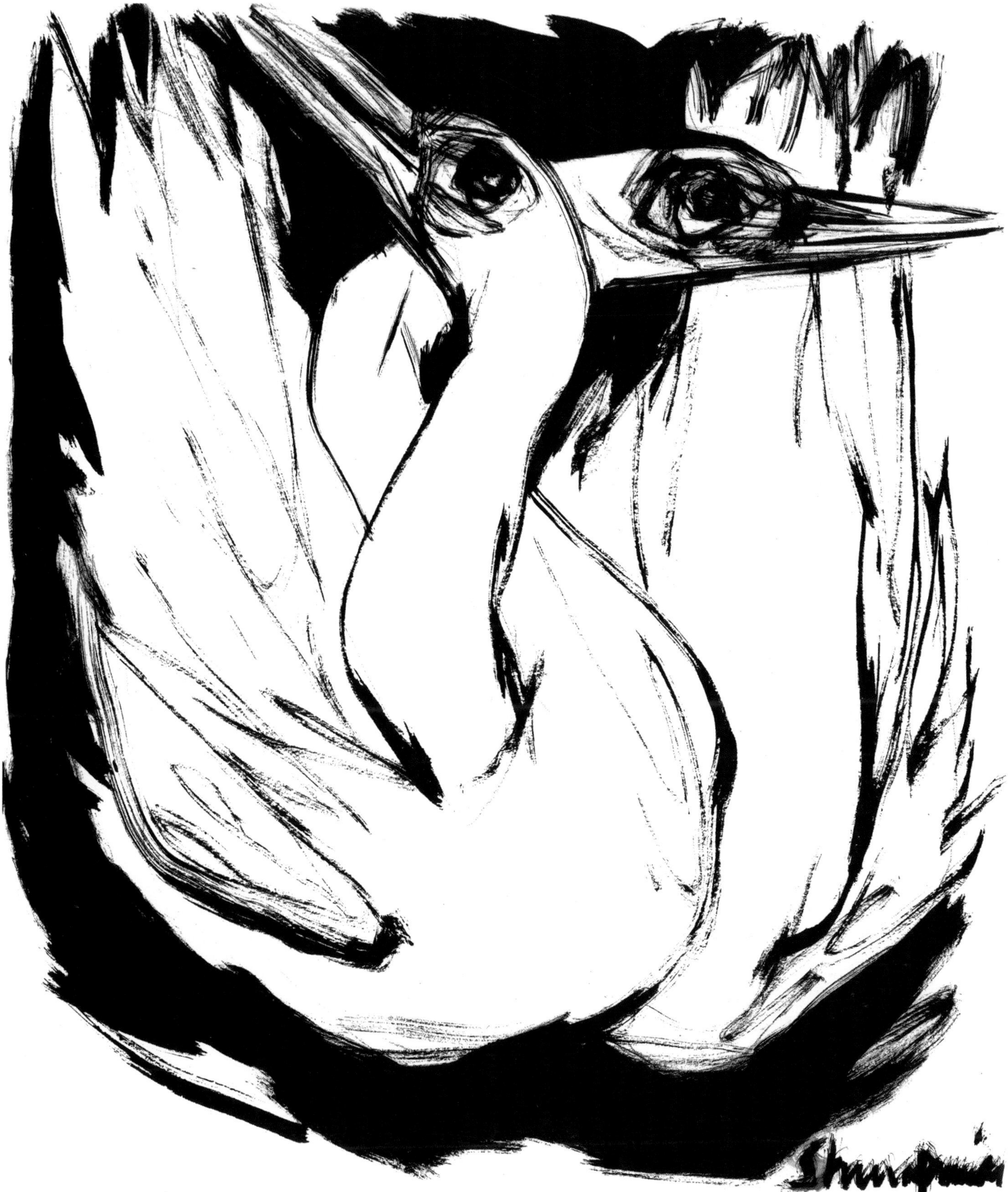

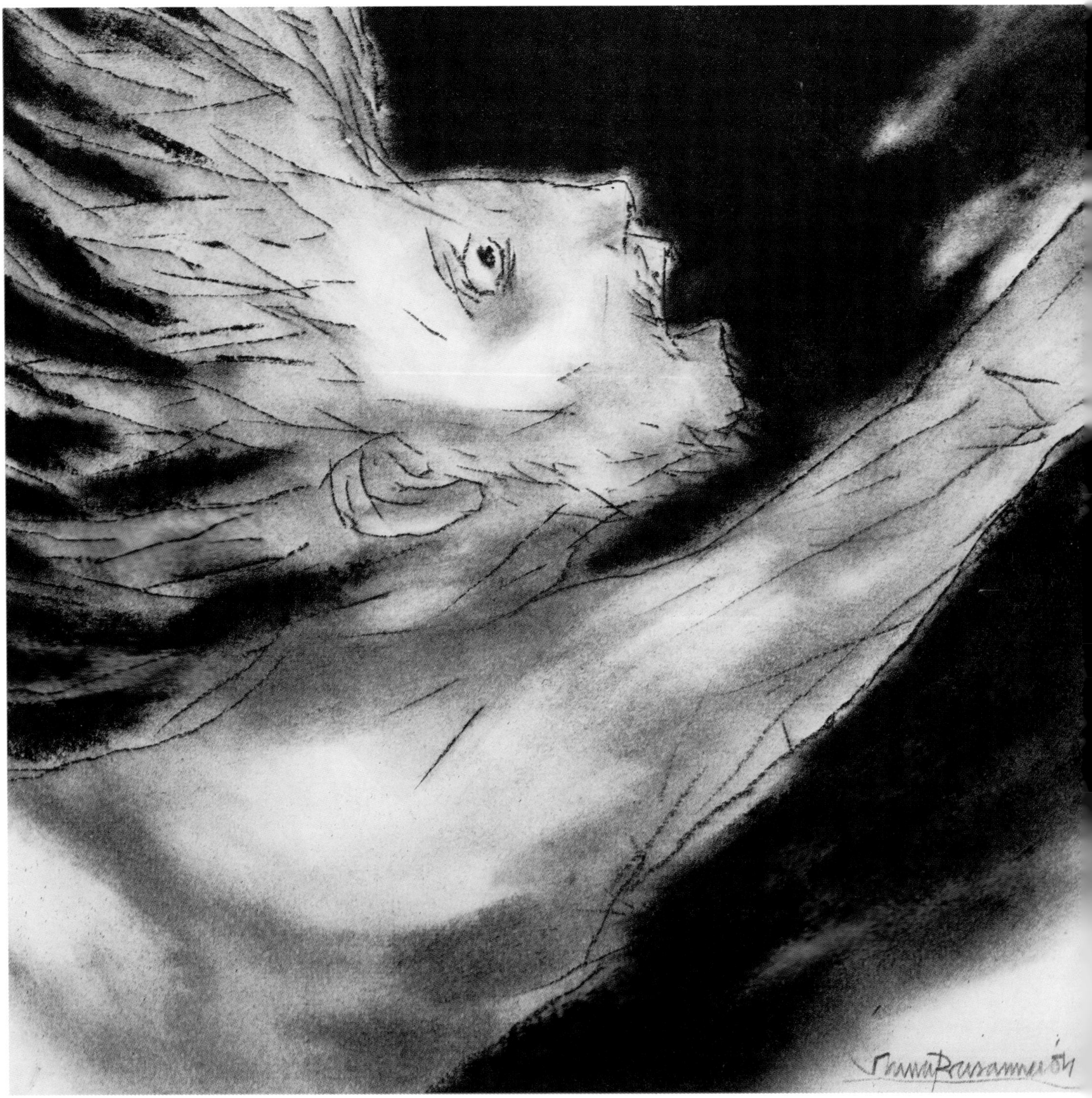

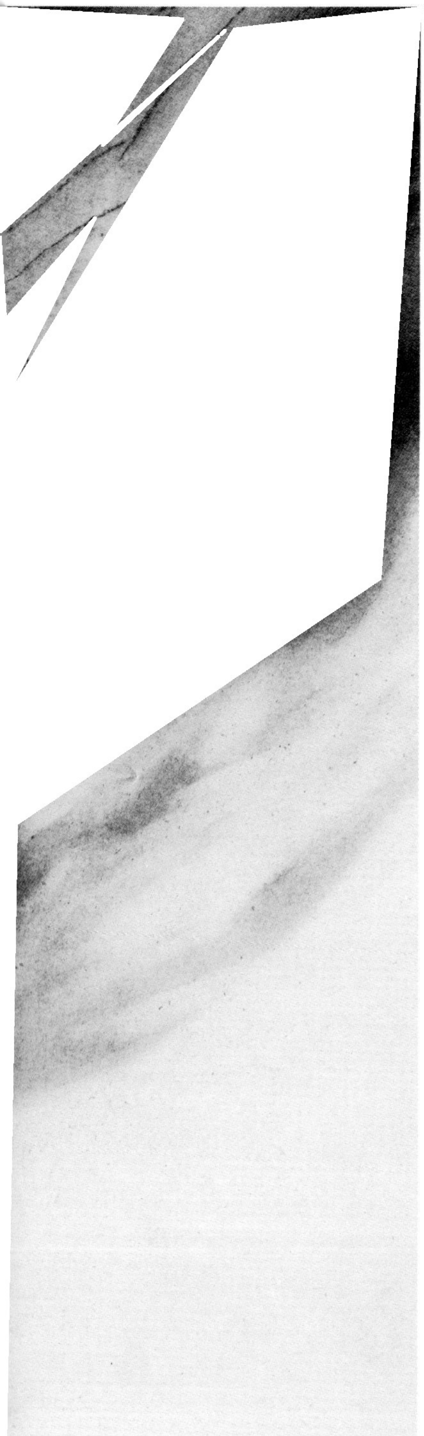

কে কাকে চেনে?

তুমি কি আমায় চেনো?
কেমন সব বদলে যায় আকাশ বাতাস
গন্ধ, স্বাদ—তুমিও।

তবুও সেই চাওয়া—সেই আলো, সেই স্বাদ

ভূখণ্ডের কোনও এক পরিচিত স্থানে রোজ এসে দাঁড়াই
ঘড়ি দেখি ছ'টা দুই কি তিন
কত কিছু অক্ষর পেরিয়েছে ঘড়ি ইতিমধ্যে
আমি কিন্তু চেনা সময়ে ছ'টা দুই কিংবা তিনে।

তুমিই পেরিয়ে এসো না ইতিমধ্যে
চেনা সময়ে চেনা হয়ে যাই।

কিংবা কিসের তাগিদ ঘড়ির কাঁটার মতো
সময়ে টিক টিক
হৃদয়কে বাঁচিয়ে রাখার এই যন্ত্রশব্দ।

বরং হারিয়ে যাও—
স্মৃতি গন্ধ বিস্মৃতির সাইক্লোনে
ওলটপালট হয়ে যাক।

এসো নতুন দেখি তোমায়—
কে কাকে চেনে?

২০০৫

The Mystery of Recognition

Do you recognize me?
It seems strange how everything changes
The sky, the wind, the taste, smell ,and
even you
still longing for the light , that flavour
I wait daily at some familiar spot on this earth
I look at the watch— two or three minutes past six
The hands of the clock have gone past
So many letters by now
But for me it's always the same—two or three minutes past six

Why don't you cross over now
We will get to know each other during this known hour

Or what is the motivation , like the ticking of the clock
That keeps the mechanized sounds of heart beat alive?
Instead go and get lost
Let the cyclone of forgetfulness make the whiff of memories topsy-turvy

Come let me observe you anew
No one recognizes anyone

2005

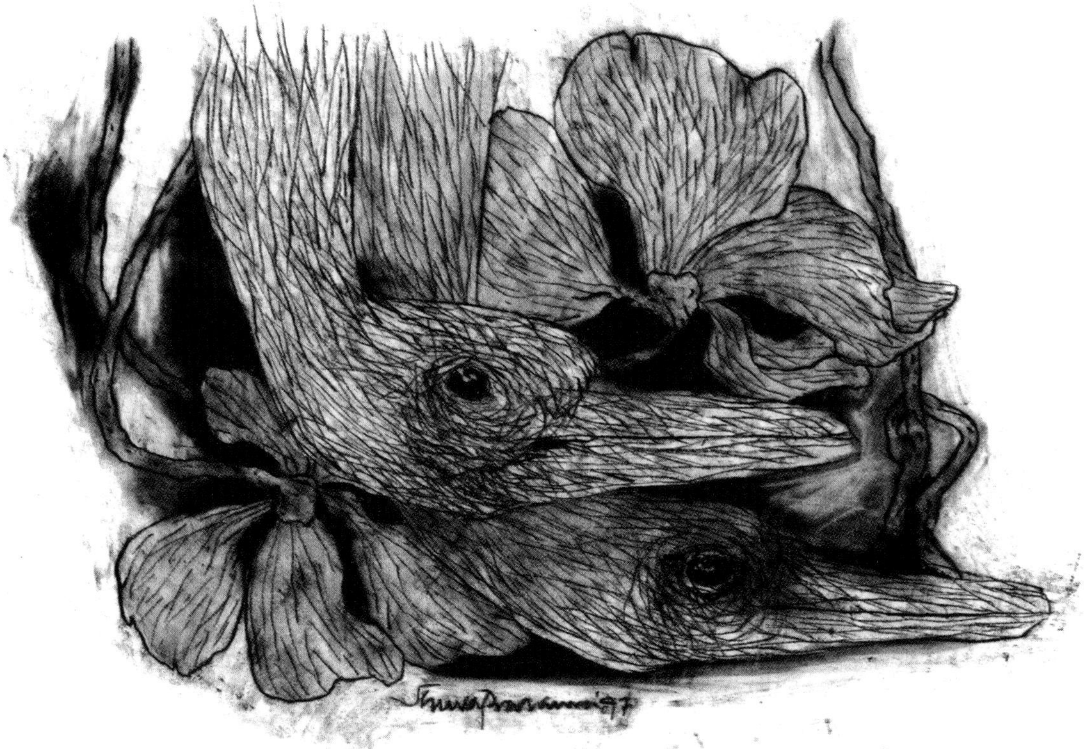

স্বপ্ন, তুমি কি আমায় ক্ষমা করে দেবে?

তুমি তো আমার কাছে চাওনি কিছুই—
তবু দায়বদ্ধ কিসে আমি বলো পৃথিবী?
অথচ, রোজ রোজ মাথাকুটে মরি
ঘুমে অবচেতনায় নিশ্চিন্ত হইনি কতকাল!
কোনও ফাঁক নেই—ফাঁকি দিতে ইচ্ছে হয়।
চারিদিকে সশস্ত্র প্রহরীরা ঘিরে থাকে—
তুমি তো চাওনি আমার কাছে কিছুই—

একটা স্বপ্ন গড়তে ছাপ্পান্ন বছর পার করে আমি
পালিয়ে বেড়াই—
স্বপ্ন তাড়া করে অহরহ।
কে বলেছে স্বপ্ন গড়তে আমায়?
তুমি তো কোনও অজুরা দাওনি পৃথিবী!
তবু দায়বদ্ধ কিসে আমি?

ব্যর্থতার স্বেদ ঝরে যায়—
যদি না গড়তে পারি,
যদি সে ক্ষমতা হারাই—
স্বপ্ন, তুমি কি ক্ষমা করে দেবে?

তুমি তো অবয়বহীন উদার—
আমার আকাঙ্ক্ষাকে একটু প্রশ্রয় দিও
অন্তত ভাবতে পারব আমার এক জীবন ছিল—
এ পৃথিবীতে।

২০০৫

Will you forgive me, my dream?

You have not asked for anything
But why am I still committed to you my earth

Still everyday, I break my head
I'm never at peace , not even in sleep or in oblivion
there's no loophole, I want to give the slip
Armed guards surround from all directions—
You have not asked anything from me—

I have taken fifty six years to fabricate a dream
Now I'm running away from it
The dream chases me day in and day out,
Who had asked me to build up dreams?
You have not given me any contract, my earth
Then what is my commitment?

The sweat of failure drops down---
If I fail to build
If I lose that power----
Dream, will you forgive me?

You are a formless munificence
Please indulge in my wants
I can at least think I had a life on this earth.

2005

Translated by Barnali Roy

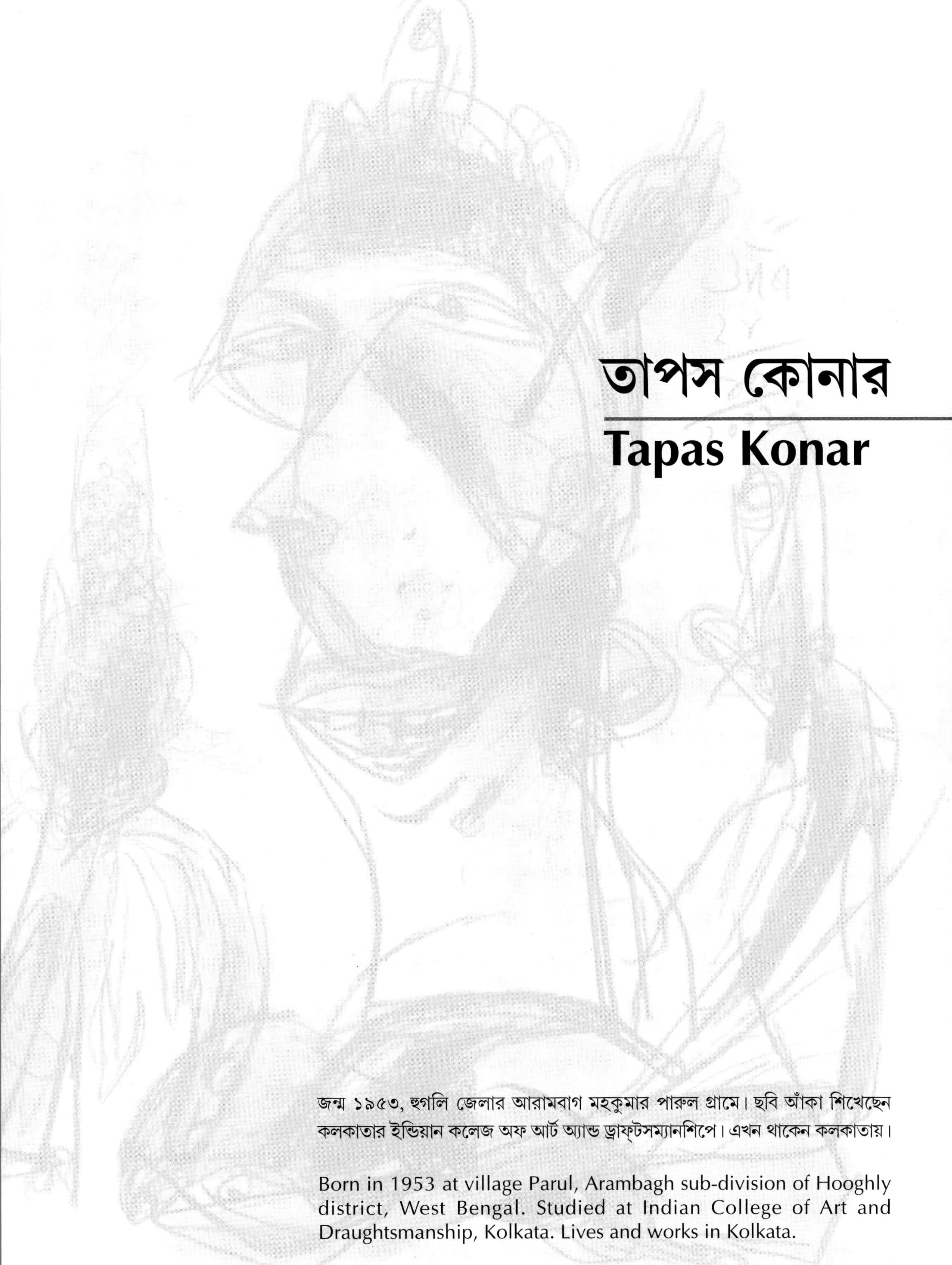

তাপস কোনার
Tapas Konar

জন্ম ১৯৫৩, হুগলি জেলার আরামবাগ মহকুমার পারুল গ্রামে। ছবি আঁকা শিখেছেন কলকাতার ইন্ডিয়ান কলেজ অফ আর্ট অ্যান্ড ড্রাফ্‌টসম্যানশিপে। এখন থাকেন কলকাতায়।

Born in 1953 at village Parul, Arambagh sub-division of Hooghly district, West Bengal. Studied at Indian College of Art and Draughtsmanship, Kolkata. Lives and works in Kolkata.

চিত্রকর

তিনিই যেন অন্য মানুষ—মানুষ কেটে দু'ভাগ করেন
শূন্য থেকে পায়রা এনে শূন্যে মেলান,
ঐন্দ্রজালিক আলংকারিক—
পিছন থেকে বৃষ্টি আসে
অশব্দ সংকেতে দুটি বাঘের থাবা,
সমালোচক লুকিয়ে থাকে হরিণ খোঁজে
জঙ্গলে বাঘ আড়ি পাতেন ব্রহ্মচারী

৮.৫.২০০২

The Painter

As if he (himself) was a different man—he cuts men in two
Pulls pigeons out of the thin air only to spirit them away,
Magician rhetorician—
Rain surges forward from behind
Two tiger paws making a noiseless signal,
The critic lying doggo looks for deer
Tiger's in the forest, the celibate eavesdrops

8.5.2002

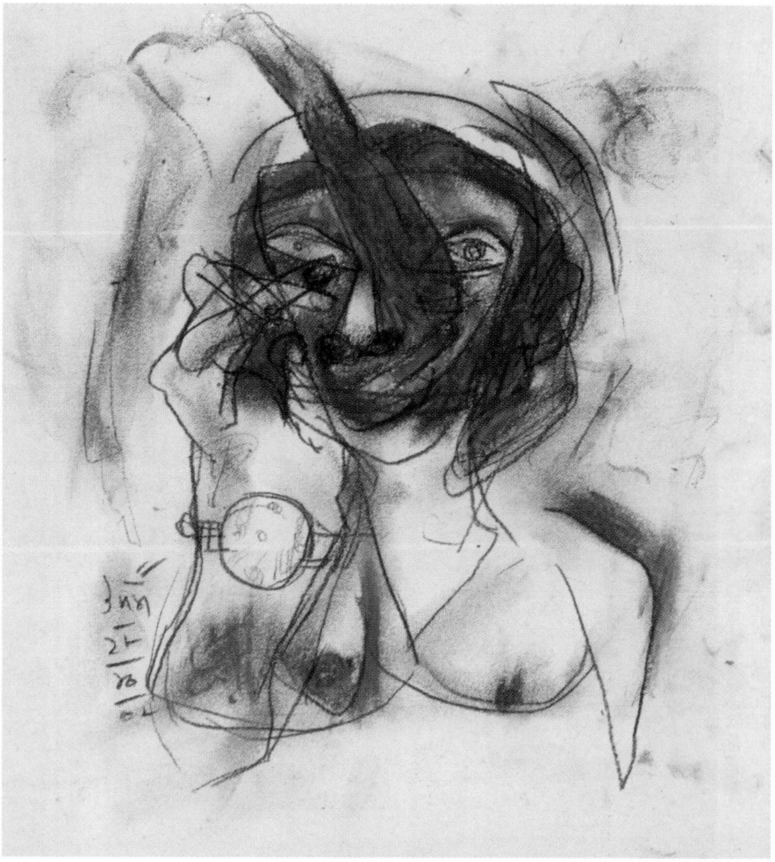

গ্রামের স্মৃতি

আমাকে জাগিও শেষ রাতে—যদি জেগে ওঠো
কলতলার আলো জ্বেলে দেখো—ভারি আমগাছ
জেগে আছে—বেগুনের সারি ঝুলছে ঘুমহীন
হাহাকার করছে আমলকী—
তোমাকেই ফিরে যেতে হবে, কৃষ্ণপক্ষ ভিজে নীল রাত
বাদামি বাতাস দুলে দুলে—ও আঙুলে ও চুলে মাখামাখি
বলবে ফিরে এসো, ফিরে এসো শেষ রাতে যেও না

৭.৫.২০০০

Village Memories

Wake me up in the small hours of the night—if you wake up
Light the lamp at the tap stand and look—the heavy mango tree
Keeps awake—aubergines dangle in a sleepless row
The myrobalan is wailing—
It is you who will have to go back, to the sodden blue night of the new moon
Brown wind swaying—entwining your fingers and tangled hair
Will murmur, 'come back, return, do not go away in the small hours of the night'.

7.5.2000

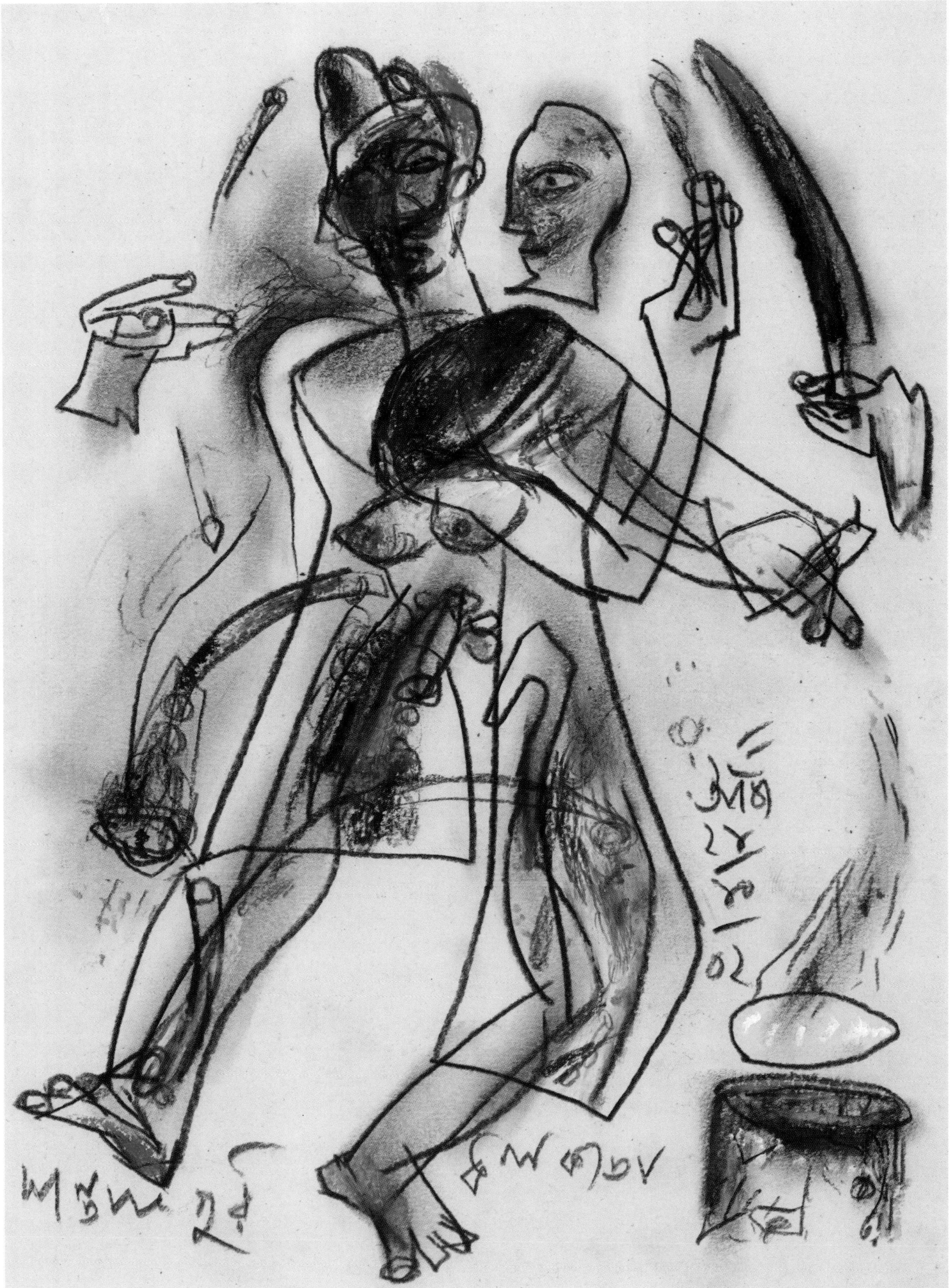

জন্মদিন

গুরুহীন রাত্রিগুলি বিষণ্ণ চাঁদের কাছে আসে
ওই দ্যাখ ২৬শে অক্টোবর লক্ষ্মীপূর্ণিমায়
সিঁড়িভাঙা অন্ধকারে আমার বন্ধুরা এল
করতলে আনন্দপদ্মের বীজ
অঙ্কের খাতায় আঁকা ম্রিয়মাণ আলো
আমাকে সাজাল

দু'খণ্ড রাত্রির পাশে—নক্ষত্রে তারায়—আমি একা
তারা ফিরে গেল।

২৬.১০.১৯৯৬

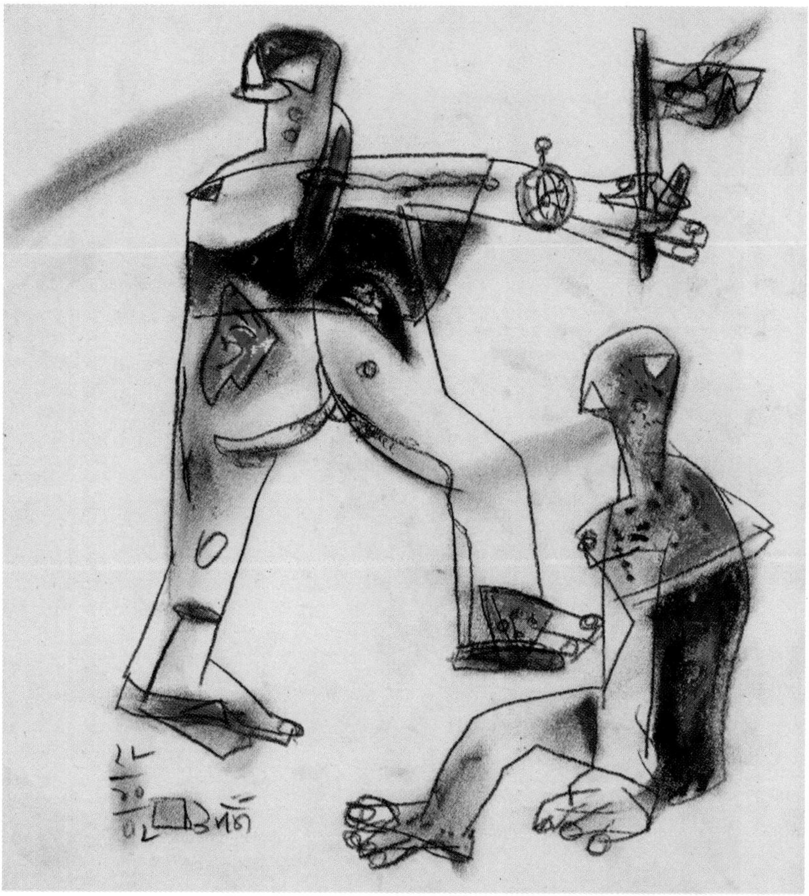

Birthday

The masterless nights come to the mournful moon
Hullo, look my friends came –
On 26th October–it was the full moon night of Laxmi Purnima–
They came through tiered darkness
Carrying seeds of merry lotus in their palm
Waning light painted on a page of mathematics exercise book
They dolled me up

By the side of the two fragments of night–starts, constellations hovering–I'm alone
They have gone back.

26.10.1996

Translated by Subhransu Maitra

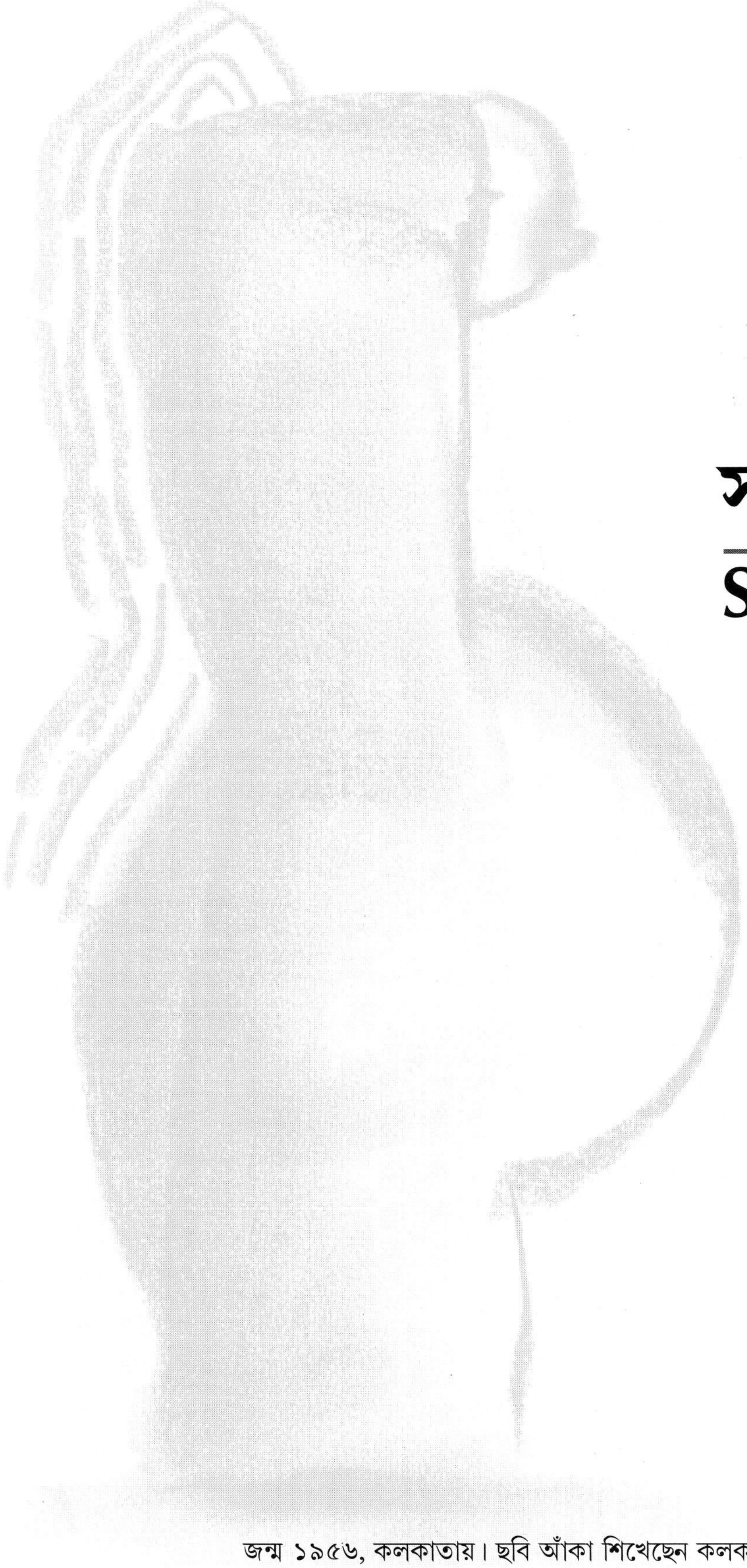

সমীর আইচ

Samir Aich

জন্ম ১৯৫৬, কলকাতায়। ছবি আঁকা শিখেছেন কলকাতার সরকারি চারু ও কারুকলা বিশ্ববিদ্যালয়ে। এখন থাকেন কলকাতায়।

Born in 1956 in Kolkata. Studied at Government College of Art and Craft, Kolkata. Lives and works in Kolkata.

মধুর মাস

অহেতুক মানুষের মতো আমাকে
ভয় পেয়ো না,

বাঘেরও প্রেমিকা আছে বিজনে সঙ্গম,
চাঁদ থেকে ভালবাসা নিয়ে রাত্রি যাপন;

অহেতুক ভয় পেয়ে অনর্থক নারী
বাঘেরে ঠেলেছ দূরে, জঙ্গলে;
তোমারই দেখার ভুল অথবা সংশয়
ছুঁড়ে ফেলো চশমা, সরকারি কেরানির মতো,

সহসা বেরিয়ে এসো অন্তর্বাস খুলে,
চেয়ে দেখো, সারা গায়ে কালো ডোরা দাগ
তোমারও শরীরে!

এখন মধুর মাস
এসো, তবে সহবাস করি।

৩১.১.১৯৯৭

Spring Time

Don't be scared of me, needlessly, like a human being,

The tigers also have their own lovers for solitary union
spending their nights, drawing in love from the moon

Woman, driven by an unjust fear,
You have shoved the tigers off to a distance, to the woods
May be it is a mistake in your perception or a dilemma
Throw away the pair of spectacles, like a government clerk.

Come all at once, stripping off the under garments
See for yourself, your entire body also has
black stripes and streaks

It is spring time now
Come, let's make love.

31.1.1997

নীল ঘোড়া

আবার শ্রাবণে মেয়ে গর্ভবতী হবে
মা ভেবেছিল,
ভেজা মেঘ কোলে নিয়ে প্রসূতি সদনে।

রাস্তায় ফুটে থাকবে অজস্র কামিনী,
নীল ঘোড়া ছুটে যাবে
শহরের রাস্তায়
সহস্র পদ্মে ভেসে যাবে
আগামী শ্রাবণ।

অথচ সন্ধ্যা শেষ হলে
নন্দিনী কাঁদে,
মা বলে, চুপ,
এখনই ল্যাম্পপোস্ট নিভে যাবে।

২৭.৭.১৯৯৮

Blue Horse

The mother thought her daughter would again be pregnant
in the month of *shravan*
With wet clouds on the lap, a trip to the maternity home

Kamini will blossom aplenty along the roads
A blue horse will bustle away on the city roads
A thousand lotuses will float around with the *shravan* down pour.

Yet the daughter sheds tears with nightfall
Mother says, be quiet
The lamp post will be snuffed out at any time now.

27.7.1998

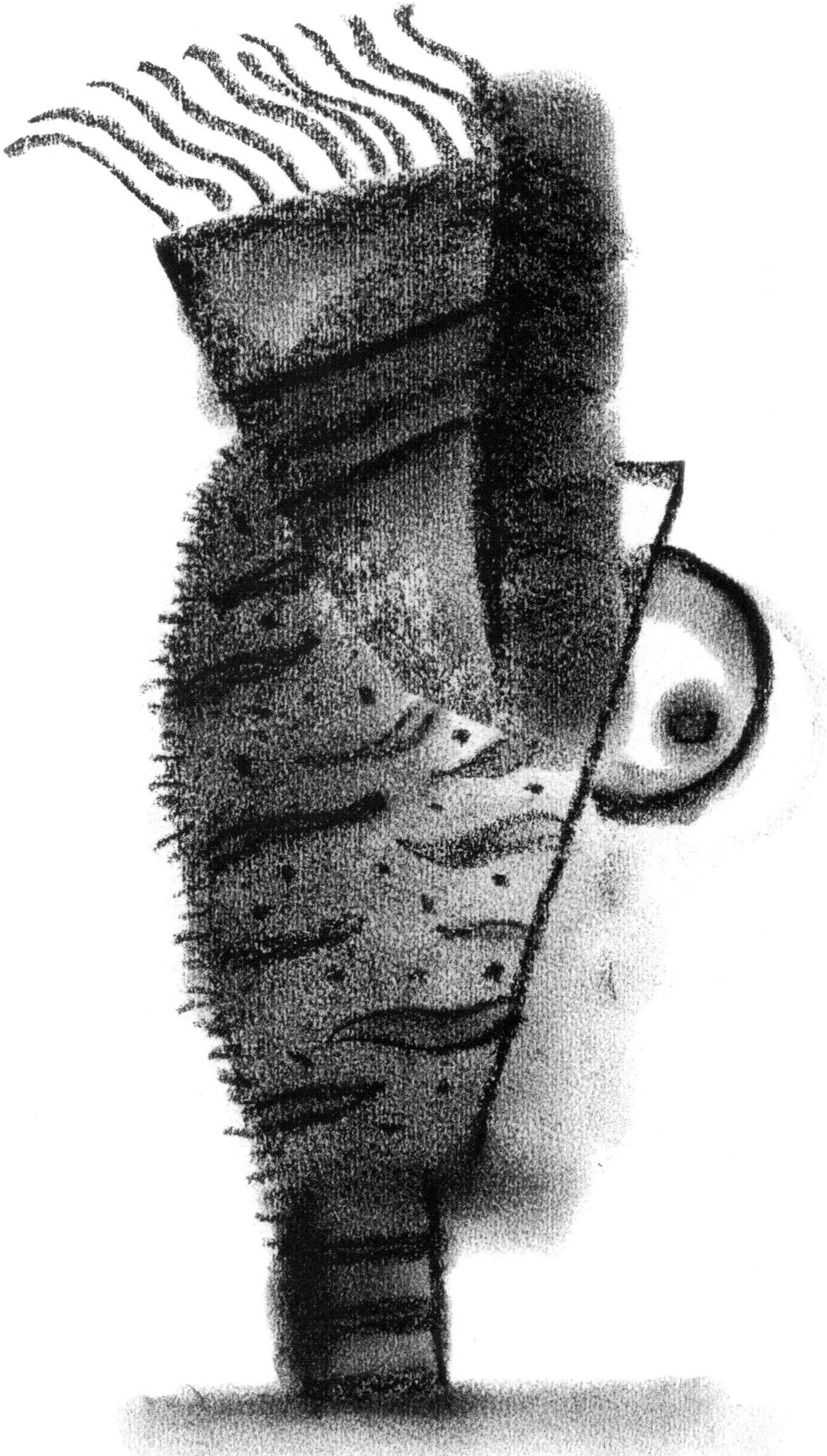

Samir Aich'05

পৃথিবী

তোমার গায়েতে লাগিয়ে দিলাম
নতুন বর্ষার ঘ্রাণ

সোঁদা মাটির গন্ধ, তোমার শরীর
কোনও যৌবনভরা নারী নয়
তোমাকে হঠাৎ পৃথিবী মনে হল

আমি সূর্য হয়েও
তোমাকে প্রদক্ষিণ করলাম

তোমার গায়েতে এঁকে দিলাম
সাঁওতালি স্বরলিপি
উল্কি-কাটা শরীরে তুমিই অনন্যা

নতুন বর্ষার ঘ্রাণ তোমার শরীরে
তুমিই আমার নতুন পৃথিবী

২২.৮.২০০২

The Earth

I have daubed your body with the fresh odour of monsoon

Your body bears the smell dry earth gives out at first rains
Not a luscious young lady, you suddenly became the earth to me

I circumambulated around you even though I was the sun

I painted your body with the Santhali notations
Your tattooed body looks unparallel

Your body bears the odour of fresh raindrops
You are now my new earth

22.8.2002

সৃষ্টি

কিছু সৃষ্টি করব বলে আমি
ফুলের পাপড়িগুলোকে ছিঁড়ে ফেললাম

একটু উষ্ণতা দিয়ে কিছুটা ভালবাসায় ডোবাতেই
কতগুলো ঠোঁট তৃষ্ণাকাতর

আমিও চুম্বন করে হাতে নিয়ে দেখি
পাথরের
মুক্তাখচিত জল ফ্রিজ হয়ে আছে

সৃষ্টির আনন্দে আমি আত্মহারা হয়ে শূন্যে
ছুঁড়ে দিলাম।   তারপর ?

তারপর বৃষ্টি...
বৃষ্টি হল সারারাত

৩.৭.১৯৯৭

Creation

I tore the petals of the flowers to create something

As I warmly soaked them in love
Some lips yearned with thirst

As I kissed, I took it into my hand and found that
the pearl-bedecked stony water has frozen

In the joy of creation, I was beside myself
I threw it up in the sky. Then?

Then came rain...
All night long there was rain.

3.7.1997

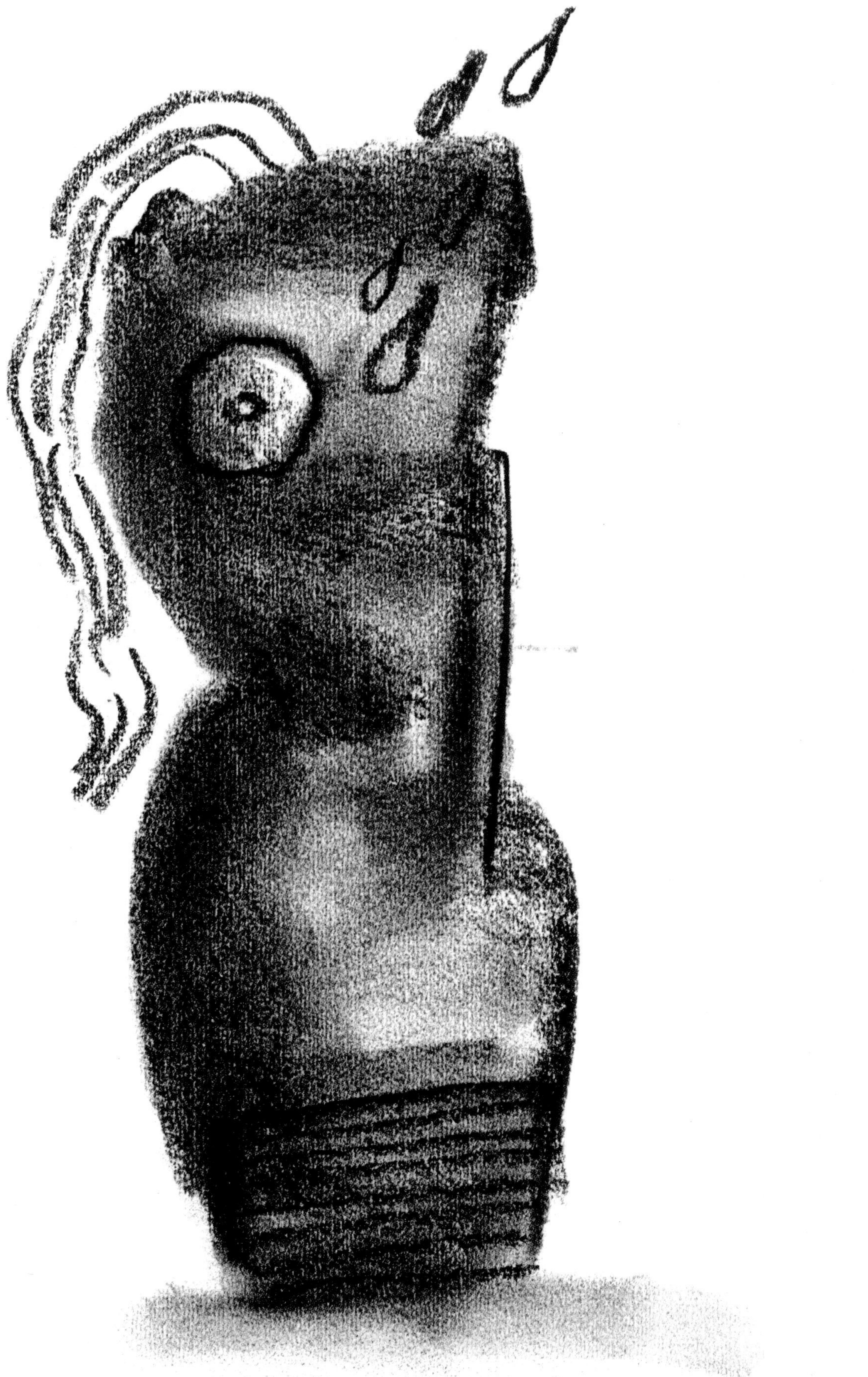

তুমি ছাড়া শূন্য লাগে

(গৌতম চট্টোপাধ্যায় চিরঞ্জীবেষু)

একটু পথ এগোলেই বান্টির মোড়,
সোজা গেলে টালি নালা
ডানে টালিগঞ্জ মিনিবাস স্ট্যান্ড
পেট্রল পাম্প, সবই চেনা পথ—মনে পড়ে?
আরও একটু এগিয়ে বাঁয়ে গিয়ে ডানে গেলে
রুনুর আঁতেলিয়র, মনে পড়ে আরও বাঁয়ে
গেলে সমীরের বাড়ি।

রাত-দুপুরে নূপুরের আওয়াজ আর গিটারের তান,
‘তুমি ছাড়া শূন্য লাগে’—তোমারই লেখা গানে
মনে পড়ে বৃষ্টির শব্দ গিটারের তারে?

এমন কী স্বপ্নে বিভোর হলে!
বোজা চোখে চলে গেলে সোজা,
কাচের গাড়িতে পেছনে শুয়ে একা,
আগুনের কোলে।

মনে কি পড়েনি একবারও বাড়িতে তোমার মা,
পুটুদি একা, একা ছোট মেয়ে,
আর আমরাও;
তুমি ছাড়া শূন্য লাগে।

২১.৬.১৯৯৯

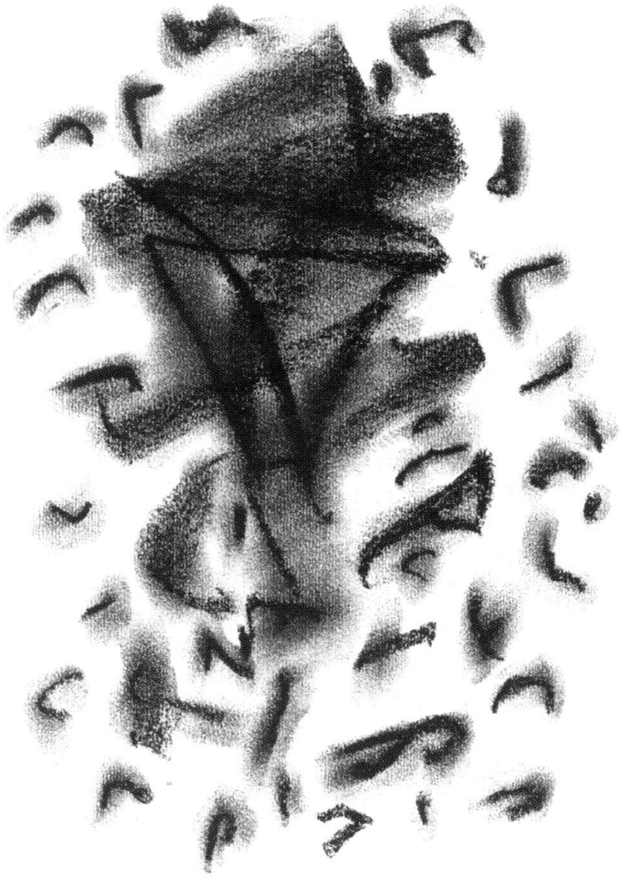

Samir Aich '05

We feel desolate without you

(For Gautam Chattopadhyay, May you live for ever!)

If you move forward a bit you will come to the Bunty crossroad
If you proceed straight you find the Tolly canal
On your right is Tollygunj minibus stand, petrol pump, all familiar routes—do you remember?
Going forward a little more, take a left and then a right
And you will reach Runu's intellectual den, do you remember, a little more on the left is Samir's house.

At the middle of the night you got to hear jingle of anklet and musical notes of the guitar
'We feel desolate without you'—a line from your composition
Do you remember the sounds of rain in the strings of guitar?

What sort of a dream you were obsessed with
That you had to leave with your eyes closed!
Alone in a glass coach, straight into the fold of fire

Didn't it occur to you that at home your mother,
Putudi will be lonely, your little daughter and all of us;
We feel desolate without you.

21.6.1999

Translated by Aditi Bhunia Chakraborty

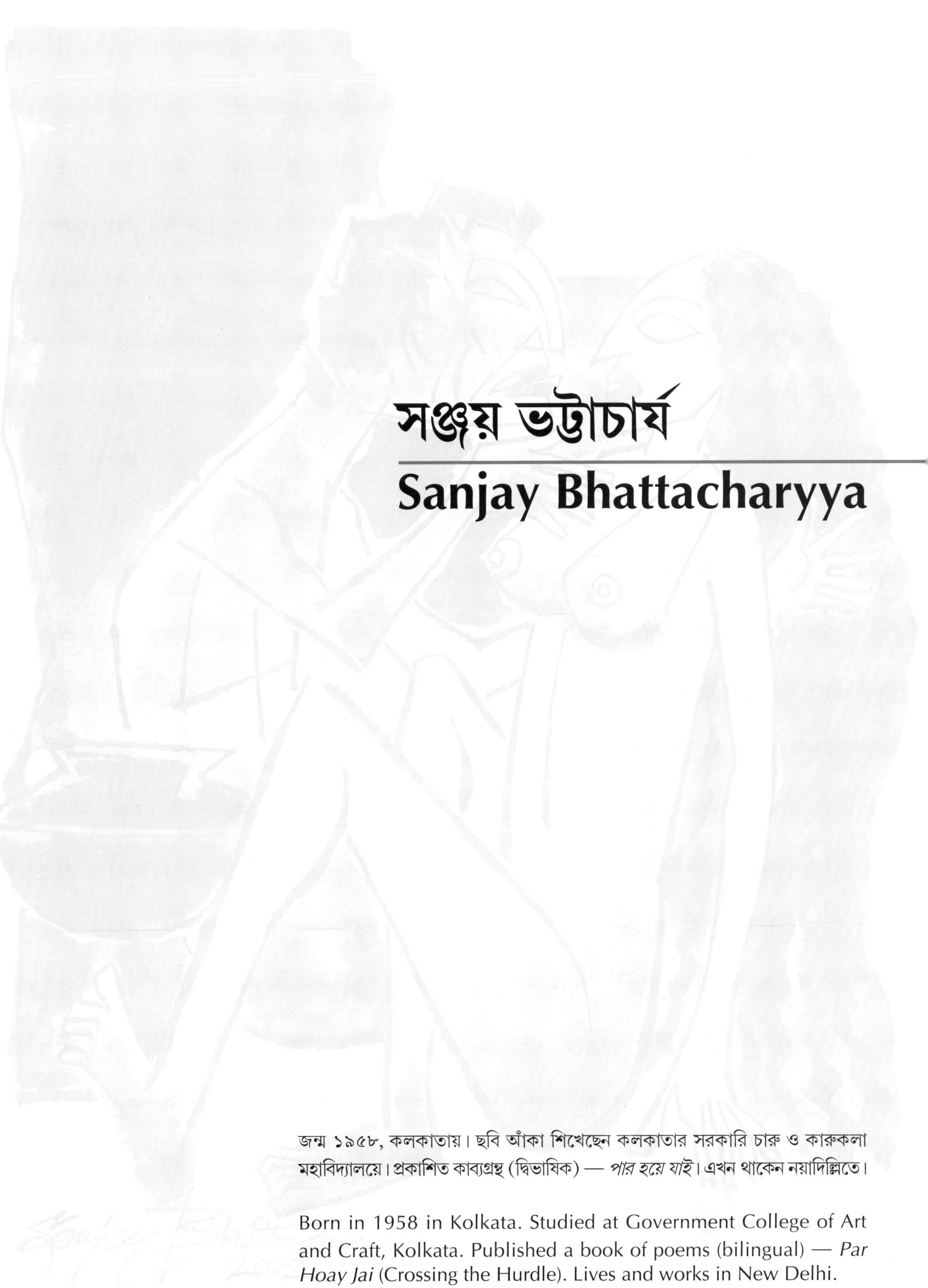

সঞ্জয় ভট্টাচার্য

Sanjay Bhattacharyya

জন্ম ১৯৫৮, কলকাতায়। ছবি আঁকা শিখেছেন কলকাতার সরকারি চারু ও কারুকলা মহাবিদ্যালয়ে। প্রকাশিত কাব্যগ্রন্থ (দ্বিভাষিক) — *পার হয়ে যাই*। এখন থাকেন নয়াদিল্লিতে।

Born in 1958 in Kolkata. Studied at Government College of Art and Craft, Kolkata. Published a book of poems (bilingual) — *Par Hoay Jai* (Crossing the Hurdle). Lives and works in New Delhi.

দেখেছি, চিনেছি তোমায়

কেউ শোনেনি কোনও চিৎকার—
কোথাও হয়নি রক্তপাত!
শুধু দেখেছি,
চিনেছি তোমায়,
মুখোশ সরিয়ে মুখ দেখছিলে যখন
লুকিয়ে, লুকোনো আয়নায়!

তবু বেঁচে আছি,
হাতে রেখে হাত,
কোনও এক ঘুণপোকা কেটে চলে মাংস,
বুকের ভেতর
দিনরাত।

২০০২

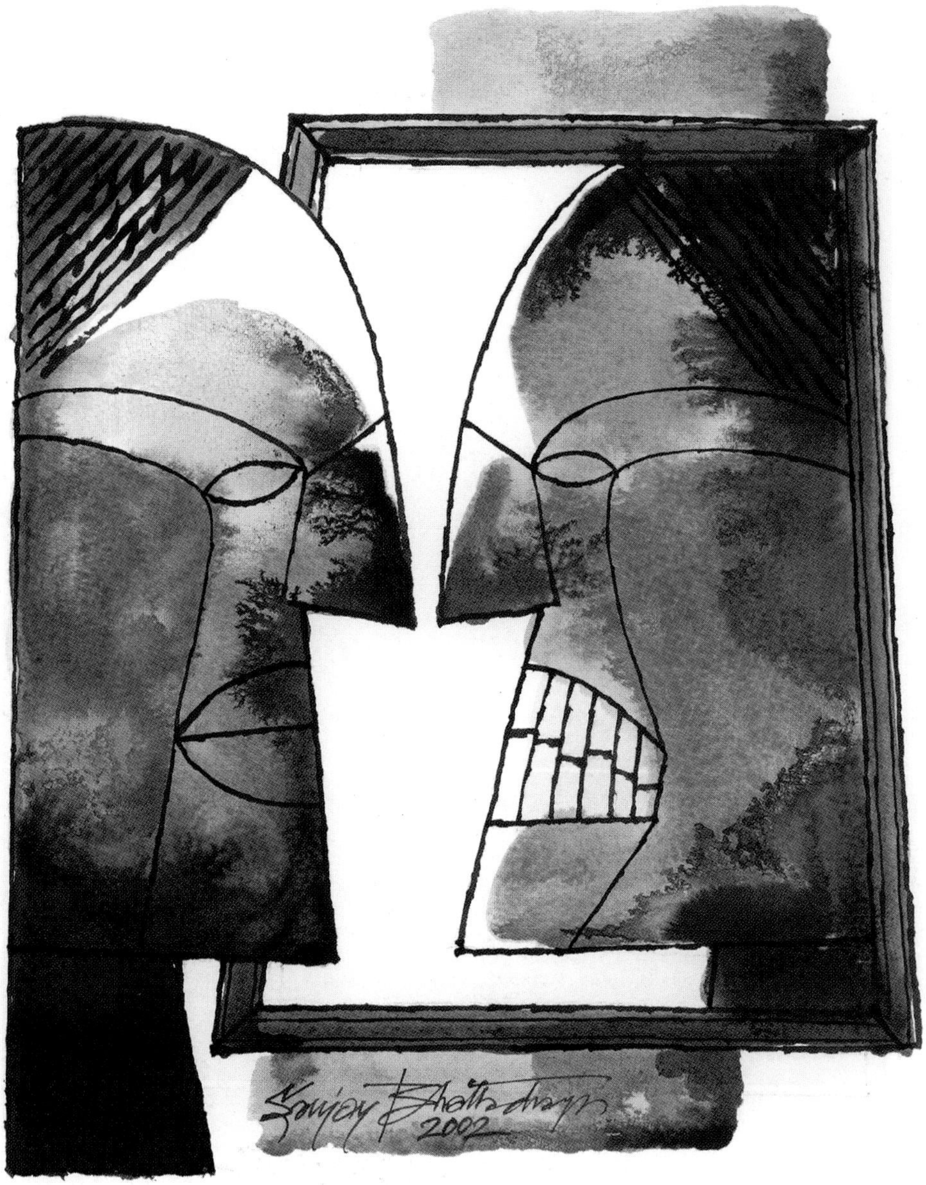

Have Seen and Understood You

No scream was heard
There wasn't any bloodshed
Have only seen,
And understood you
When you secretly removed the mask and watched your own face,
In the reflection of the hidden mirror.

But still I am living
With your hand in mine,
As a termite gnaws at the flesh
Inside my heart
Day and night

2002

অভাব

শহরের ফুটপাথে
টুথপেস্ট টুথব্রাশহীন জিভে-দাঁতে
লুকোনো চুম্বন, প্রতি রাতে।
উকুনে লাঞ্ছিতা কোনও বনলতা সেন,
শরীরের প্রতি খাঁজে ঘৃণার গভীর আস্তরণ,
কুৎসিত মদ্যপ প্রেমিককে করে প্রেম নিবেদন।

সকালের সাদা রোদে,
খালিপেটে কোলের ছেলেটা
অভ্যস্ত সুরে বসে কাঁদে।
প্রেমের ফসল—
কানে পুঁজ আর বারোমেসে সর্দি-বসা নাকে
আরও কিছু মানবশিশু,
পোড়া কালো হাঁড়িটায় ম্যাজিকের ভাত হবে
এ আশায় বুক বেঁধে রাখে।
রাতের প্রেমিক অম্লান বদনে
'ঝ্যাঁটা মার মিন্‌সের মুখে...' সারাদিন শোনে,
পা ছড়িয়ে, সেভিংস অ্যাকাউন্টে
সিকি বা আধুলিগুলো গোনে।

এই প্রেম, এই ভালবাসা,
সেন্ট্রালি এয়ারকন্ডিশন্‌ড্ বা
স্প্লিট এ.সি.-র হাওয়া-মাখা বেডরুম,
অ্যান্টিক খাটের ওপর দামি বেডস্প্রেড,
ঘামহীন শরীরের প্রেম বিনিময়
আর শরীর জুড়িয়ে দেওয়া ঘুম।

আপাত সুখের ছবি,
কিন্তু ফুটপাথের শর্তহীন ভালবাসা
সাজানো ড্রইংরুমে এসে
এক হাতে শর্ত রাখে
অন্য হাতে মেপে ভালবাসে,
চালচুলোহীন কোনও মাগী-মিন্‌সের সংসার
অনেক যত্ন করে সাজালে—
অভাব লুকিয়ে থাকে,
        সোফার আড়ালে,
        ঝাড়বাতির ছায়ায়,
কিংবা ডিস্‌টেম্পারে ঢাকা দেওয়ালে!

২০০২

Scarcity

On the city footpaths
With the tongue and teeth bereft of toothbrush, toothpaste
A hidden kiss, every night.
Disgraced by the lice in her hair, some Banalata Sen
Every layer of her body steeped in hatred,
She pledges love to some terrible, drunk lover

In the white light of the morning
The famished boy on the lap
Is crying with the practised tone.
A creation of love—
A few more children with
Waxy ears and stubborn cold throughout the year
Binding their soul in the hope that
Rice will happen in the charred pot, as if by magic.
The lover of bygone night, expressionless, endures
'Kick your a**', reclines and counts the small coins
In the savings accounts.

Such love, such deep affection
In bedrooms centrally air-conditioned or
fitted with split unit AC's
On antique beds with expensive bedspreads
Love-making of sweat-less bodies
And exhaustion-allaying sleep.

A picture of perfect contentment
But the unconditional love from the footpath
When brought into a well-appointed drawing-room
Keeps a condition on one hand
And on the other calculates before loving.

Even if the house of a rustic couple
Is organised with utmost care,
The strains of scarcity
Will still lurk
        Behind the sofa
        In the shadows of the chandelier
Or on the distempered walls.

2002

আমার অনেক দিনের বন্ধু

পাপ এবং অনুতাপ
এরা আমার অনেক দিনের বন্ধু,
পাশাপাশি থাকে, আমার মনে,
ওরা দুজনেই জানে—
এতকাল ধরে
আমি কী লুকিয়েছি, কোনখানে!

পাপ এবং অনুতাপ
যমজ ভাইয়ের মতো সাথে সাথে যায়,
আলোয় ছায়ায় করি ঘোরাফেরা
ওরাও ঘুরছে পায় পায়,
একের কর্মফলে আরেকের কাজ বেড়ে যায়—
অনুতাপ আমার বুকে মাথা রেখে কাঁদে,
পাপ আমার পিঠ চাপড়ায়!

২০০২

My Long –Time Friends

Guilt and remorse
Are my long-time friends
They both live in my soul together.
They both know
What, for so long
Have I hidden and where!

Guilt and remorse
Like twins, they always go together
I move around in the light and in the shadows
They, too, move around on my heels
One's *karma* always increases the duties of the other
Remorse rests its head on my chest and weeps
Guilt thumps my back.

2002

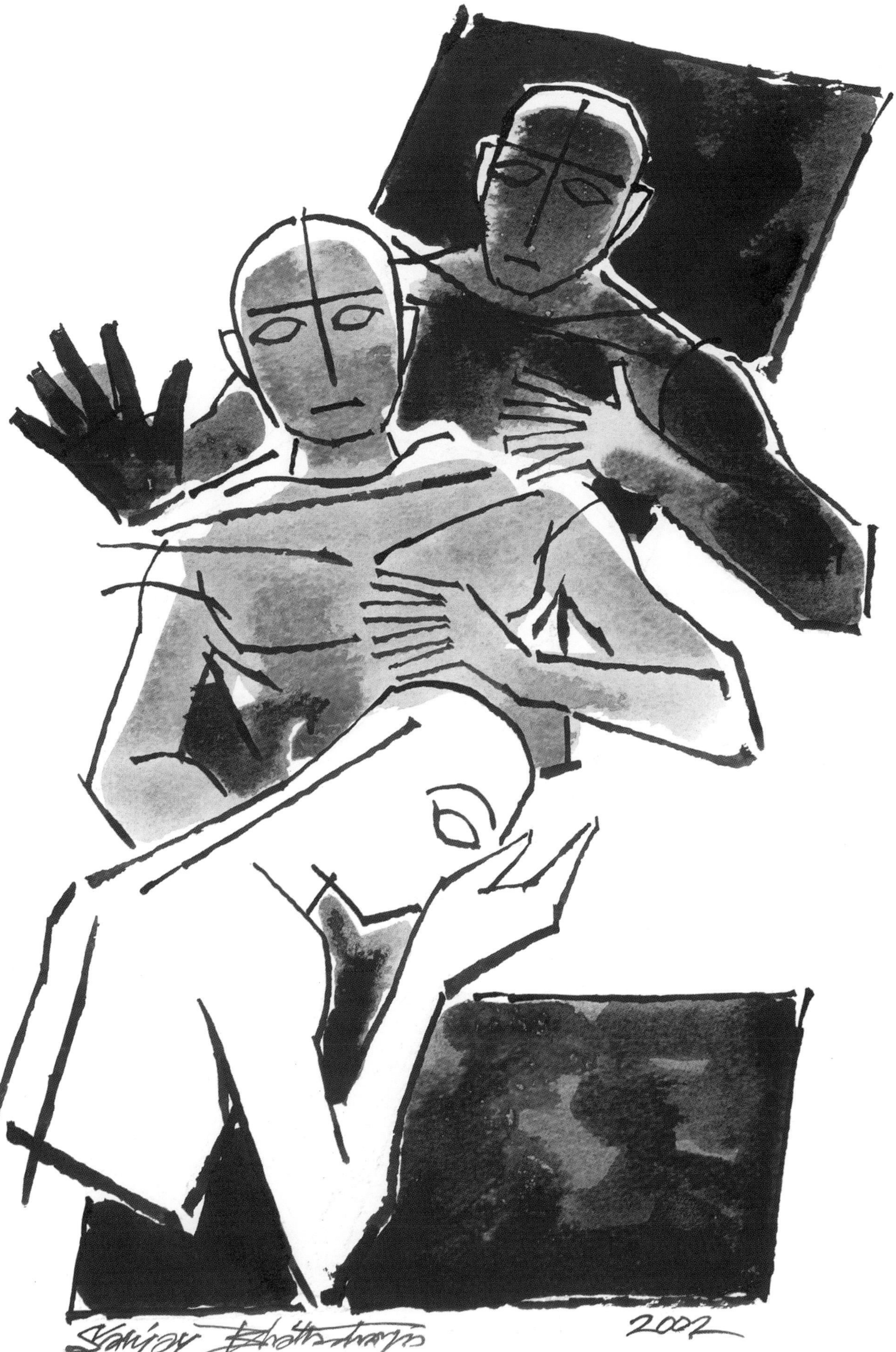
Sanjay Bhattacharya
2002

পুণ্যের ফলে

শ্রদ্ধাভাজনেষু না হয়েও আমি
শ্রদ্ধা কুড়োচ্ছি।

সম্মানপত্র সরিয়ে রেখে
পানপাত্র হাতে দাও এবার,
একবার মাতাল হতে দাও
তারপর আসল রূপ দেখাচ্ছি!
রাবণ পুড়িয়ে তুমি
রামের পুজো করে চলেছ, আর
রাম সেজে আমি
পোড়া ঘায়ে মলম মাখাচ্ছি!
মাংস-কাটা দাঁত
একগাল হাসির আড়ালে রেখে
শাক দিয়ে ঢাকা মাছ চিবোচ্ছি!
প্রতিমায়, প্রসাদে, রেখে লোভী চোখ
লালসালিপ্ত জিহ্বায় মন্ত্রোচ্চারণ—
সত্যিই, অসাধ্য সাধন করে যাচ্ছি,
বোধ হয়,
অন্য জন্মের কোনও পুণ্যের ফল
এ জন্মে হাতেনাতে পাচ্ছি!

২০০২

As a Result of Piety

I am not exactly respectable
But am still garnaring regards.

Keeping the citation aside
Now give me the goblet of wine
Let me get intoxicated just once
Then you will see my real face!
Reducing Ravana to ashes
You have been worshipping Ram, and
I, in Ram's garb,
Am anointing with balm the burning scars!
Hiding the carnivorous teeth
Behind a wide smile
Am chewing on fish enwrapped in spinach!
Keeping my greedy eyes on the idol and the food offerings
I'm praying with my lustful tongue
Truly, I am making the impossible possible.
Perhaps
This is all a result of piety
From some previous birth of mine

2002

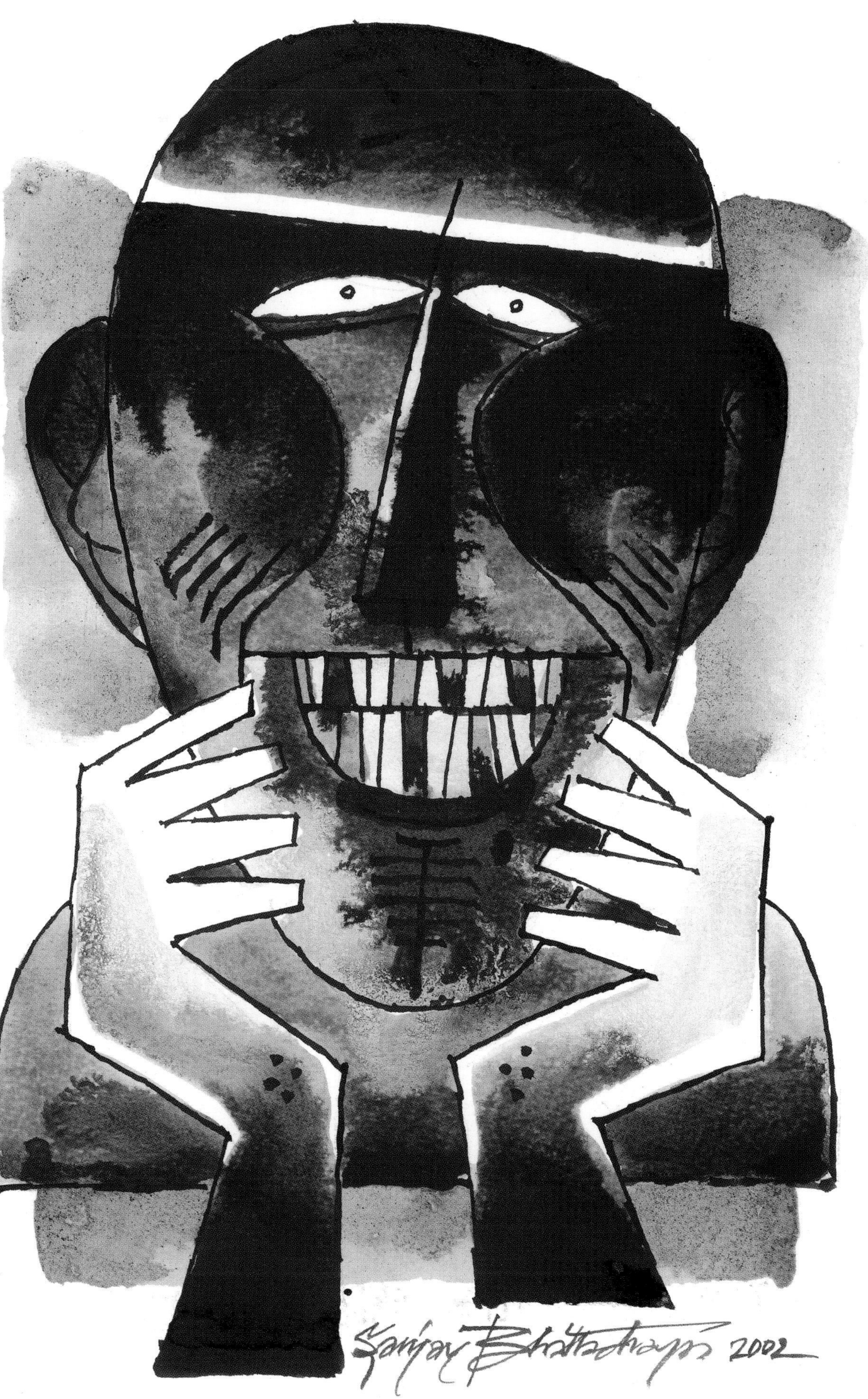

শেষ যাত্রায়

দরজা জানালা বন্ধ
তবু ফুলের মিঠে গন্ধ
ঘরের ভেতর!
ঝাড়বাতি নেই নাচঘরে
নেই ফুলদান
তবু
কে ছড়াচ্ছে আতর?
আসলে,
হিসেব করে চেরাচুল,
খাট, খই আর গাঁদাফুল
কেনার পরেও
খুচরো বেঁচেছে কিছু,
যাবে তো অনেকখানি রাস্তা—
তাই, রেখেছি মাথার কাছে সেন্টের ছোট শিশি,
সস্তা।

২০০২

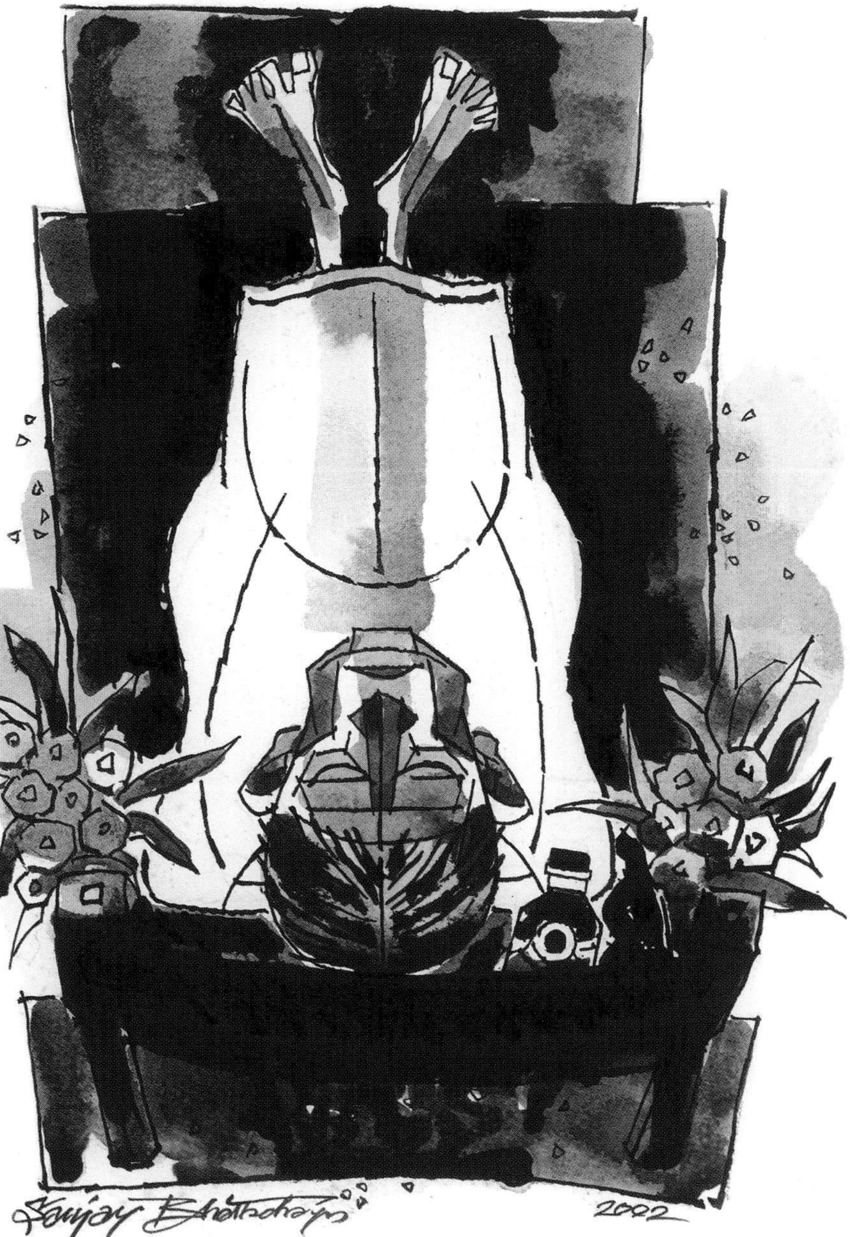

On The Last Journey

All doors and windows are shut
Yet the sweet scent of flowers
Lingers inside the room.
There is no chandelier in the dancing-hall
There is no flower vase
But who is sprinkling *attar*?

Actually,
After threadbare calculations, I bought
A bedstead, some parched rice and some marigolds,
I still had a little change left.
You have a long journey to make
So, I have placed that small bottle of scent near your head,
It is cheap.

2002

Translated by Twisha Roy

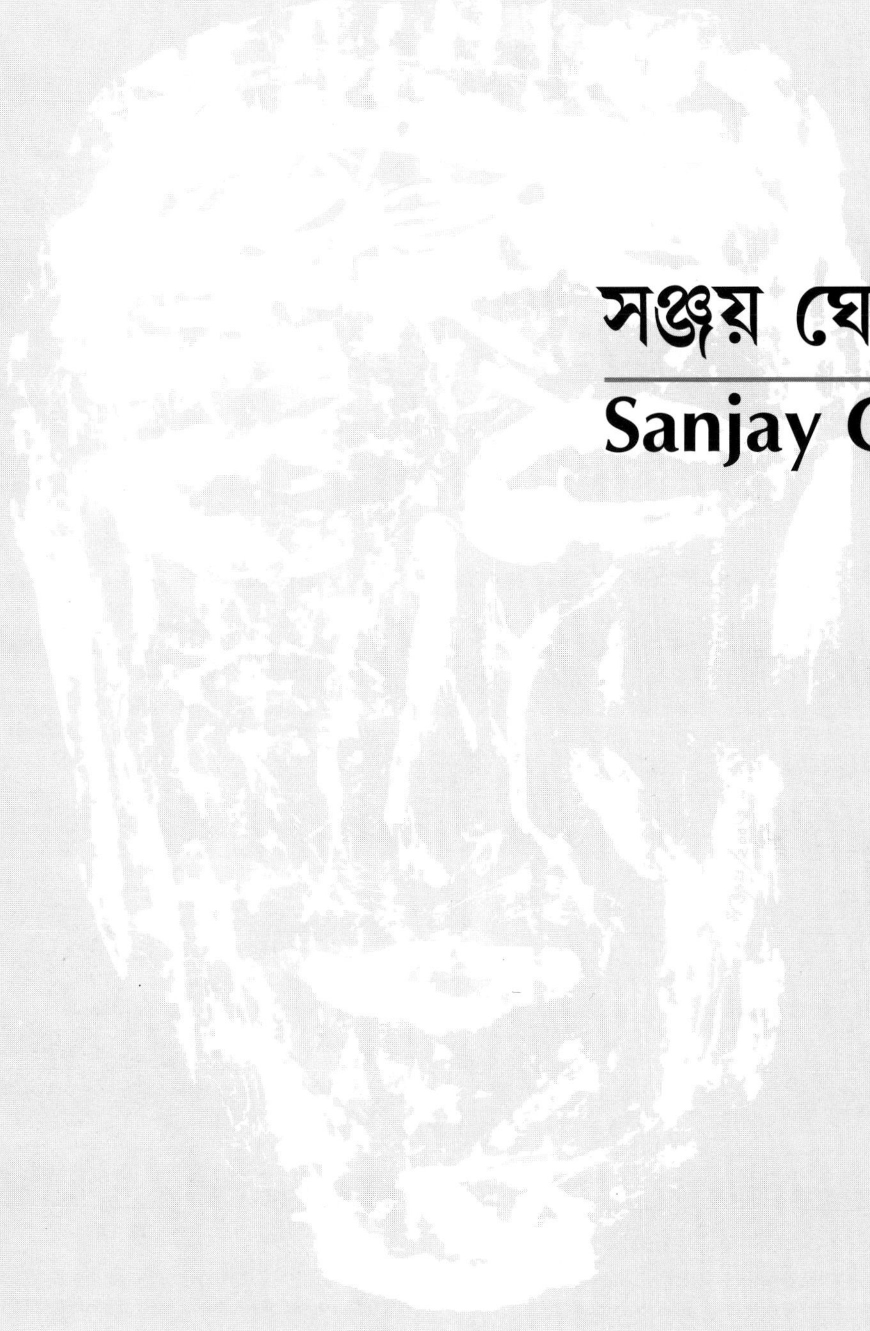

সঞ্জয় ঘোষ

Sanjay Ghosh

জন্ম ১৯৫৮, কলকাতায়। এই স্বশিক্ষিত শিল্পী পেশায় চিকিৎসক (ত্বক বিশেষজ্ঞ)। প্রকাশিত কাব্যগ্রন্থ — *উদ্বাস্তু* (২০০২)। এখন থাকেন কলকাতায়।

Born in 1958 in Kolkata. This self-taught painter is by profession a dermatologist. He has *one* book of poems *Udbastu* (2002) to his credit. Lives and works in Kolkata.

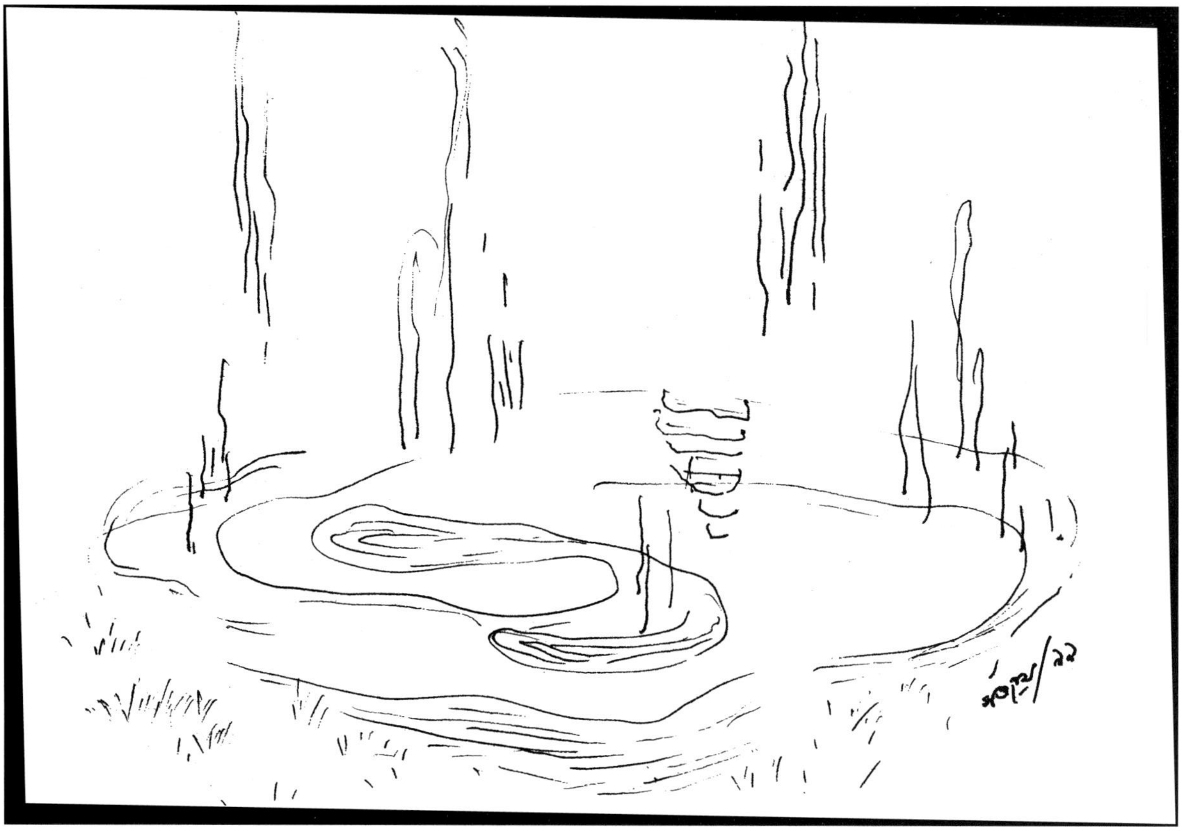

মৃত্যু-পরবর্তী ক্ষৌরকর্ম

জননীর মৃত্যুপদ্ধতি শেষ হলে
স্থির নিশ্চিন্ত মানুষটি
এবার
শহরের শীতাতপনিয়ন্ত্রিত সেলুনের দিকে
হেঁটে যায়

সেলুনের বাষ্পমাখা মুকুরে
নির্লোম-হতে-থাকা নিজস্ব মুখ তাকে মনে পড়ায়—
'মৃত্যু-পরবর্তী মুখ কি এইরূপ নিছক ভাস্কর্য হয়ে যায়?'
'ক্ষৌরকর্ম-অন্তে
নিজস্ব রোমহীনতা সম্পর্কে
মানুষ কি এইরূপ চূড়ান্ত প্রশ্নহীন থেকে যায়?'

মৃত্যু কি তবে
জীবনের ক্ষৌরকর্ম
... কেবলই ক্ষৌরকর্ম হতে থাকা?
না কি
মৃত্যু কেবল
উত্তর-ক্ষৌরকর্মকালীন
'আফটার শেভ'- শীতলতা?

২০০০

Tonsuring After Death

Once mother's cremation is over
The carefree man now walks towards the city's
air-conditioned salon

In the steam-hazy mirror of the salon
The image of gradual tonsure of his own face
Sets him thinking–
'Does a face become a mere sculpture after death?
At the end of tonsuring does a person remain utterly remote
about his shaven face?'

Is death then a mere tonsuring of life?
...only an ongoing process of tonsuring?

or is death
just the soothing cool of aftershave lotion?

2000

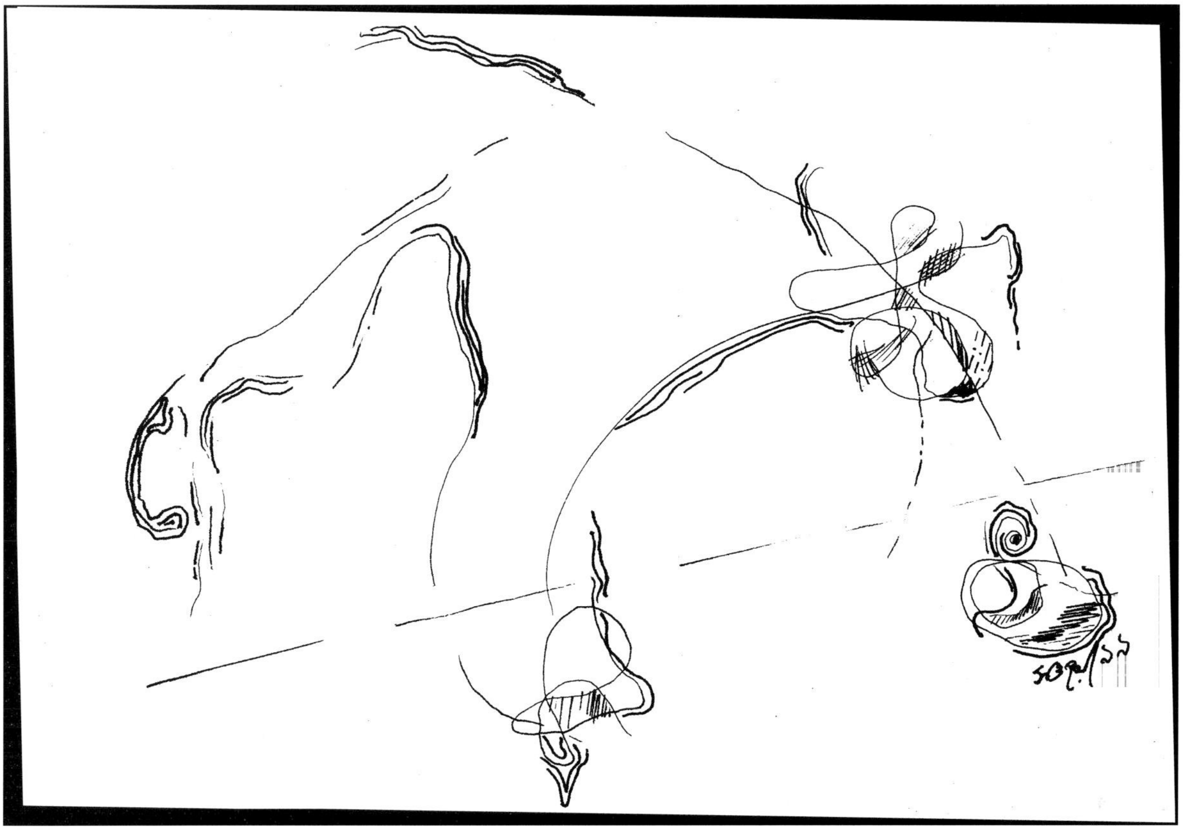

ঈশ্বরের বাগানে হাঁটাহাঁটি

ঈশ্বরের বাগানে রোজ 'ক্যাট ওয়াক' করি
লোক দেখাই, মাসকলাই খাই
ইতিহাস ঘাঁটাঘাঁটি করি

কখনও
বাসা
বাঁধি
টেলিফোন
খুঁটির
মগডালে

সান্ধ্যভ্রমণ সেরে
ফিরে আসি
গোল হয়ে বসি কুয়োতলার চারপাশে
কাঁচপোকা ধরি
সাদা মুড়ি চিবোই

ঈশ্বরের বাগানে রোজ প্রাতর্ভ্রমণ করি
মধ্যরাতে।

১৯৯৯

Sauntering in the Garden of Eden

Everyday I go for a catwalk in the garden of Eden
Show myself off, eat pigeon peas,
rummage though history

At times,
I make a nest
on the top
of a telephone post

After finishing my evening walk
I sit in a circle around a draw-well
Catch green beetles
Chew parched rice

Everyday, at the dead of night,
I go for morning walk in the garden of Eden.

1999

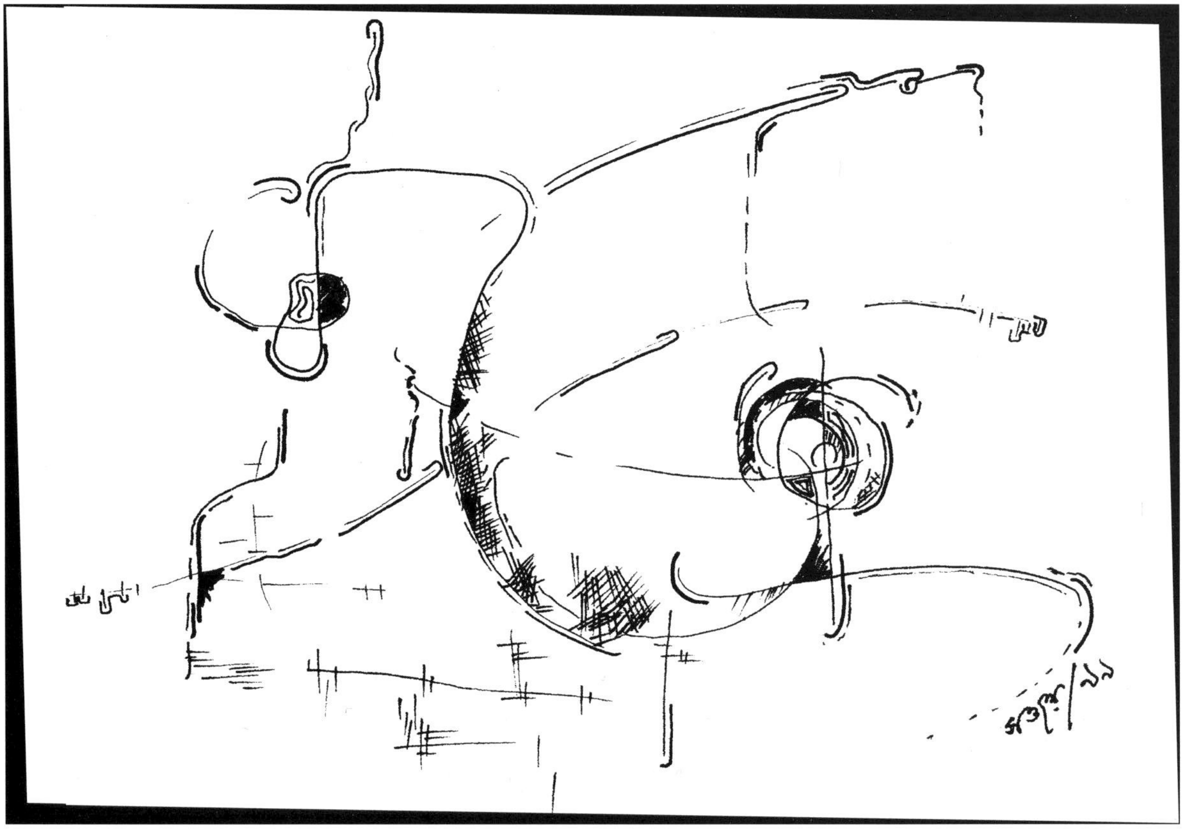

চিড়িয়াখানা

(জাপানি তঙ্কার প্রকৃতি অনুযায়ী)

খাঁচার মধ্যে
খাঁচা লুকিয়ে আছে

তীব্র রেলিং

বাইরে নরনারী
ভিতরে ভ্রমি আমি

২০০১

The Zoo

(After the nature of the Japanese *Tanka* Art)

A cage is hidden in another

Merciless railings

Men and women outside
I am an itinerant inside

2001

তৃতীয় পথ

(জাপানি তঙ্কার প্রকৃতি অনুযায়ী)

প্রিয় সড়ক
তৃতীয় পথ বেয়ে
উধাও শূন্যে—

বিন্দু খুঁজেছে যবে
সমান্তরাল পথ

২০০১

The Third Path

(After the nature of the Japanese *Tanka* Art)

My favourite path
taking the third route,
fades into oblivion—

When a point searches for
A parallel path

2001

Translated by: Aditi Bhunia Chakraborty

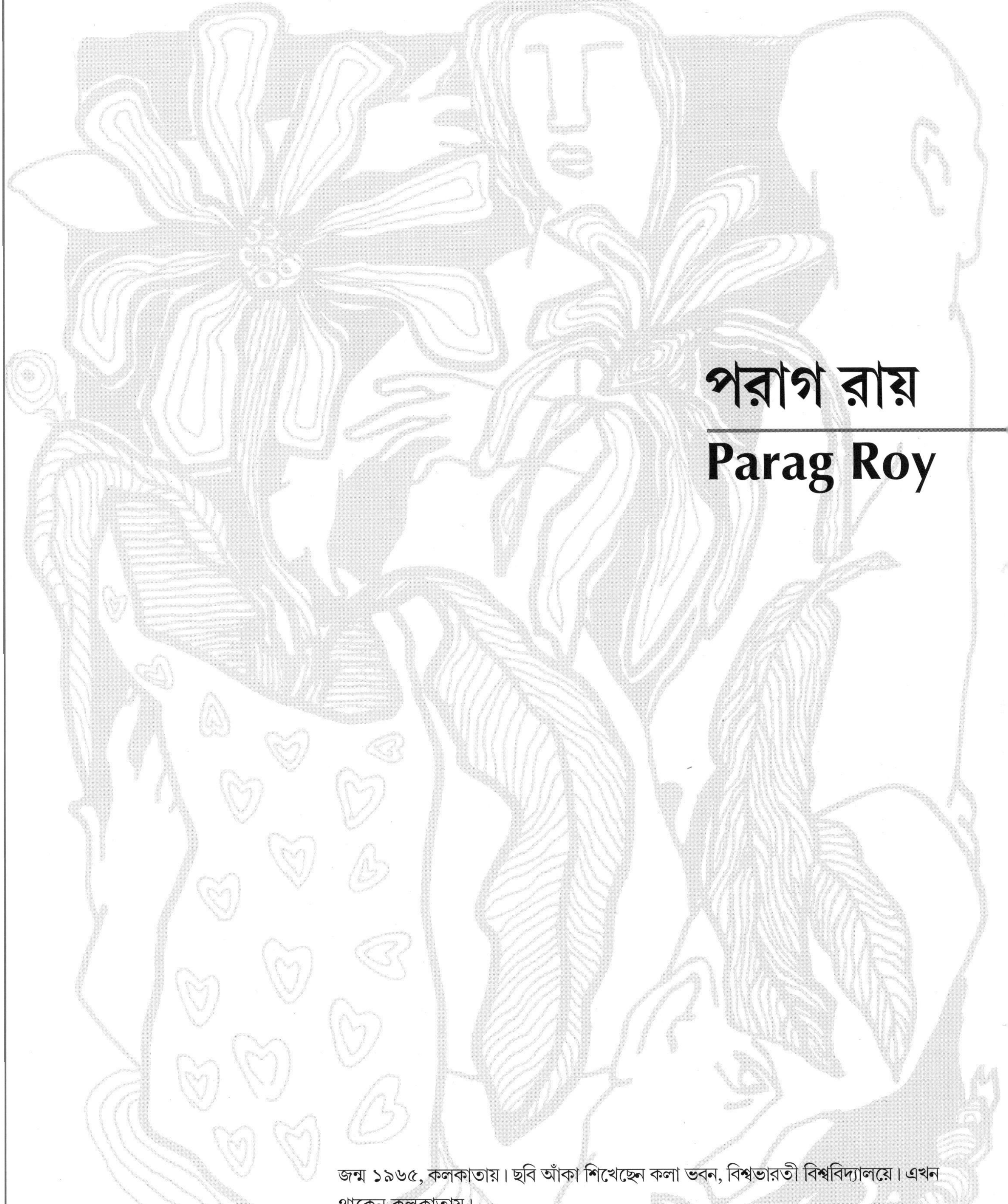

পরাগ রায়

Parag Roy

জন্ম ১৯৬৫, কলকাতায়। ছবি আঁকা শিখেছেন কলা ভবন, বিশ্বভারতী বিশ্ববিদ্যালয়ে। এখন থাকেন কলকাতায়।

Born in 1965 in Kolkata. Studied at Kala Bhavan, Visva–Bharati University. Lives and works in Kolkata.

আত্মকথন

অর্থ ছিল লুকিয়ে আমার বুকপকেটে,
সঙ্গী ছিল ভিনদেশি এক মটরদানা।
অর্থবিহীন সারাৎসারের সঙ্গী হব,
এবং আমার বধ্যভূমির জাতক-কথা।

অর্থ থাকুক লুকিয়ে আমার বুকপকেটে,
বৃষ্টিভেজা নিষিদ্ধ সেই উপত্যকা।
তথাপি এই আকাশ জুড়ে বারুদ ঝরে,
স্বপ্ন দ্যাখায় বাক্স বোকা। হদ্দ বোকা।

অর্থ তোমায় বানিয়ে দেব প্রস্রাবাগার,
দিতেও পারি ছাগলছানা তোমায় ধরে,
সঙ্গীবিহীন সন্ধ্যাপ্রদীপ সমস্ত রাত,
হারিয়ে খোঁজে আকাশপিদিম ঘুমের ঘোরে।

মধ্যরাতে দেওয়াল জুড়ে পদ্য লেখা,
হাত বাড়িয়ে একটা মানুষ, মানুষ খোঁজে।
ভিনদেশি সেই মটরদানা মানুষ খোঁজে,
বধ্যভূমির উপত্যকায় স্বপ্ন খোঁজে।

২০০৩

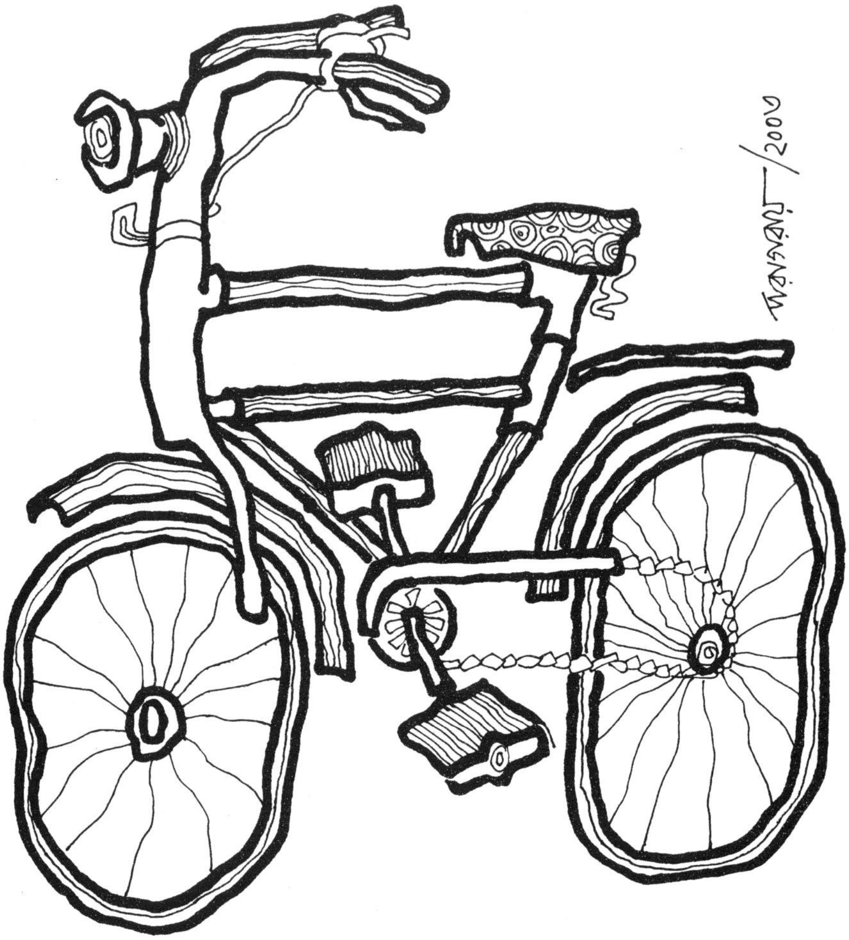

Autobiography

There was wealth hidden in my breast pocket,
An alien grain of pea was my companion.
I will come to terms with meaningless essence of life,
And tales of my past life, in the valley of execution.

Let wealth be hidden in my breast pocket,
In that rain soaked forbidden valley.
Nevertheless, gunpowder falls in drops from the entire sky,
The idiot box concocts dreams, the most foolish ones that too.

Wealth, I will build you a toilet,
I can also catch a kid for you,
A lonely evening lamp, throughout the night,
Sleepily searches for the lost *Akashpidim**.

At midnight, writing poetry all over the walls,
A man stretches out his hand in search of humanity.
That alien grain of pea is also in search of humanity,
Is searching for dreams, in the valley of execution.

2003

* *Akashpidim : A light suspended from the top of a pole set up every evening by the Hindus during the month of Kartik in reverence to their deceased ancestors.*

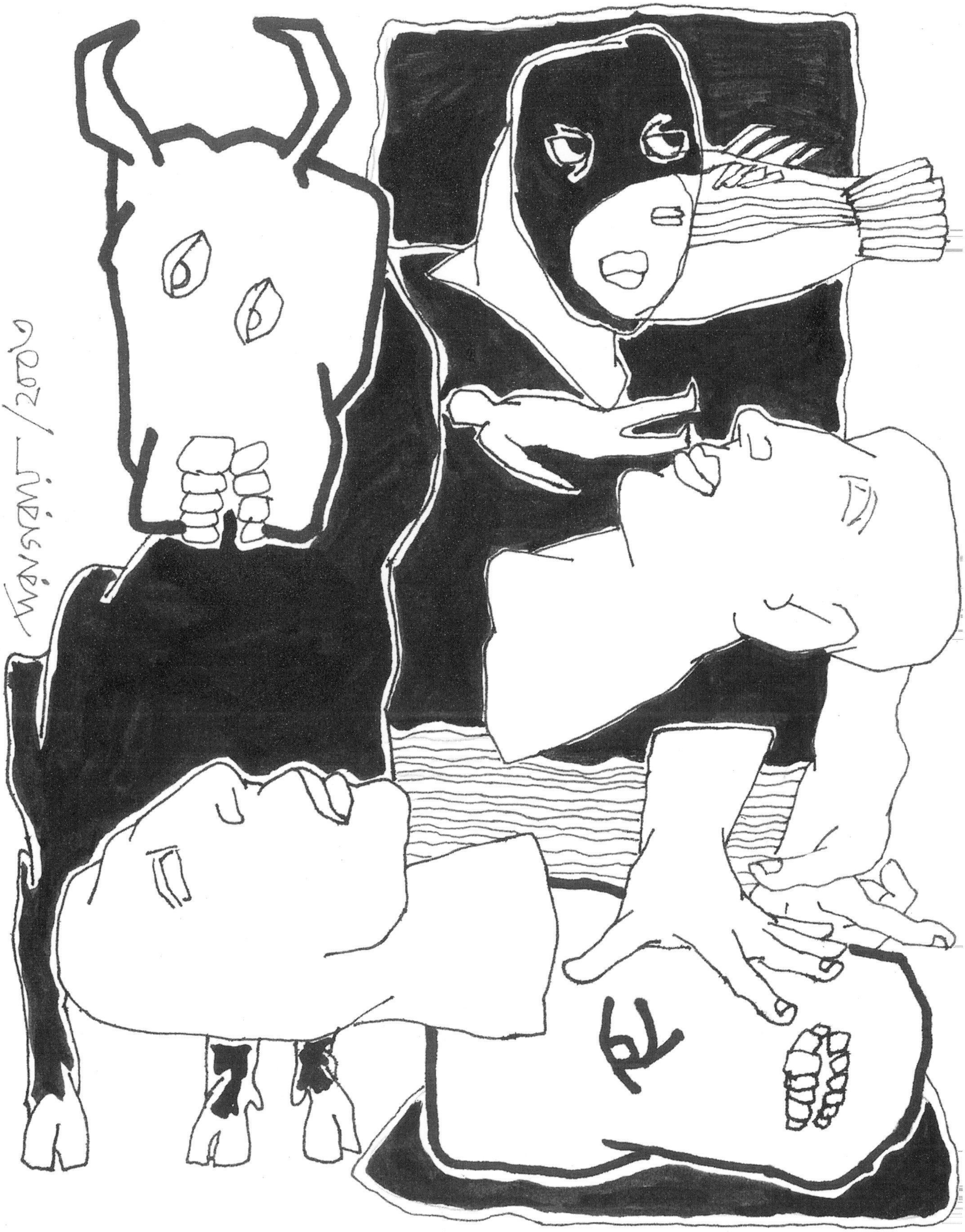

মেগাসিটি

অপু... কই যাস?
দাঁড়া।
কথা আছে।
তাড়া?
পরে যাস।
বোস,
অপু... যাস কই?
খড়কুটো, কাঠ, দড়ি,
টুথব্রাশ, গামছা, ছবি,
বাবা লোকনাথ, ঘটি, থালা
রেডিও এফ এম, জপের মালা...
সব কিছু। সব । সব কিছু,
নিয়ে ঘর
বাঁধবি আবার?
স্বপ্ন, স্রাব, দিনরাত্তির। নিঃশ্বাসে, দীর্ঘশ্বাসে
এলোমেলো করে দিয়ে চলে গেছে ওরা...
চাটাই, চাটাই, চট আর বাঁশ। উপুরজাপুর।
রোলের দোকান দিবি? তেলেভাজার?
অথবা লোকাল ট্রেনে পাতিলেবু ন-আনা, ছ-আনা?
অপু... কই যাস?
দাঁড়া...
আবার বসত গড়া পথের ধারে
আবার বসত গড়া খালের পাড়ে...
কই যাস অপু? শোন!
আবার যাবার আগে, শোন!
স্বপ্ন দেখার আগে, শোন!
আবার পালাতে হবে, শোন!
আবার... আবার হবে, শোন!
এই সব! এই সব কিছু । সব ।
একদিন... মেগাসিটি হবে।

২০০৩

Megacity

Apu... where do you go?
Wait
I have got something to tell you
In a hurry?
Go late
Sit down
Apu... where do you go?
Dry straw, wood, rope,
toothbrush, *gamcha**, photograph,
Guru Lokenath, small pitcher, platter,
radio F.M. and a rosary...
Will you take all these? Everything,
and set up a home once again?
Dream, exudation all day and night in breath, in long breath
They have made everything disorderly and gone...
Coarse date-leaf mats, gunnies and bamboo poles one after the other
Do you want to run a roll shop? Or of fried snacks?
Or sell lemon at bargain price in a local train?
Apu, where do you go?
Wait...
Seting up a home once again by the side of the road
Seting up a home once again by the side of the canal
Where do you go Apu? Listen!
Listen, before you leave again
Listen before you start dreaming
Listen, you got to run away again
Listen, again... it will happen again
All these, all of these, all
Would become a mega city one day.

2003

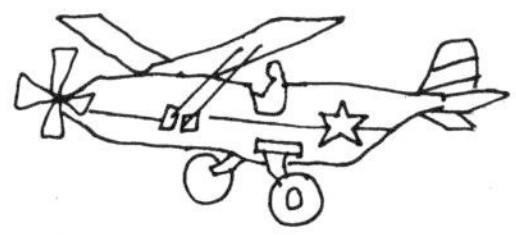

** Gamcha : A hand-woven towel.*

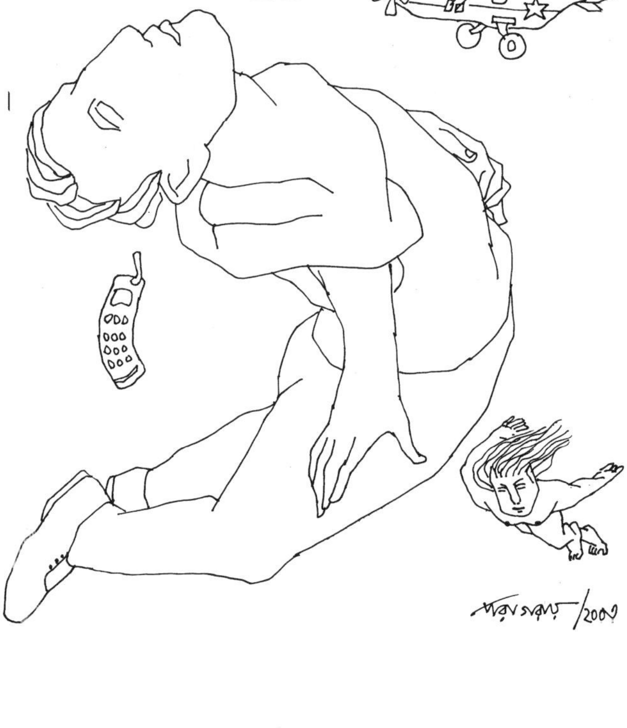

Translated by Aditi Bhunia Chakraborty

শমীন্দ্রনাথ মজুমদার

Samindranath Mazumdar

জন্ম ১৯৬৬, সোদপুর, উত্তর ২৪ পরগনা, পশ্চিমবঙ্গে। কলকাতা বিশ্ববিদ্যালয়ের স্নাতক। শিল্পকলা ইতিহাসে স্নাতকোত্তর শিক্ষা রবীন্দ্রভারতী বিশ্ববিদ্যালয়ে। এখন থাকেন কলকাতায়।

Born in 1966 at Sodepur, North 24 Parganas, West Bengal. After graduating from Calcutta University, he earned his post-graduate degree in History of Art from Rabindra-Bharati University. Lives and works in Kolkata.

ব্যথিত দেবদূত

এই তো এঁকেছ মৃদু প্যাস্টেলে পাহাড় ঝরনা সূর্য
মাঝখানে নদী দিয়েছ বাঁকিয়ে, সে-সময় ঘরে মা ছিল?
ছিল না বলছ? মানে সবটাই তোমার নিজের—
এমনকি ওই ঘরটাও? যার নিচ দিয়ে রাস্তা গিয়েছে
সরু থেকে ক্রমে চওড়া—

জানো তুমি ওই ঘরের পাশেই চুপ করে থাকে দৈত্য
কেন রে দৈত্য? কী করে দৈত্য? সেই সব কথা বড়দের—
আসলে জিভ ও দাঁতের কাহিনী শুরু হয় রাত বারোটায়
তখন তো ঘুম, তখন তো তুমি পক্ষীরাজের সওয়ারি—

বাবা ঘরে ফেরে বিষণ্ণ মুখ, 'খিদে নেই, রাতে খাব না।'
'মানে এসবের কী অর্থ আমি—আমি তো তোমার জন্যই...'
'থাক, সব জানি, প্লিজ তুমি আর নাটক কোরো না রাত্রে—'
'তার মানে? তুমি কী বলতে চাও?' শরীরে জাগছে দৈত্য
ঘরে ঢুকে পড়ে বন্যা যেমন—অপ্রতিরোধ্য সংলাপ।
চেরা কাঠ পোড়ে, চিতা খাট পোড়ে শ্মশানের মতো—অঙ্গার।

ক্রমশ জ্যোৎস্না ঘন হয়ে আসে, রুপোয় আর্দ্র কার্পেট।
ধীরে মৃদু হয় পাঁজরের কথা, দ্যাখো দুজনেই কাঁদছে
যেন লতাগাছ জড়িয়ে পড়ছে গ্রিলগেট দিলে সম্মান—
এমন ব্যথিত দেবদূত এরা—এই পৃথিবীর লোক নয়—

২০০৩

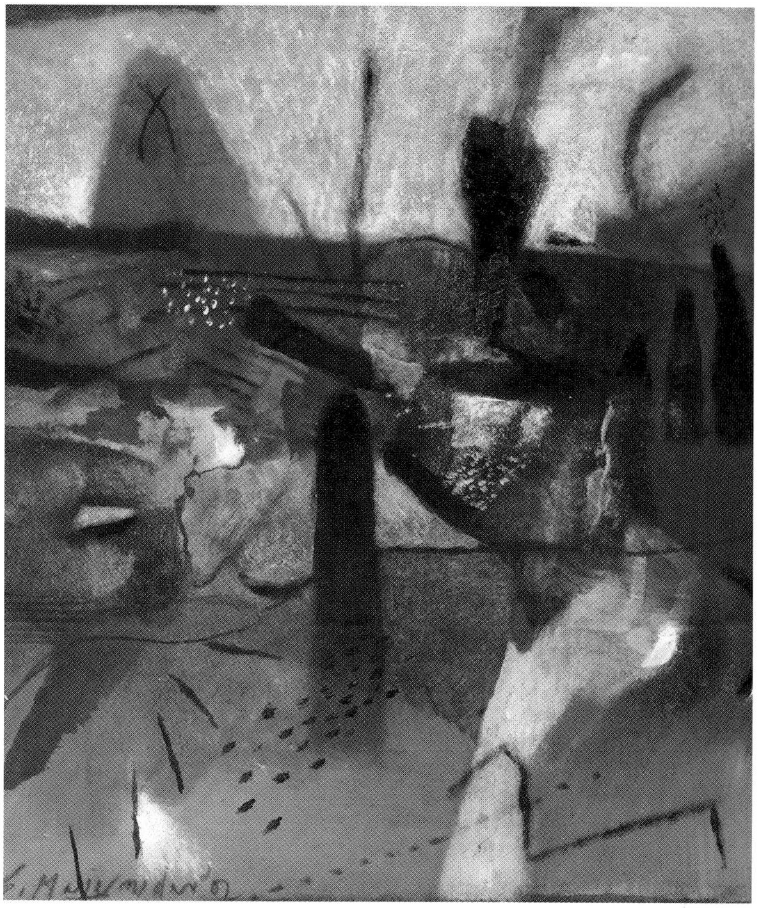

Pained Angel

It is a fine picture of a hill, a fountain and the sun that you have drawn with a soft pastel
A river, that you have made to bend in the middle, is it with whatever you had at home?
Wasn't there anything? You mean to say everything was yours—
Even that house, at the foot of which lies a gradually widening road

Do you know that just beside the room waits a monster, silently?
Why monster? What does the monster do? Those are all for the elders—
Actually, at midnight begins the tale of the tongue and the teeth
Then you are in deep slumber, mounted on the pegasus

Father returns home with a depressed face 'I don't feel hungry, I won't eat'
'What's the meaning of all this—I'm—I'm made for you only... '
'Leave it, I know everything, don't try theatrics at midnight'
'Then? What do you mean to say?' A demon waking inside the body
The way flood-water intrudes into a house—unhindered conversation.
There burns wood pieces, bed burns like funeral pyre in a crematorium—cinder

Gradually the moonlight becomes denser, the carpet softened by silvery beam
Slowly the tale of the ribs becomes faint, you can see both of them crying
As if a creeper intertwining, a grill gate giving reverence
Much pained angels they are—they do not belong to this earth.

2003

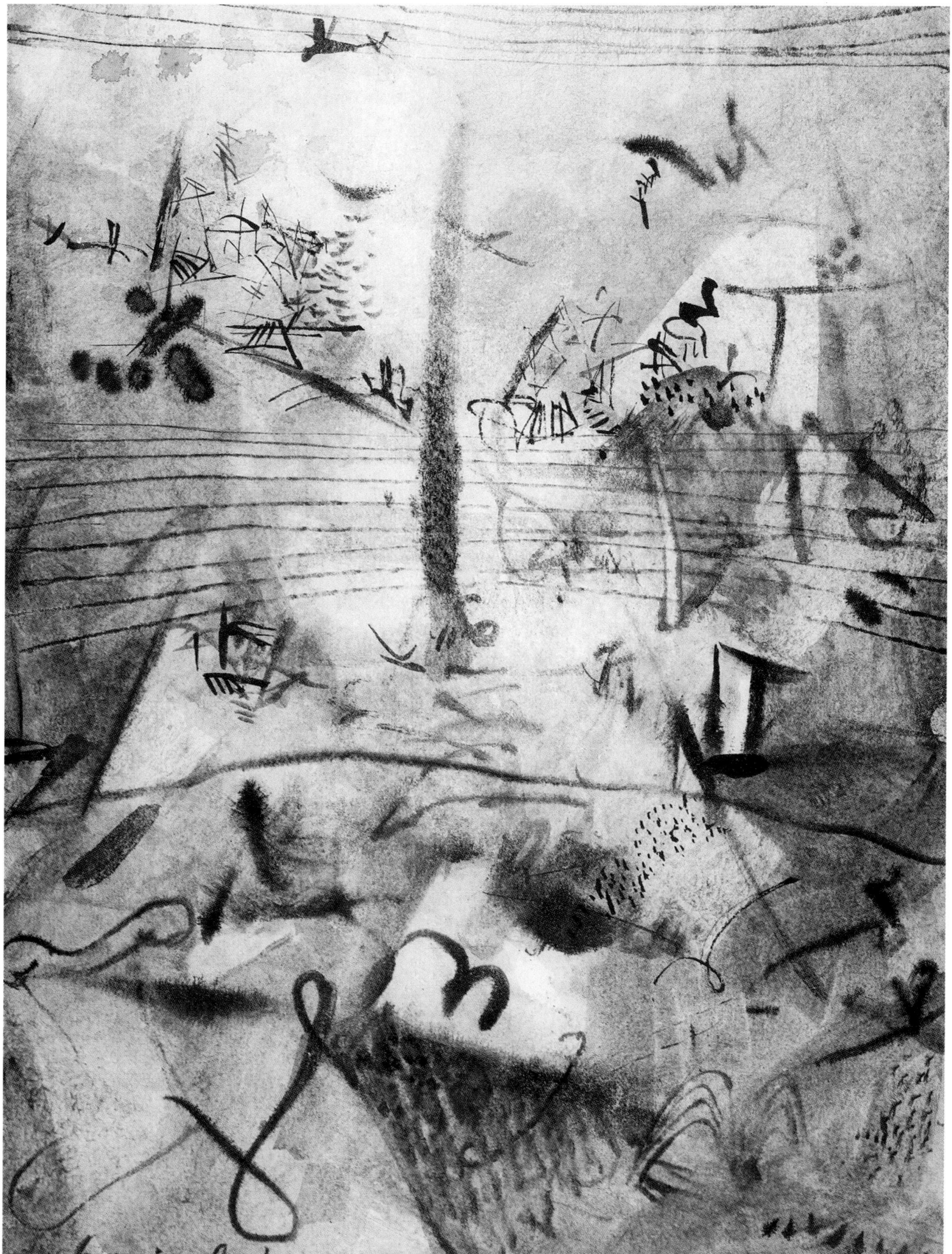

ডুবসাঁতার

হীরকখণ্ডের মতো এই নির্দ্বিধ চোখ
একবার দূর থেকে তাকিয়েছ
আর রাতের তারার আকাশ ভেসে উঠল
বুকের ভিতর—
চোখে এত শরীর ডোবানো থাকে?
এতদূর ডুবসাঁতার দিতে পারে একবার দৃষ্টিবিনিময়?

এমন সময়—ট্রেন ছেড়ে যাবে বলে
তড়িঘড়ি উঠে পড়তে হয়।

২০০৩

Diving

Two diamond like decisive eyes
Once you have cast a glance from a distance
The night sky inlaid with a galaxy of stars became radiant
in my heart—
There's so much bodily affairs hidden in the eyes?
Can a mere exchange of sight dive to such depths?

Right at this juncture the train leaves,
One has to get into the train forthwith.

2003

এপার-ওপার

কুয়াশায় সংক্রামিত পথ
এরই মাঝে ধীরে ধীরে হেঁটে যাচ্ছে
ডুবে গেল যে মানুষ
সে কি কোনও পরিচিত? কোনও স্বজনবান্ধব?
তবে কেন যেতে দিলে তাকে?
ছেড়ে দিলে চৌম্বক ক্ষেত্রের দিকে—এই অবেলায়—
অন্তত কিছু কথা
সামান্য নীরব সময় কিছু কাটাবার ছিল তার সাথে
পাঠাবার ছিল তাকে দু-চারটি প্রলাপকথন
এরকম মেঘে মেঘে উতলা রয়েছে আজ চারদিক
আজকেই মুখোমুখি বসা যেত তার—
টেবিলের এপার ওপার
পাহাড়ের এপার ওপার

জীবনের এপার ওপার।

২০০৩

Either Side

A path overcast by fog
In the midst of that one walks leisurely
The person who has got drowned
do we know him! Any relative, friend?
Then why did you let him go?
Why set him free towards a magnetic field in an inopportune time?
At least a few words
I was to spend some silent hours with him
I was to tell a few incoherent words
Today, there are such heaves of clouds, sultry everywhere
We could have sat today face to face—
On either side of the table
On either side of the mountain

On either side of life.

2003

Translated by Aditi Bhunia Chakraborty

তন্ময় মৃধা
Tanmoy Mridha

জন্ম ১৯৬৯, গোসাবা, সুন্দরবন, পশ্চিমবঙ্গে। প্রেসিডেন্সি কলেজ থেকে স্নাতক। ছবি আঁকা শিখেছেন ইন্ডিয়ান কলেজ অফ আর্ট অ্যান্ড ড্রাফটসম্যানশিপে। প্রকাশিত কাব্যগ্রন্থের সংখ্যা তিন—*হাওয়া বাড়ি* (১৯৯৬), *পরিধি* (১৯৯৯), *মেধাবী নির্জন* (২০০১)। এখন থাকেন দক্ষিণ ২৪ পরগনার সোনারপুরে।

Born in 1969 at Gosaba, Sundarban, West Bengal. After graduating from Presidency College he studied at Indian College of Art and Draughtsmanship, Kolkata. So far published three books of poems — *Hawa Bari* (1996), *Paridhi* (1999), *Medhabi Nirjan* (2001). Lives and works in Sonarpur, South 24 Parganas, West Bengal.

বই

কত কত পয়সা খরচ করে আমি বই কিনেছি
বই কিনতে এতদিন খুব একটা খারাপও লাগেনি
খুব ভাল লেগেছিল গোর্কির লেখাগুলো, অনুবাদেও
আমি দারুণ অনুভব করেছিলাম রিলকের ডুইনো এলেজি
রেজারেকশনের শেষ কয়েকটা পাতা আমি যে বাদ দিতে
চেয়েছিলাম সে কেবল বই পড়তে ভাল লাগত বলে
মাঝে মাঝে রূপসী বাংলা পড়ে দেখে নিতাম চোখ
ঠিকমতো কাজ করছে কি না। এখন আমি এবং আমার
সমস্ত বই পরস্পরের দিকে হাঁ করে বসে থাকে। তারা
আমার তাকে থরে থরে অধিষ্ঠিত হয়ে আমার মর্যাদা
বাড়াতে চায়। কিন্তু দুঃখের বিষয় আমার মর্যাদা
বাড়তে চায় না। বই পড়ে একদিন আমি জানতে
পেরেছিলাম ভ্যান গঘ, বোদলেয়ার, র‍্যাঁবো, গঁগ্যা
এই সব মহানায়কদের গৌরবময় মৃত্যুর ইতিবৃত্ত, তাদের
মৃত্যুর গৌরব বইয়ের পাতায় অভাগা মশার মতো মরে
চেপ্টে শুকনো খটখটে হয়ে আছে। ঝাড়া দিলে পড়ে যায়
নাড়া দিলে ভেঙে যায় অসম্ভব ভঙ্গুর সব টুকরোটাকরা
হয়ে। টাকাপয়সা হলে বইয়ের তাকটা উঠিয়ে
ওইখানে লম্বা একটা টব বানাব আর ঠিকই ধরেছেন
সযত্নে লাগিয়ে দেব লাল-সাদা শালুকের ফুল—
ছোট ঘর—ঠান্ডা বাতাসের মধ্যে প্রস্ফুটিত নির্ভার প্রজ্ঞার
ব্যাখ্যাহীন ভাষ্যহীন জলজ পুষ্পের ভালবাসা।

১৯৯৮

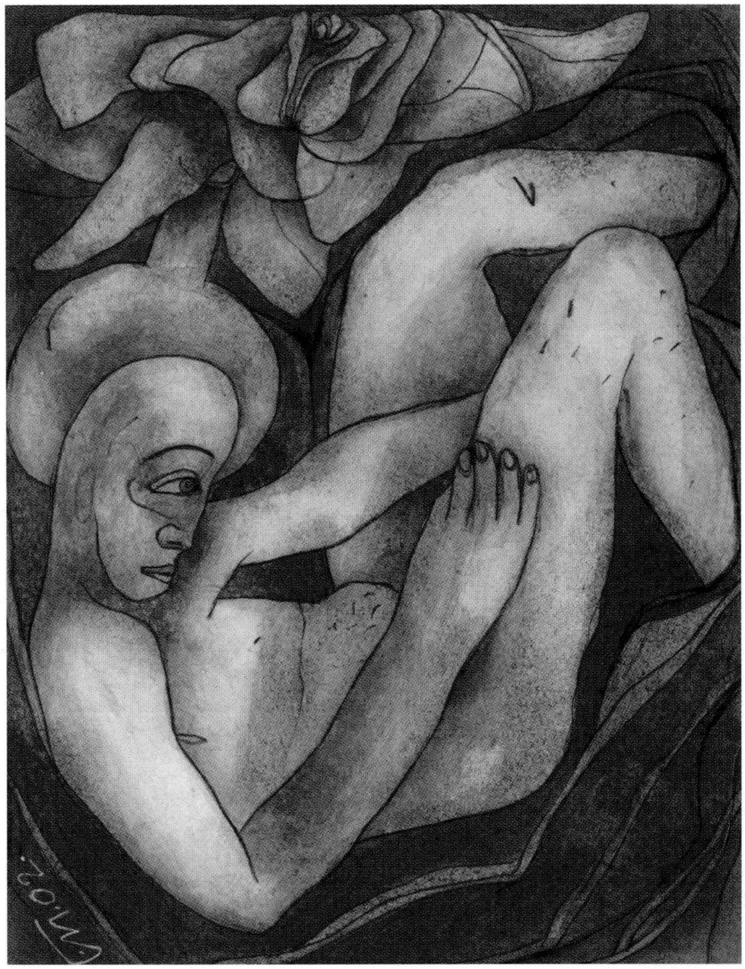

Books

What fortune I have spent buying books
Not that I wasn't fond of buying books all these days either
I liked Gorky's writings a lot, even in translation
I hugely enjoyed Rilke's Duino Elegies
It was only because I was fond of reading
That I wanted to skip the last few pages of the Resurrection
Occasionally, I would browse through the Rupashi Bangla to make sure
That my eyes were working well. Now-a-days my books and I sit back
mutually staring at each other. Arranged row after row on my racks
They tend to enhance my prestige. But it is a pity
That my prestige refuses to increase. From my study of books
I came to know the accounts of the glorious deaths of great heroes
Van Gogh, Baudelaire, Rimbant, Ganguin. The glory of their death
Now lies on the pages shriveled, bone-dry crushed like an unfortunate
mosquito. If you shake the book, it drops, if struck, it goes to pieces,
disintegrates into incredibly fragile fragments. When I have enough
money, I'll rip out the book rack and put a tall tub in its place and yes-
you' ve guessed right—
I'll carefully put in red and white water-lily plants—
Small room – Flowers of unburdened wisdom blooming in the cold air,
The love of acquatic flowers sans elucidation or interpretation.

1998

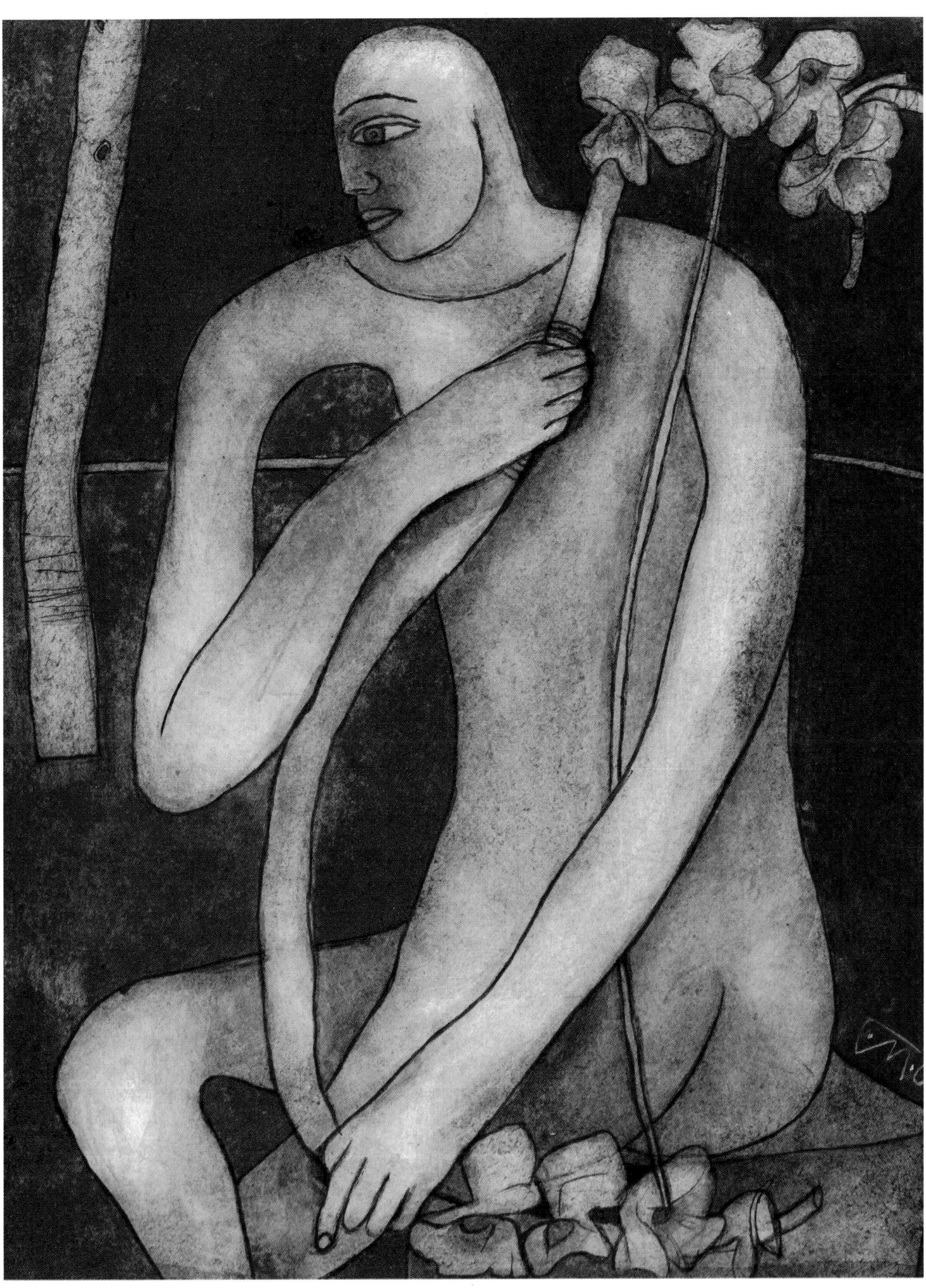

পরিচর্যা

সকালে স্নান করি ঠান্ডা জলে, যেন শ্রদ্ধেয় শরীর
আমি ধুয়ে নিচ্ছি ভক্তের বিশ্বাসে। বিয়ার শ্যাম্পুর
ফেনা চুলকে দেয় অনন্য প্রতিভা। বডি অয়েলের
বডি ধুয়ে ফেলে অ্যারামাস্ক—বিউটি সোপ
পুরুষ ফুলের গন্ধে ছেয়ে যায় সমস্ত শরীর
সব শেষে এক মগ ঠান্ডা জলে চার ফোঁটা
প্রিমিয়াম ইউ ডি কোলন—আঃ আরতির মিষ্টি গন্ধে
ম-ম করে মন্দিরের অন্ধকার কোনাটি অবধি
পাফে মাখি পুষ্পরেণু—ডেনিমের মাদক বিভূতি
আমাকে সুন্দর করে মেলে দিই বিছানার বিজন
দূর্বাদলে। এত সব করার পরে দুপুরের ভাতঘুমে
আমি লক্ষ্য করি এক অর্ধনারীশ্বর ডাইনি আমার
সমস্ত গা চেটে পরিষ্কার করে দিচ্ছে অবিশ্বাস্য গভীর আশ্লেষে।

১৯৯৮

Nursing

In the morning, I bathe in cold water, as if washing the venerable body
In ablutions like a faithful disciple. The rich lather of Bear shampoo imparts a
matchless sheen to the hair. Aramusk beauty soap cleanses the body
pre-massaged in body oil.
Essence of male flower invests the entire frame
And finally four drops of premium Eau de Cologne poured into
A mug of water—ah! The fragrance of sacred offering
Permeates even the dark corners of the temple
With the puff I apply a dash of powder
The intoxicating aura of Denim gives the final touch
Now I gracefully lay myself down on the secluded grassy green of the bed
Having done all this
During the post-lunch siesta, I notice a half-male half-female witch
Passionately licking all my body clean—with incredible adoration.

1998

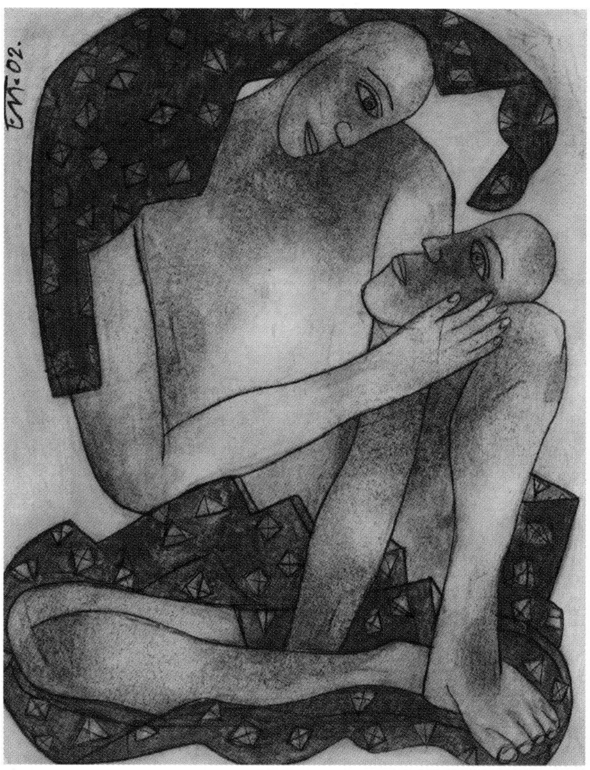

স্বপ্ন

চুল আঁচড়াচ্ছি, সামনের চুল পাট করে নামিয়ে
আনছি কপালে, কিন্তু মাথার দু পাশের চুল কিছুতেই
বাগ মানছে না, খাড়া হয়ে আছে। চুল পর্যন্ত এই
অবাধ্যতা পৌঁছে গেছে বুঝতে পেরে নীলাভ স্বপ্নে
তাদের পরিচর্যায় মেতে উঠলাম আমি।

১৯৯৮

Dream

I comb my hair, patting the fore locks down
Over forehead, but the strands on both sides above the temples
Stubbornly refuse to fall in place, stand on end. Sensing that
This stubbornness has affected even the hair I
Merrily shower attendance on them in a blue hazed dream.

1998

Translated by Subhransu Maitra

অরিন্দম চট্টোপাধ্যায়

Arindam Chattopadhyay

জন্ম ১৯৭০, কলকাতায়। শিল্প শিক্ষা কলকাতার সরকারি চারু ও কারুকলা মহাবিদ্যালয় এবং কলাভবন, বিশ্বভারতীতে। এখন থাকেন কলকাতায়।

Born in 1970 in Kolkata. Studied at Government College of Art and Craft, Kolkata and Kala Bhavan, Visva-Bharati University. Lives and works in Kolkata.

কিছু ব্যক্তিগত নিয়মনীতি

১
আজ রাতের মধ্যেই আমাদের সব কিছু গুছিয়ে নেওয়া উচিত
অনেক ঝড় জল বয়ে গেছে
এই ম্লানতর পরিসীমা ঘিরে
এবার ফাঁক বুঝে কেটে পড়া ছাড়া
কারোরই কিছু করার নেই।

এক একটা বিকেল নেমে এসেছে দানবের মতো
ক্লান্তিহীন নিঃশ্বাসের শব্দে
কান পচিয়ে দিয়েছে সবার
এবার সবাই মিলে চেষ্টা করে
ওকে এই স্বনিযুক্তি প্রকল্প থেকে
নিরস্ত করি চলুন

দু-এক দিনের মধ্যেই বর্ষা কেটে যাবে
আর শরৎ এসে আবার
নতুন কোনও বেলেল্লা শুরু করার আগেই
আমাদের পারস্পরিক সম্পর্ক নিয়ে ভেবে দেখা দরকার
মানুষজন সম্পর্কে অনেক চিন্তা করে আমি দেখেছি
এ একটা দিকভ্রম একটা
স্ববিরোধী প্রেমের কীর্তিকলাপ এসব

যেন আকাশ থেকে খসে পড়ছে
অগুনতি ভার্জিন অফ্ রক্স্
আর মাটিতে পড়েই একেবারে নিঃশব্দে
টুকরো টুকরো হয়ে মিলিয়ে যাচ্ছে চতুর্দিকে
এমনকি একটা খণ্ডও সংগ্রহ করতে পারছে না কেউ
যাতে অন্তত ঘরে ফিরে
প্রাপ্তি-সংক্রান্ত ঝামেলাটা মিটিয়ে ফেলা যায়

Some Personal Rules and Regulations

1
We ought to pack everything by tonight
Much storm and rain have passed
Within this gloomier parameter
Now there's no other alternative
Than taking your chance and flee.

Each evening has come down like a monster
Accompanied by relentless breathing
All ears have turned sore
Now let us all try
To dissuade him
From this self–employment project

In a few days the monsoon will be over
And before autumn comes once more
And begins any wayward activity
We ought to reconsider our mutual relationship.
I've thought much of the human lot.
It seems very erratic
Exploits of self-contradictory love
As if innumerable Virgin of Rocks
Raining from the sky
Fall on the earth and in solemn silence
Break into pieces and dissolve in all directions instantly.
No one can collect even a single chunk
So that after returning home
The hassles of acquisition could be solved.

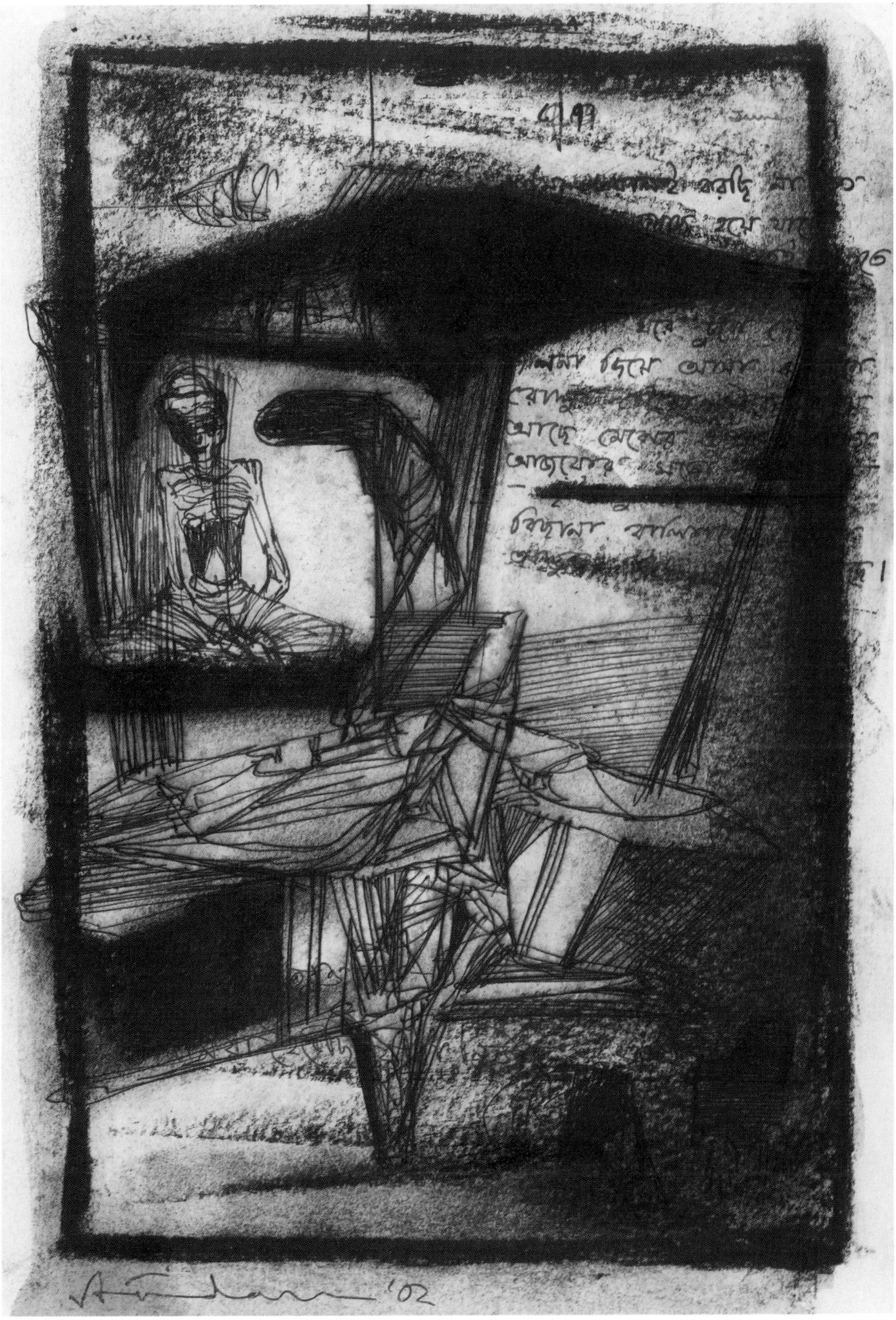

২

রোমাঞ্চকর নানান অভিযানের পরিকল্পনায়
বহুদিন আমি এখানে ওখানে দাঁড়িয়ে থেকেছি
আর শেষপর্যন্ত
টাকাপয়সা দিয়ে বা ক্ষমা চেয়ে
মিটিয়ে ফেলতে চেয়েছি পুরো ব্যাপারটা
শহরের পথঘাট ঘরবাড়ি থেকে যখন
নেমে আসত হাজারো অসৎ উস্কানি
নিজের কলার নিজে ধরে
আমি হাজির হতে চেয়েছি কোনও ওভারব্রিজের কাছে
শহরতলির কোনও রিকশাওলার কাছে গিয়ে
ধরা দিয়েছি তৎক্ষণাৎ
কিন্তু প্রচণ্ড হুইস্‌লের শব্দে
এক একদিন আমার মতিভ্রম হয়েছে
হামাগুড়ি দিয়ে বাড়ি ফিরেছি সেই সব দিন

আর গালভরা ভাষণ দিয়েছি
ঘুমিয়ে না পড়া পর্যন্ত

১৯৯৬

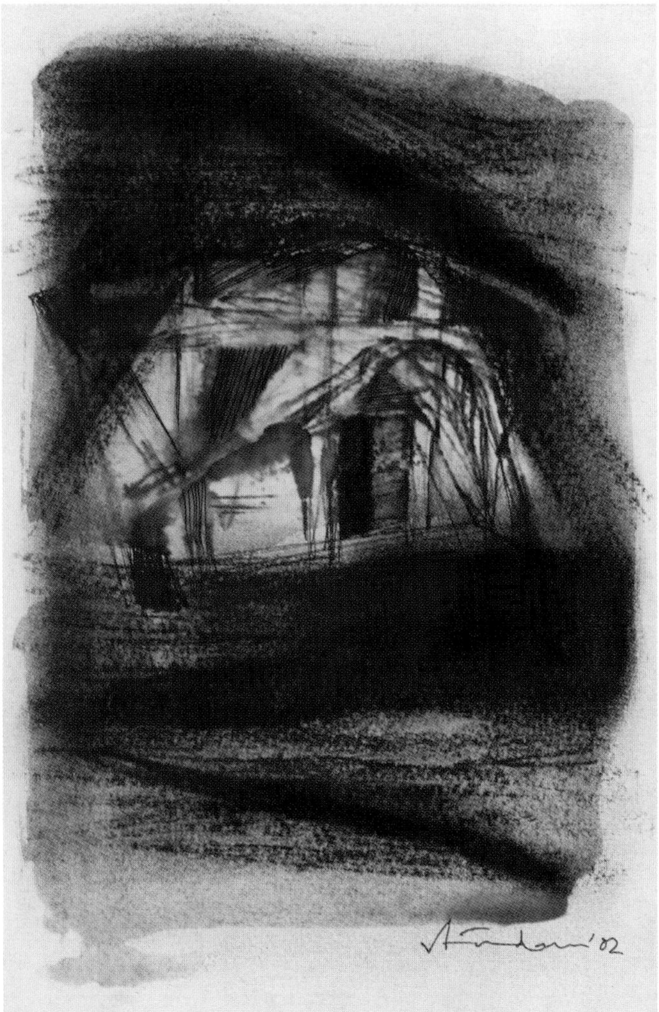

2

Scheming many a thrilling adventure
Many a day have I stood hither and thither
And in the end
Offering money or by imploring forgiveness
I sought to settle the whole situation
When thousands of wicked provocations
Would pour down from the city's roads, alleys and houses
Dragging myself by the collar
I wanted to be near some over-bridge
I wanted to go to some rickshaw puller in the outskirts
And surrender myself right away.
But sometimes in the piercing rend of a whistle
I have lapsed judgement
Those were the days when I crawled back home

And jabbered flamboyant speech
Until I fell off to sleep.

1996

Translated by Zinia Mitra

মিঠু সেন

Mithu Sen

জন্ম ১৯৭১, বর্ধমান, পশ্চিমবঙ্গে। ছবি আঁকা শিখেছেন কলাভবন, বিশ্বভারতী বিশ্ববিদ্যালয় এবং গ্লাসগো স্কুল অফ আর্ট, ইংল্যান্ডে। এখন থাকেন নয়াদিল্লিতে।

Born in 1971 at Bardhaman, West Bengal. Studied at Kala Bhavan, Visva-Bharati University and Glasgow School of Art, England. Lives and works in New Delhi.

মাতঃ

মা আমাকে কতবার ভাসাবে নদীতে
অবৈধ প্রেমে মেতে আমাকে খসাবে
রাই জাগো, রাই জাগো, জেগে ওঠো মাতঃ...

নক্ষত্রের অধীনতা মেনে
আমি আজ সেজেছি বিরল
অমৃতের কুম্ভ পাশে ঠেলে
মায়ে-ঝিয়ে গিলেছি গরল।
তার পরে, তারও পরে সই—
আমি কি আমারই আত্মা নই?

মা আমার সর্ষেমাখা পায়ে
মা আমার ছাল-ছাড়ানো গায়ে
মা আমার অজানিত লিপি
মা আমার বড্ড পিতাময়।

এক ঢোকে গিলেছি গরল
অমৃতের কুম্ভ পাশে ঠেলে
মা, আমি সুস্থ সাবালিকা
আমি তোর লিঙ্গহীন ছেলে
আমি তোর দু নৌকায় পা
আমি তোর অকাতর ছই
আয় গর্ভ ছিঁড়ে ছিঁড়ে খাই
আমি-তুই পৃথক তো নই।

১৮.৯.১৯৯৮

হে অবধারিত

বুঁদ বুঁদ মতো বৃষ্টি হউক, সময় কাউকে রেহাই দেয় না
একদিন ঠিক কুঞ্চিত মুখ, তাল ভুলে ঠোঁট গাল ঝুলে যায়
হাত বদলের দিন চলে যায়, বাকি পড়ে থাকে জলের রেহাই
নেহাত সে জল তবু টলমল কিন্তু গভীরে পাতাঝাঁঝি দল
দলছুট কোনও শ্বাসপ্রশ্বাস আগে আগে থেকে মনে করে নেয়
জিতে যাবে যেন; যেন জেতাটাই খেলার নিয়ম কী নিশ্চয়তা!
কিছু কিছু খেলা পূর্ণিমারাতে ভিজে ঠান্ডায় রেল গাড়ি গাড়ি
পাশাপাশি দুটি সমান্তরাল রেখা বেয়ে বেয়ে আলো ছিট্‌কানো
মাঝরাত্তিরে যাত্রী-ছোঁয়ায় দুঃস্বপ্নের কাঁথা মোচড়ানো
ভেবে ভেবে দুটো কথা ওগরানো, মেপে মেপে হাত তবু চল্‌কানো
সেই চল্‌কানো এড়ানো যায় না, বৃষ্টিতে মন ঝেঁপে ঝেঁপে ঝেঁপে
সময় তো তবু রেহাই দেয় না, যতই খেলার মাঝপথে পথে
খেলা থেমে যাক, হে অবধারিত!

১৯৯৮

Mother

Mother, how many times will you float me in the river
Aborting me for your indulgence in illicit love
Rai awake, Rai awake, awake, arise, mother

Accepting the dominance of the stars
I am dressed in a rare manner
Pushing away the pitcher of ambrosia
Both of us, mother and daughter, have swallowed poison
Then, even then, friend
Am I not my own soul?

Mother of mine, with feet smeared in mustard
Mother of mine with skin flayed from the body
Mother of mine, unknown scripting
Mother of mine, too much of the paternal in you

In one gulp I have swallowed the poison
Pushing away the pitcher of ambrosia
Mother, I am a healthy adult girl
I am your son without a penis
I am you fall between two stools
I am your unafflicted straw-made cover
Come, let us rip and rip and eat the womb
You and I are not any different.

18.9.1998

O, Inevitable

Drop by drop, however much it may rain, time does not excuse anyone
One day surely, the face wrinkles, forgetting the rhythm, the lips and cheeks begin to droop
The days of exchanging are over, what remains is the relief of water, that too the water is just in motion, but deep down there is a crowd of *patajhajhi*, a stray breathing ahead of it thinks it can win; as if winning is the rule of the game or its certainty!
Some games are in full moon nights, in the moist and cold train tracks side by side parallel lines , light sparkling on tracks, in the midnight the touch of passengers, squeezing the nightmare's blanket, lisping just a few words after ruminating, measured movements of the hands and yet the slipping, that slippage cannot be avoided, the rain subsumes the soul entirely, yet time does not excuse one, though in the midst of the game,
the game may stop, O inevitable!

1998

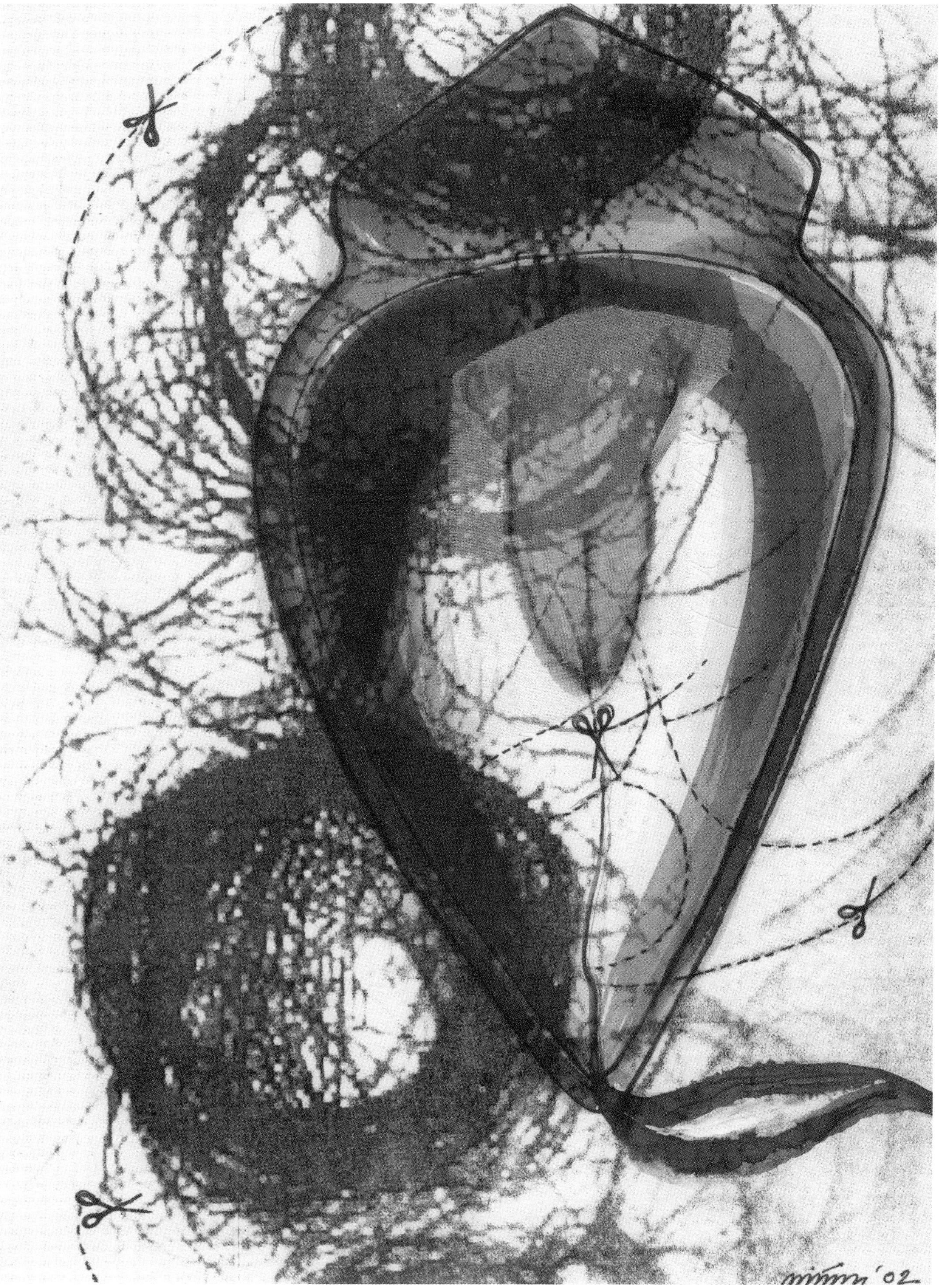

জানত শুধু বোদলেয়ার

এসো আমার অঝোর স্নান
হ্যারিকেন ট্যুর, বোদলেয়ার
স্ফুরণ মানে অগ্নিখাকী
এসো আমার সন্তানের
জঠর কালো ভ্রূণতমস
সেই তো আমার উপন্যাস
বোদলেয়ার, বোদলেয়ার।
এসো বিন্দু ব্রহ্মজ্ঞান
ব্রহ্মতালু বর্তমান
অতীতমাখা ভবিষ্যৎ
জরায়ু থেকে আযোনিদ্বার
জঠর থেকে চক্ষুশূল
জঠর থেকে চক্ষুদান
জন্ম নেবে দেবাদিদেব
দশ মাসেরও নয় বাছা
চতুর্দিকে আমমুকুল
জতুগৃহে পাঁচসখা
জ্বালানি হবার আমন্ত্রণ
জানত শুধু বোদলেয়ার।

৮.২.১৯৯৭

সুখ

বহুদিন পরে যেন সুখে আছি আছি মনে হয়
দুরন্ত ঘুম, বুক ভরে শ্বাস, আহা মরি মরি
শরীরে চন্দন তেল, সুবাতাসে আঁখি নিভু নিভু
এমন স্বর্গরাজ্য ছেড়ে, বলো প্রেমনিধি, চলে যেতে পারি?

চলে যেতে পারি—দু-একটি শর্ত যদি মনে রাখো মনে
সেখানেও দ্বিতল বাড়ি, সম্মুখে মহানিম গাছ
গাছের কোটরে বাসা, সুখে থাকে শুক-সারী-শুক
তেমন কাম্য দিনে, খিদে একা, জঠরও হাঁ-মুখ।

প্রথমে পতঙ্গ খেয়ে দু'হাত বাড়িয়ে খাই পশু
সাজানো রাজ্যপাট, সতিন-বেজন্মা-বায়ুফল
নিজের শরীরও খাই, খেয়ে ফেলি গর্ভজাত ভ্রূণ
বীর্য খাই, স্রাব খাই—সুখে জিভ বিজ্‌ল বিজ্‌ল।

১৯৯৮

Only Baudelaire Knew

Come, my drenching shower bath
Hurricane tour, Baudelaire
Glowing means fire eating
Come my child's
Dark stomach, dark foetus
That's my novel
Baudelaire, Baudelaire.
Come, dot, the knowledge of *Brahma*
The palate and the present
Future smeared with the past
From uterus to the door of the vagina
From belly to eye-sore
From belly to eye-opening
The Supreme God will be born
Not even ten months, my dear
All around mango blossoms
In the *Jatugriha* there are the five siblings
Invited to be firewood
Only Baudelaire knew.

8.2.1997

** Jatugriha : In the Mahabharata, a cottage made of inflammable material, designed to burn the Pandavas to death.*

Happiness

After a long time it seems I am happy, happy
Intense sleep, breathing deeply, O what thrill
Sandal oil on my body, in the fragrant air my eyes are almost close
From such a paradise, tell me loved one, can I go away?

I can go away– if you will remember one or two conditions
There too a two storied house, a gigantic neem tree in front
A nest in the bark of the tree, *Shuk-shari* birds dwell therein happily
In a rare desirable day hunger is alone, the stomach also yawns open.

First I devour insects, then stretching out my arms I devour animals
Well arranged kingdom, co-wife– bastard– fruits of the times
I devour my own body, I devour the foetus within the womb
I devour semen, discharge–my happy tongue is entranced, entranced.

1998

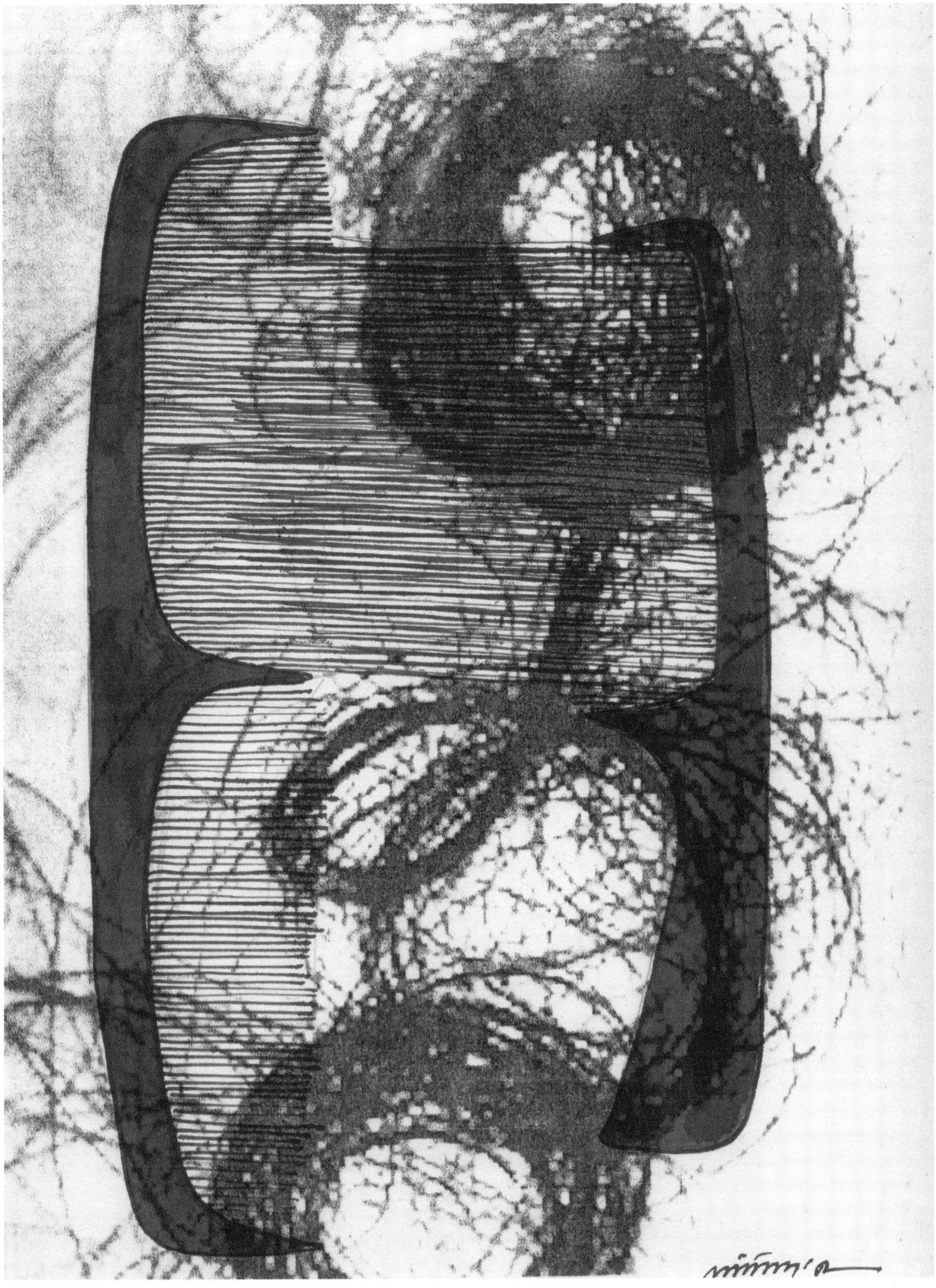

বসন্ত উৎসব – ১

মৌনমুখে বসুন্ধরা অজস্র মা বসুন্ধরা ফুল
স্তব্ধ তাজা আকাশরেখা বিদ্রোহী আজ আগুনে দাউদাউ
যতই ডাকো রুদ্রপলাশ, আকাশমণি, কৃষ্ণচূড়া নামে
স্তবক স্তবক ফুলের ঝাঁপি মান-অভিমান শ্রীরাধা ভঞ্জন।

বসন্ত উৎসব – ২

চরদখল, শিরাস্রোতে জ্বালা
ঠোঁটের খোঁজে ঘুরে বেড়াচ্ছে ঠোঁট
রবীন্দ্রনাথ একলা ফাল্গুনে
একাই নদী, একা পদ্মা-বোট।

স্বপ্ন আজ মহড়া দিয়ে শুরু
আমপাতা চায় দীর্ণ উপকূলে
গাছেরা হোক রক্ত মাখামাখি
কুয়োভর্তি রক্তজবা ফুলে।

২৪.২.১৯৯৮

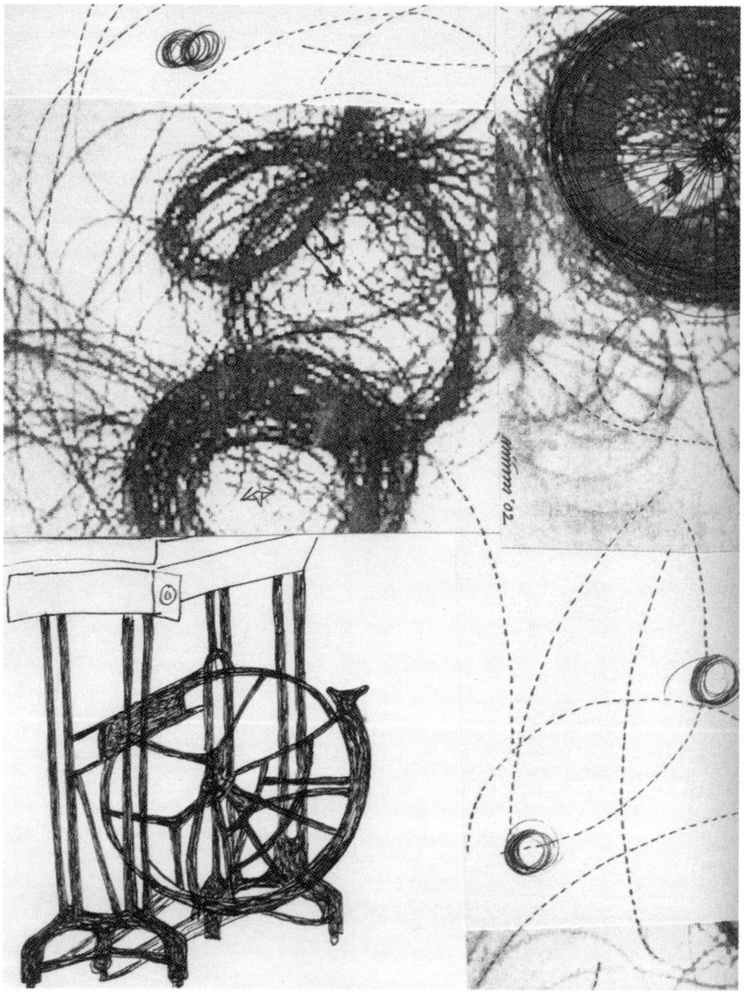

Spring Festival – 1

The silent face of the earth, countless flowers of the earth
The skyline still and fresh, rebellious today, fiery flames
However much you call them by *Rudrapalash*, Akashmani*, Krishnachura**
Bunches of flowers in baskets are for placating the sulking Sri Radha.

Spring Festival – 2

Occupying the space, agony in the flow of the veins.
Lips searching for lips
Rabindranath is alone in spring
Lonely river, lonely the boat on the Padma

Dreams today commence by rehearsing
Mango leaves look towards the dreary banks
Let the trees be smeared with blood
A well full of blood red hibiscus.

* *Rudrapalash, Akashmani, Krishnachura– spring flowers of Bengal*

24.2.1998

Translated by Sanjukta Dasgupta

ঈলীনা বণিক

Eleena Banik

জন্ম ১৯৭১, কলকাতায়। ছবি আঁকা শিখেছেন কলাভবন, বিশ্বভারতী বিশ্ববিদ্যালয় এবং গ্লাসগো স্কুল অফ আর্ট, ইংল্যান্ডে। এখন থাকেন কলকাতায়।

Born in 1971 in Kolkata. Studied at Kala Bhavan, Visva-Bharati University and Glasgow School of Art, England. Lives and works in Kolkata.

অঙ্গীকার

পোশাকের আলমারি খুলে দময়ন্তীকে জিজ্ঞেস করলাম,
সে তার প্রথম বিয়ের শাড়িগুলো কী করেছিল?
প্রথম স্বামীর দেওয়া শাড়িগুলো দ্বিতীয় বিয়ের পরও পরা যায় কি?
এবং প্রথম বিয়ের বেনারসি?

বাবার সঙ্গে কোনও দিন দেখা হবে না আমার দ্বিতীয় স্বামীর,
তা হলে দ্বিতীয় স্বামীর সঙ্গে বাবার
কি কোনও আত্মীয়তা গড়ে ওঠা সম্ভব?
দময়ন্তী, ঠিক কেমন লাগে বলো তো, দ্বিতীয় বিয়ের দিন?
হাতবদল হয়ে হয়ে যায় শাড়ি এবং অলঙ্কার শুধু?
নাকি নারী নিজে?
পুরুষও কি যায় হাতবদল হয়ে?
খোরপোশ ধার্য করে আদালত, অথবা করে না;
নারী কি কুকুরী?
ডায়না অথবা দময়ন্তী, বলো তো,
নারীর প্রথম বিবাহবিচ্ছেদ কি বিষাদময়তা এনে দেয়?
ডায়না, প্রতিবার প্রেমে পড়লে কি একই রকম আনন্দ হয়?
ডায়না অথবা দময়ন্তী, বলো দেখি, সম্পূর্ণ নিঃসন্তান অবস্থায়
বিবাহবিচ্ছেদ ঘটানো কি উচিত হবে?
কোনও ডিপার্টমেন্টাল স্টোরে পছন্দসই পুরুষের শুক্রাণু
পাব কি?
বলো দেখি ডায়না, কিসের বিনিময়ে কিনি শুক্রাণু?
হ্যাঁ, সম্পূর্ণ প্রেমহীন, অথচ বিশুদ্ধ শুক্রাণু!
না, আমার অঙ্গে অঙ্গে কেউ বাঁশি বাজায় না,
আমার সারা শরীরে দাউদাউ আগুন জ্বালায় ভরা যৌবন
জ্বালিয়ে পুড়িয়ে ছারখার করে দেয়
পুরুষশাসিত সমাজের সব বিধিনিষেধ।

আমার মাতৃত্বের বাসনা অতল কালো স্নেহের আধারে
গ্রাস করে এই বিশাল ধরিত্রী;
অথচ আমি তৃতীয় বিশ্বের প্রভাতী বাজার থেকে কেনা
নুন-মাখানো জ্যান্ত কই মাছের মতো
ছটফট করি, ডানা ঝাপটাই আমার প্রথম এবং একমাত্র
বিবাহ থেকে বেরিয়ে আসতে!

আমার মস্তিষ্ক, হৃদয় এবং হাত-পা রক্তাক্ত হয়ে যায়,
সেই রক্ত মিশে যায় আমারই নিজের জরায়ু-নিঃসৃত ঋতুরক্তে;
ধ্বংসের পথে এগোয় অগুনতি ডিম্বাণু,
দময়ন্তী, ডায়না, আমি অন্তঃসত্ত্বা হলে কিন্তু অনেক
উগ্রপন্থী সন্তানের জন্ম দিতাম।

২০০৩

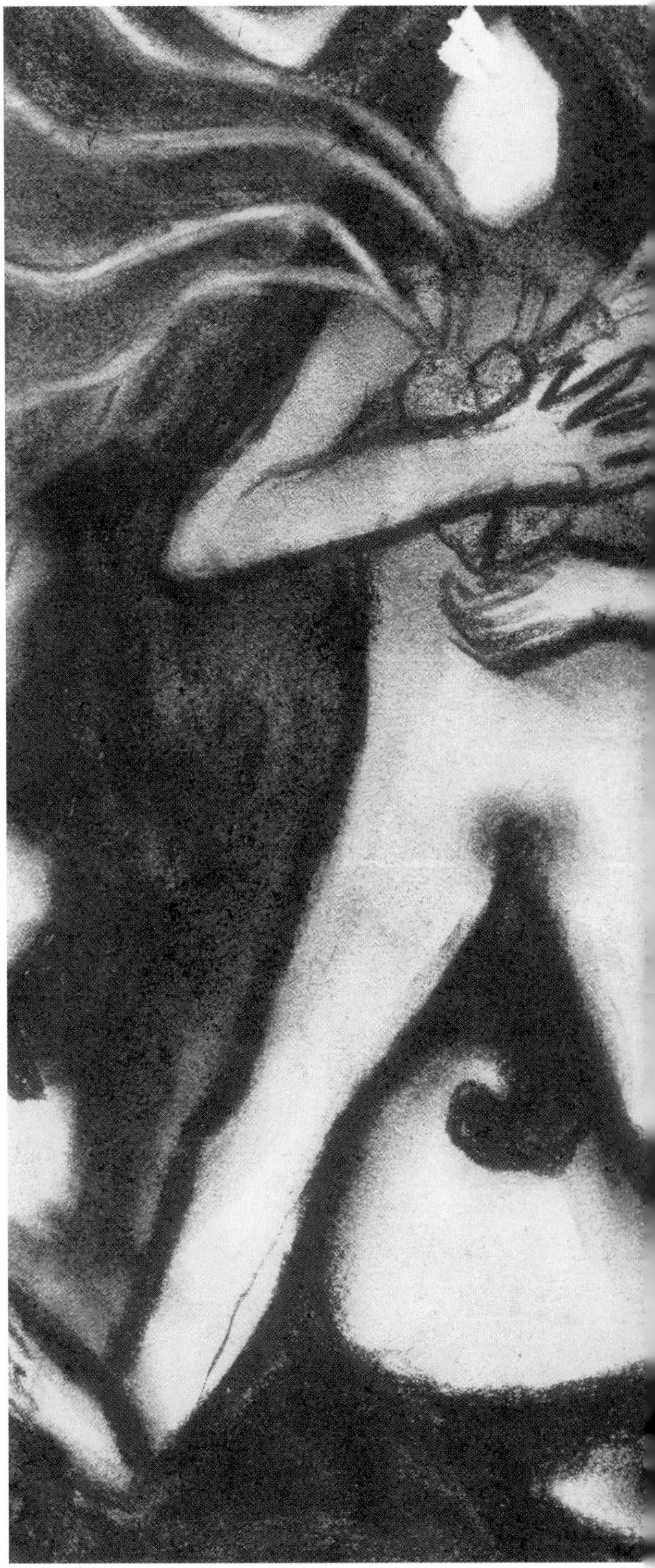

The Promise

I opened the wardrobe and asked Damayanti
What she did with the saris of her first marriage?
Can saris given by the first husband be worn after second marriage?
And the *Benarasi** of the first wedding?
My father shall never meet my second husband,
Then, can there be any kinship between
my father and my second husband?
Damayanti tell me how exactly it feels, on the day of second wedding.
Do only the dress and ornaments change hands?
Or does the woman herself?
Is a man relocated too?
The court verdicts alimony
or maybe not,
Is woman a bitch?
Diana or Damayanti, tell me
Does the first divorce bring in dejection?
Diana, do you feel equal joy each time you fall in love?
Diana or Damayanti tell me is it right to divorce when one has no children
Will I get sperms of my choice in some
departmental store?
Tell me Diana what do we exchange for sperms?
Yes absolutely loveless but pure sperms!

No one plays flute on my body
My entire body burns in the flame of youthful passions
The restrictions of male-dominated society
burns me, scalds me, destroys me

Mother earth swallows in her dark fathomless affection
My desire of motherhood
But I am like a live anabas sprinkled with salt
Brought from the early morning market of a third world country
Restless, I flutter my wings to wriggle out of my first and only marriage!
My brain, heart and limbs bleed
The same blood mingles with the menstrual stream that flows out of my womb
Countless ova march towards death
Damayanti, Diana, had I conceived I'd have given birth to a number of terrorists.

** Benarasi : bridal sari of silk worn by the Bengali brides.*

2003

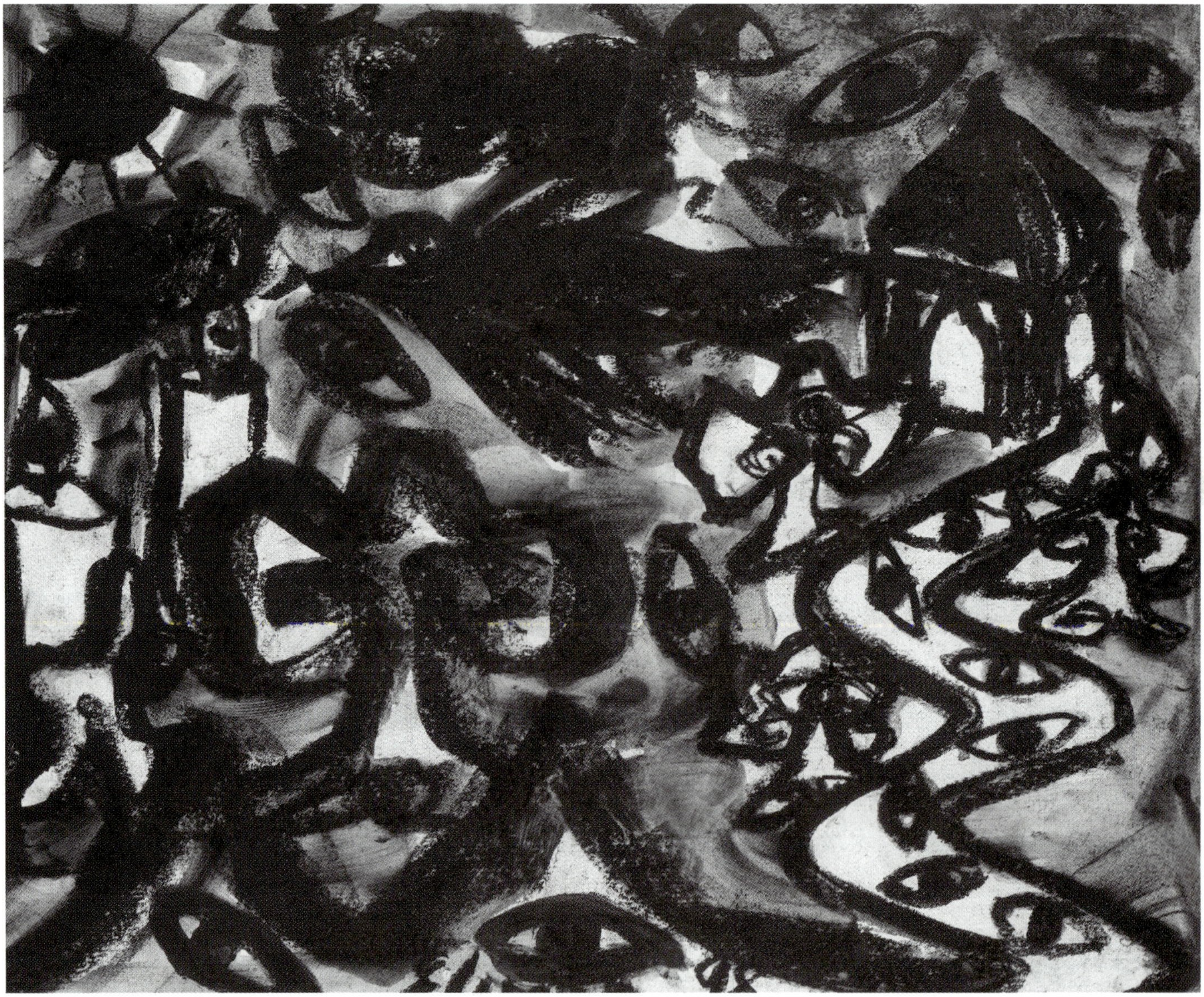

রোজনামচা

প্রতিটি দিন ভালবাসার খোসা
প্রতিটি দিন ক্লান্ত মেঘে ঢাকা
প্রতিটি দিন ইঁদুর-দৌড় ছোটা
প্রতিটি দিন ঘুড়ির সুতো কাটা
প্রতিটি দিন ভিড়ে মিশে থাকা
প্রতিটি দিন শুধুই দূরে যাওয়া
প্রতিটি দিন গাভীর মতো চলা
প্রতিটি দিন পুরুষমানুষ চেনা
প্রতিটি দিন হৃৎপিণ্ডে ধাঁধা
প্রতিটি দিন দু'নৌকায় চলা

২০০৩

Daily Routine

Each day the skin of love
Each day weary clouds cover
Each day running a rat race
Each day snapping the thread of kite
Each day mingle in the crowd
Each day only drifting away
Each day roving like a cow
Each day understanding men
Each day riddle in the heart
Each day falling between two stools.

2003

Translated by Zinia Mitra

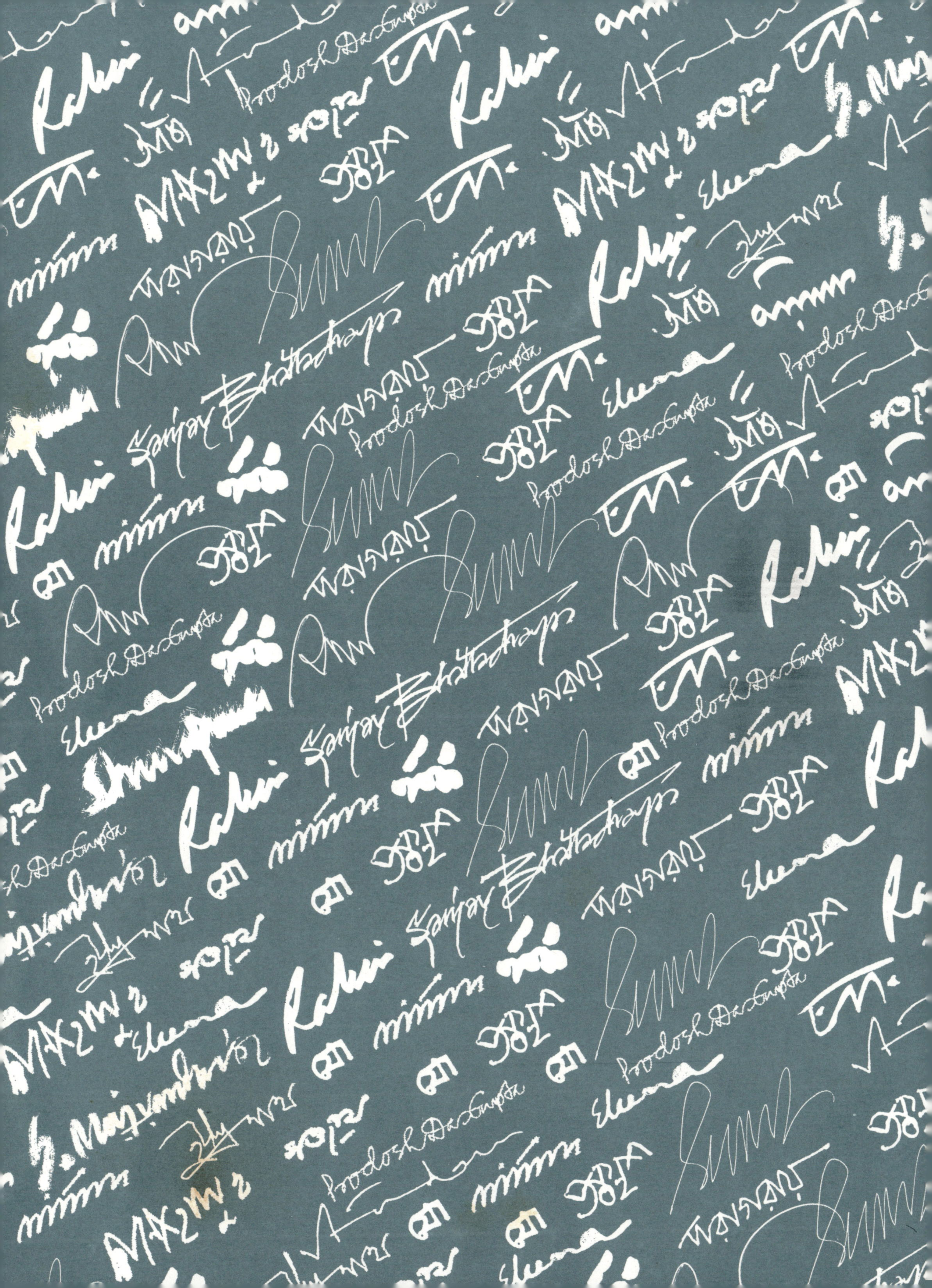